财经情怀

樊晓民◎著

中国石化出版社
HTTP://WWW.SINOPEC-PRESS.COM
中国经济出版社
CHINA ECONOMIC PUBLISHING HOUSE

内容提要

本书紧紧围绕“财经情怀”这四个字，将作者40多年从事财经工作的所思所想、所作所为、所感所悟，用平实流畅的笔墨进行记述。囊括了作者40多年学财经、干财经的心路经历。该书时间跨度长、涉及面广，共分为研究篇、随笔篇、评说篇，内容包含了作者课题研究成果、基层调研报告、工作问题思考、理论学习心得、专题讲座提纲及生活亲情感悟等诸多方面。诗以言志，书为心声，本书完美诠释了“人生的价值，就是创造有价值的人生”。

本书可供从事财经及相关工作的所有读者阅读参考。

图书在版编目（CIP）数据

财经情怀 / 樊晓民著 .—北京：中国石化出版社，2023.6（2024.5 重印）

ISBN 978-7-5114-7117-8

Ⅰ. ①财… Ⅱ. ①樊… Ⅲ. ①社会科学 - 文集 Ⅳ. ① C53

中国国家版本馆 CIP 数据核字（2023）第 101640 号

中国石化出版社出版发行

地址：北京市东城区安定门外大街 58 号

邮编：100011 电话：(010) 57512500

发行部电话：(010) 57512575

http：//www.sinopec-press.com

E-mail：press@sinopec.com

北京捷迅佳彩印刷有限公司印刷

全国各地新华书店经销

*

787×1092 毫米 16 开本 16 印张 287 千字

2023 年 6 月第 1 版 2024 年 5 月第 3 次印刷

定价：58.00 元

文以载道　书为心声

——读樊晓民《财经情怀》有感

四序初开，丝丝柳碧。今拜读了樊晓民的新作《财经情怀》，这是他继《三农印记》之后，又一部力作。真可谓：才赏《三农印记》情，又品《财经情怀》意。文以载道，学为好人，《财经情怀》囊括了樊晓民40多年学财经、干财经的心路经历。该书时间跨度长、涉及面广，包含了课题研究成果、基层调研报告、工作问题思考、理论学习心得、专题讲座提纲及生活感悟等诸多方面。时光流逝，岁月有痕，本书紧紧围绕“财经情怀”这四个字，将作者40多年从事财经工作的所思所想、所作所为、所感所悟，用平实流畅的笔墨进行记述。诗以言志，书为心声，本书完美诠释了“人生的价值，就是创造有价值的人生”。

我与樊晓民结识时间不算长，然以文常会友，唯德自成邻。他多闻善记，旁征博引，举一反三，好学不倦，笔耕不辍。随着交往增多，阅读了他过去的不少文章，特别是通过《三农印记》的创作过程，进一步了解了他的学习、工作、生活经历。樊晓民1982年考入陕西财经学院，毕业以后留校任教；1991年3月调入陕西省财政厅；2019 年3月又到西安石油大学工作。樊晓民最大的优点是古道热肠，平易近人。他没有官架子，经常深入基层单位，善与人交往，真诚待人，与他相处总会感觉到一团温暖、一股力量，使人如沐春风。

人都是有追求的，特别是那些心怀抱负、不愿虚度年华的有志者。《财经情怀》这本书，立意高远、内容丰富，内蕴着樊晓民对人生梦想孜孜追求。通过阅读本书，可以深刻感受到他对工作精益求精的执着，对财经敬恭桑梓的本色，对生活抱朴含真的热爱，对人生淡泊明志的感悟。文以载道，透过《财经情怀》对樊晓民的为人、为学、为事可以窥豹一斑。书不尽言，言不尽意，书中的调研报告也好、讲稿体会也罢，无不折射着樊晓民的家国情怀、赤诚担当。

（一）关于学习

学思用贯通，知信行合一。他先后在陕西财经学院、陕西省财政厅、西安石油大学工作，从事过高校教学、综合文字、财经财政法制、农村改革、行政财务及高校财务审计监管6个岗位。樊晓民把学习当作一种生活方式，形成了一种生活习惯，在工作中“为什么要学、学什么、怎么学”一以贯之。他爱思考、善总结、有思路、人勤奋，总是带着问题学。通过向书本学、向老师学、向身边的同志学，更难能可贵的是向实践学，并把学习体会转化成一种成果呈现于世。人学始知道，不学非自然。早在上大学期间，他就表现出文学功底及学术敏感，曾在《陕西财经学院校报》上发表了“现代人的时间观”及“浅议第二职业”两篇文章，可谓“小荷才露尖尖角”。参加工作不久，又陆续在《青海统计》《贵州统计》上发表了“试论统计信息的内涵和价值”“浅议固定资产折旧方式”等学术论文，可谓“锥处囊中，其末立见”。在陕西省财政厅工作期间，撰写了内容涵盖农村税费改革、农村综合改革、美丽乡村建设、扶贫攻坚、乡村振兴等调研报告，充分彰显了财政人古道热肠之品质，“三农”实践者夙夜在公之风范。每每与同事交流时，总会提及樊晓民的勤学、好学、善学，或许他办公室厚厚的30多本学习笔记就是其注脚吧！

（二）关于工作

大道至简，实干为要。樊晓民工作严谨，爱岗敬业，对待事业有着特殊的执着。在同事和家人眼中他就是一个工作狂，曾经有人调侃，他除了工作以外，似乎没有什么爱好。在陕西省财政厅工作期间，下乡调研、基层座谈、走村串巷，了解农情是家常便饭。经常听他讲，工作首先是谋生的手段，年轻人特别是领导干部绝不能“躺平”，必须要工作。无论在什么岗位，在什么时间，他都把事业和工作放在第一位。作为农民的儿子，他倾听农民的心声，把“干工作要经得起子孙万代检验”作为自己的座右铭，践行“有条件要上，没有条件创造条件也要上”。他急切地希望通过自己的工作，掌握国家农业、农村、农民政策落实的实况，通过调研报告反映到上级有关部门，并将制定的具体政策实实在在地落地生根，实现兴农富农之初心。就这样，十几年如一日，如醉如痴地工作着。或许在别人眼中，他是那样的执着乃至于固执。但在他看来，通过自己的辛勤工作换来农民的一张笑脸比吃了蜜还要甜。妻儿从最初的不理解，慢慢地变成他忘我拼搏的坚定支持者、强力后援军。樊晓民把工作当成人生乐趣，把为人民服务作为自己的最高追求。他在工作中寻找快乐，在快乐中勤奋工作，在工作中实现了人生价值的飞跃。

（三）关于思路

活水源流满，东风杨柳青。樊晓民在工作中强调“思路决定出路，思路决定方法”。好的思路能够打破惯性思维和思想瓶颈，对于主政一方的主要领导来说，必须要有清晰的工作思路。在这方面举两个典型的实例：一是他在财政厅综改办工作时，提出了1365工作思路。具体就是“围绕一条主线，解决三个薄弱环节，发挥六项职能，努力实现五个新”。“围绕一条主线”，就是以贯彻落实科学发展观为主线；“解决三个薄弱环节”，就是要着力解决影响农村综合改革工作的思想认识、机构人员、政策调研三个薄弱环节；“发挥六项职能”，就是要充分发挥“政策性、综合性、协调性、实践性、典型性、服务性”的职能作用，解决综改办“干什么”的问题；“努力实现五个新”，就是要努力实现工作部署有新思路，改革试点有新进展，指导协调有新举措，政策调研有新突破，干部作风有新面貌。这个工作思路在全国综改办主任会议上做了交流，得到领导的高度评价。二是在财政行政管理上提出3555工作思路，具体来说就是“紧紧围绕经费保障、支出管理，搞好服务，牢固树立大局意识、服务意识、奉献意识、担当意识、廉洁意识，时常保持责任心、进取心、事业心、敬畏心、平常心。在加强自身学习、调查研究、信息宣传、协调沟通、制度建设上下功夫”。樊晓民理论联系实际，科学求实，时时结合自己的工作岗位，不断地将调研报告有效思考转化为可行的工作思路，这不仅需要深厚的理论功底、大量的调研实例，更需要深入的学习思考、清晰的创新思路。

（四）关于调研

谋事在人，成事在道。调查研究是我们党的基本工作方法，也是我们党的优良传统和作风。没有调查，就没有发言权。樊晓民善于调查研究，重视调查研究，坚持实事求是、群众路线、独立自主的思想。纸上得来终觉浅，绝知此事要躬行。他紧盯热点调查研究，重视调查研究成果的转化，勇于理论思考和实践探索。他的调查研究成果丰硕，特别是对“三农”问题有较深的研究。有关调查研究在《三农印记》一书中得到了充分集中的体现。在工作中，他每年都要选择1~2个题目，采取自主调研、委托调研、联合调研、配合调研方式，采用典型调查、问卷调查、重点调查的方法，把农村税费改革、农村综合改革、美丽乡村建设、乡镇财政管理、脱贫攻坚等方面的调研成果都转化为指导工作的思路和政策。不经一番彻骨寒，怎得梅花扑鼻香。调查研究是谋事之基、成事之道。只有通过调查研究，才能认清事物本质、把握事物发展规律，找准问题症结、开出有效良方，增强决策针对性、科学性和有效性，提高决策水平和工作能力。樊晓民以实干著称，秉承“干才是马列主义，不干半点马列都没有”的优良传统，他在调查研究上抓铁有痕、踏石留印，可以说是其人生坐标点应有之义、必经之途。

（五）关于团队和执行力

工欲善其事，必先利其器。为提高组织的凝聚力，高效完成共同理想目标，必须组建团队。樊晓民注重团队建设，无论在什么岗位工作，他总是能带出一支能打硬仗、敢打硬仗、善打硬仗的优秀工作团队。他深谙“用力谐，人尽其才，悉用其力”之道，亲力亲为组建团队，集合众人智慧，重视发挥团队优势。一个人的力量有限，只有聚合团队的力量，才能在激烈的竞争中胜出。一个人不论是工作、生活、学习，单枪匹马是不行的，要有协作精神，大家一起分工协作，共同实现理想追求。对分管的部门，他时常强调执行力的重要性，执行力不能光嘴上说，要有具体行动，认为执行力就是战斗力。对于具体工作，不仅要有完成的意愿、完成的能力，更要有完成的程度、完成的质量。他强调，提升执行力要有目标感、价值感、责任感和崇高感，而衡量执行力的标准是“今日事今日毕，言必行，行必果，果必优”。樊晓民认为一个团队要想取得成功必须注重细节、自动自发、善于判断、增强应变，在决策力、领导力与控制力上下功夫。

岁月不居，流水不腐。《财经情怀》一书平实的语言中蕴含着大智慧，是作者勤于思考、勇于实践、善于总结的精彩呈现。调查研究，眼光敏锐，理论深厚，对实际问题提出了具体可行的对策路径；思考对策政策解读，高屋建瓴，字字千钧，饱含浓浓的爱农为农情怀；感想散文随笔更是真性情的流露，引人入胜，令人深思。樊晓民把对工作的热爱作为自己的追求和梦想，他那种谋事、干事、成事的品格，苦干、实干、巧干的作风时刻激励着周围的人。希望此书的出版发行能更加激励财经工作者，继往开来、砥砺奋进。山高人为峰，海阔心无界。期待樊晓民笔耕不辍，写出更加精彩的妙文巨著。

樊川柳色新，晓月雨烟芬。

民煜同州水，财经情怀魂。

谨以此诗记之。

西安石油大学马克思主义学院党总支书记 副研究员 张 伟

2023年春于长安

目录 CONTENTS

研究篇：资政兴财　岁月如歌

随笔篇：学思践悟　年华似水

评说篇：耕笔不辍　文如其人

研究篇

资政兴财
岁月如歌

随笔篇

学思践悟
年华似水

评说篇

耕笔不辍
文如其人

关于振兴陕西财政几个问题的思考

振兴国家财政，增强宏观调控能力，是“九五”期间乃至2010年财政工作的基本任务，也是建立和完善社会主义市场经济体制的客观要求。为了全面总结陕西省“八五”期间的财政工作，1996年3月省财政厅抽调人员组成调查组，用一个月时间对渭南、宝鸡、咸阳、商洛四地市10多个县区进行调查，与地县有关方面的同志共同探讨振兴陕西财政的对策与措施，对一些主要问题形成基本共识。

一、当前陕西财政的几大难点和制约因素

作为一个内陆省份，陕西和全国一样，“八五”期间国民经济继续保持持续、快速、健康发展势头。1995年全省生产总值1030亿元，五年平均增长10.2%，是新中国成立以来经济发展最快的时期之一。在经济发展的基础上，财政收支规模增长很快。1992年全省财政收入首次突破50亿元，1993—1995年连续三年大幅度增长，分别突破60亿、80亿、90亿元大关。1995年全省地方财政收入加上划中央“两税”收入达到94.8亿元，同口径比“七五”末的1990年增长113.6%，年均增长16.4%。财政支出尽力保证了稳定大局，支持改革和农业、教育、科技事业的发展及重点建设的需要。

但是，由于诸多因素的制约，特别是经济生活中一些深层次的矛盾和问题尚未解决，在财政运行中仍面临许多困难和问题，振兴陕西财政问题任重道远。

1. 财力缺口大，欠发行政事业单位职工工资的问题尤为突出

客观上讲，这些年来陕西省财政收入增长幅度不算小，每年均在10亿元左右。但由于增人增支、支出费用标准提高等因素影响，人头费开支越来越大。全省每年新增加的收入1/2以上被新增人员吃掉。多数县总财力不能保证行政事业单位职工工资发

放，发工资问题成为各级政府最头痛的事，越往下发不出工资的问题越突出。省本级好于地区，地本级好于县上，县本级好于乡镇，乡镇一级最困难。据调查，咸阳市所辖14个县区，到每年10月都不能按时发工资，到每年12月仍有10个县区发不出工资。商洛地区7个县市全为补贴县，不要说兑现新工资，就连老工资也无法兑现。山阳县每年支出中，1/3靠自己收入，1/3靠上级补助，1/3留有硬缺口。

2. 财政包袱沉重，赤字、欠账越累越多

近几年，各级财政在尽心尽力支持当地经济建设和各项社会事业发展的同时，财政也背了许多包袱，各种欠账、挂账、赤字越积累越多。自“七五”时期以来，陕西省财政一直处于困难境地，年年发生赤字，年年有财政欠账。截至1995年，全省财政赤字累计5.79亿元，欠支职工工资、公疗费等各种欠账7.9亿元，欠补粮食企业补贴挂账18.4亿元。关中产粮大县粮食企业政策性亏损补贴挂账较多，咸阳市全市3.4亿元。陕南、陕北的一些贫困地区财政欠账尤为突出，商洛地区累计滚存赤字1.18亿元，各种挂账、欠账就达到2.3亿元。部分地、县财政欠拨专款的现象也较为严重，仅商州区就欠拨各类专款720多万元。

3. 财力分散，财政职能弱化的问题十分严重

“七五”时期，全省财政收入占国内生产总值的比重平均为14.43%，“八五”期间降到9.94%。大量的预算外资金、各种收费和基金游离于预算之外，脱离财政监督，一些单位把眼睛死盯在财政上，在预算内支出上留下缺口，向财政伸手要钱。但却把预算外收入作为自己的“小金库”，胡支乱用，铺张浪费，甚至滋生腐败现象。财力分散，造成财政职能错位、退位，日益弱化，使一些本应由政府承担的公共设施、基础设施和重点工程没有充足的财力保证；财政支持经济建设的能力日渐萎缩。同时，财政却承担了一些本不该负担的开支，如学会、协会等群众性团体费用，报纸杂志的补贴等，造成财政该保的因为没有钱保不了，不该支的还非支不可。

上述矛盾和问题的存在，其原因是多方面的：

第一，从经济发展的角度看，陕西省经济基础薄弱，发展相对滞后，财政增长后劲不足。财力增长的快慢取决于经济增长的快慢。尽管陕西在“七五”“八五”时期经济发展速度不慢，但是由于基础差、底子薄，加之经济增长方式粗放、效益不高，国有企业亏损严重，财源基础不稳固。和全国相比，陕西经济发展相对滞后，县域经济总体发展缓慢，与东部地区差距越拉越大。反映在财政上，“七五”期间每年增长4亿多元，年均增长15.1%，“八五”期间特别是后三年，财政收入的增长每年都在10亿元以上，年均增长16.4%，而“六五”期间财政收入年均增长只有5.1%。和过去的发展速度比，显然是不慢的，但是横向比较，就不是那么回事。在这一时期，沿海各省经济发展突飞猛进，如广东省“七五”期间财政收入每年增长二三十亿元，“八五”期间后三年每年增长八九十亿元，经济发展突飞猛进，带来财政收入的成倍增长，使像陕西这样的内陆省份不能望其项背，这是造成陕西财政困难最根本的原因。

第二，从财政的负担来看，与陕西经济发展水平相比，财政供养人员增长相对过猛，形成“百万大军”吃财政的局面。1985—1995年的10年间，财政供养人员翻了近一番，由1985年的74.4万人，猛增到1995年的140万人，财政供应范围越来越宽泛，有增无减，物价的不断上涨以及消费档次的提高，要求工资不断增长，各种开支大量增加，导致财政收入的增加远远赶不上财政支出的增加，使各级财政都陷入捉襟见肘、寅吃卯粮的境地。由于企业效益不景气，乡镇企业发展缓慢，就业门路少，复转军人、大中专毕业生都一起挤向行政事业单位——这条“吃财政饭”的独木桥。虽然机构改革想尽办法压缩人员的增长，但是始终没有走出“精简—膨胀—再精简—再膨胀”的怪圈。

第三，从税收征管上看，在依法治税和税收征管工作中，还存在不少薄弱环节。一些单位和个人纳税意识不强，纳税观念相当淡薄，部分税务人员素质不高，征管不严，既存在有税不征、讨价还价，又存在收过头税，贪赃枉法现象，致使偷税、漏税、骗税现象普遍存在，税收流失问题相当严重，使一部分本应该拿回政府的税收，流入单位和个人腰包，经济增长并未完全体现在财政增收上。

二、关于振兴陕西财政的目标问题

《陕西省国民经济和社会发展“九五”计划和2010年远景目标纲要》提出，今后一个时期财政工作的基本任务：一是振兴国家财政；二是健全财政职能；三是实行适度从紧的财政政策，基本消除财政赤字，控制债务规模，并围绕经济社会发展目标和产业政策，调整财政资金投向和分布结构，把增加的资金更多地投到国家战略重点方面。根据陕西省的实际情况，我们认为，确定振兴陕西财政的目标要本着实事求是、循序渐进的原则，不宜定得过高。要依据《陕西省国民经济和社会发展“九五”计划和2010年远景目标纲要》，着眼当前，顾及长远。首先着眼于解决当前财政工作中存在的突出问题的矛盾。要从各地的实际出发，在不同的地区制定不同的目标，各有侧重，全省不宜一刀切。近期内特别是“九五”期间，要采取措施，确保行政事业单位职工工资发放，把这一项作为振兴财政的最低目标来实现。就长远来讲，在未来的15年除解决工资问题外，要逐步提高“两个比重”，健全财政职能，增强省级财政宏观调控能力，全面消灭赤字，消化挂账、欠账，实现“吃饭型”财政向“建设型”财政的根本转变。

1. 确保工资发放

行政事业单位职工工资发放问题是陕西财政面临的一大突出矛盾，必须采取切实有效的措施加以解决。到2000年，必须实现全省所有行政事业单位职工工资按时兑现这一振兴财政的最低目标，这不仅是一个财政问题，也是一个关系政治社会稳定的大事，关系到迈向21世纪的财政形象。达到这一目标可以考虑两个层次和两种解决办法：第一，80%的县工资问题，必须依靠自身力量解决，通过发展经济，培植拓展财源，精简人员，节减行政支出等措施，解决工资问题；第二，对于自然条件差，经济发展落后，依靠自身力量确实无力解决工资问题的县，由省、市（地）调剂资金，重点帮助，实现工资按时发放。

2. 逐步消灭赤字

《中华人民共和国预算法》（以下简称《预算法》）明确规定：地方各级预算按照量入为出、收支平衡的原则编制，不列赤字。目前，陕西省、市、县三级财政都存在赤字问题，而且数额也不少。要在很短时间内消化，困难很大。我们认为要采取措施逐步予以解决。首先，明确要求“九五”期间各级财政要严格按照《预算法》办事，量入为出，必须做到当年收支平衡。其次，对于预算执行过程中出现的赤字或亏空，要随出现随消化。到20世纪末，全省要实现“县县无赤字”的目标。

3. 逐年消化包袱

全省现在历年滚存赤字、挂账、欠账等达到30多亿元。消化这一大块包袱需要各级财政共同努力。消化历年累计赤字问题，根据全省经济发展和目前财政现状，要在“九五”期间全面消化非常困难，可以考虑用10年时间消化完。第一步，“九五”期间消化1/2；第二步，到2005年全面消化。消化粮食企业政策性亏损挂账问题，要坚决按照国务院通知规定精神办，用5年时间消化完。对于各类欠账，既要坚决消化，也要在认真清理的基础上，进行具体分析，能甩的甩，必须兑现的要在“九五”期间全面解决。

4. 提高“两个比重”

财政收入占全省生产总值的比重和省级财政收入占全省财政收入的比重，是衡量省级政府的聚财程度和向社会提供基础设施及公共服务水平的两个重要指标。一个地区政府调控能力的大小，在很大程度上取决于这个地区可用财力的多少，是否有充裕的财力作后盾。1986年全省财政收入占国内生产总值的比重为14.99%，1990年降为13.87%，整个“七五”时期平均为14.43%，1995年仅为9.44%，“八五”时期平均为9.94%，连10%的水平还不到。这种状况如果继续下去，陕西行政事业单位工资发放问题就不能很好地解决，陕西社会基础设施状况和公共服务水平就不可能有所改善，科技、教育等社会事业的发展就会受到很大制约。我们认为，在“九五”期间和未来15年要逐步提高财政收入占国内生产总值的比重，分两步实现。第一步，“九五”末即2000年，全省地方财政收入加上上划中央“两税”收入占国内生产总值的比重达到12%。这样，按照陕西“九五”计划提出的经济增长10.5%目标，到2000年，全省财政收入将达到200亿元，“九五”财政收入年均增长16.05%，年均增加20亿元，解决“吃饭”问题。第二步，经过努力，到2010年这一比重达到18%~20%。在全面解决“吃饭”问题的基础上，走向“建设性”财政。关于省级财政收入占全省财政收入的比重问题，暂不宜定出一个具体数字，要随着经济和社会发展逐渐提高，最终达到省级调控有可用财力作保证的水平。

5. 健全财政职能

财政职能是政府职能的具体体现。要振兴财政，首先必须健全财政职能。目前，在政府职能上存在两个方面的突出问题：一是政府与企业存在职能错位，既存在政府包揽企业事务的问题，也存在企业“办社会”和承担公共事务的问题；二是各级政府事权划分不清，政府各部门职能划分上也存在重叠和漏掉的地方。这些问题反映在财政上，既存在财政包揽了一些应由企业和社会负担的开支的问题，也存在应由财政负担的开支甩给社会解决的情况。因此，振兴财政关键要从调整政府职能和健全财政职能入手，使被肢解和弱化的财政职能得以恢复、健全和到位。首先，要明确划分各级政府的事权和财权，划出不属于财政职权范围的事务，使财政职责权限与能力归位；其次，要加大财政改革，拓宽财政职权范围，壮大地方政府财力；最后，要强化财政宏观调控职能，加强财政监督和财政法治建设，实现依法理财。

三、振兴陕西财政的基本思路和对策

财政是国民经济的综合反映。因此，要实现振兴陕西财政的目标，必须从开源与节流两方面着手，厘清思路。从陕西实际出发，“九五”期间和未来15年中，必须围绕经济体制和经济增长方式这两个根本性转变，以加速经济发展，振兴陕西财政为中心，远近结合，标本兼治，通过完善和深化财税改革，健全财政职能，培植壮大财源，强化收入征管，规范财税管理，优化支出结构，开源节流并举，在增量上下功夫，在存量上做文章，促进陕西财政状况根本好转，建立起适应社会主义市场经济体制要求的财政管理体制和运行机制。

（1）继续完善和深化分税制改革，进一步理顺分配关系。一是在稳定新财税体制的基础上，继续完善省对地市和地方对县的分税制体制，解决新体制运行中存在的突出矛盾。二是明晰省、市（地）、县三级政府之间的事权与财权，解决财权与事权相脱节的问题，真正做到财权与事权相一致。三是争取中央尽快建立比较规范的转移支付制度，增加对中西部地区转移支付的力度。在调研论证的基础上研究设计省内各级财政的转移支付制度，重点缓解贫困地县财政的突出问题。四是调整财政分配范围，理顺分配关系，减少对初级分配的干预，扩大对全社会再分配影响，将体外循环的财政分配逐步纳入预算中。五是强化财政的国家资产管理职能，积极探索建立国有资产经营收益按资分利、按股分红等税后利润分配制度，逐步规范国家与国有企业的利润分配关系。六是加快社会保障制度改革步伐，建立健全社会保障体系。

（2）加强税收征管，千方百计增加财政收入。税收是国家财政收入的主要来源。针对税收征管工作中存在的漏洞和问题，我们认为：一是积极推进和完善地方税制改革，实现国民待遇，统一内外资企业所得税，严格控制税收减免，研究调整、开征一些地方税，逐步建立健全地方税收征管体系。二是各级财政、国税、地税部门要相互支持配合，要改进征管手段，坚持依法治税，依率计征，堵塞收入中的“跑冒滴漏”现象，挖掘收入增长潜力，把实现的税收及时足额收回来，确保财政收入任务的完成。

三是研究改进和加强增值税、个人所得税等税种的征管工作，逐步建立起增值税专用发票的计算机交叉稽核制度和有效监控个人主要收支情况的配套制度，严厉打击偷税、骗税、抗税和制售假增值税专用发票等违法行为。四是既要抓好大宗税源的征管，又要加强对零散税源的征管。从陕西情况看，要坚持大税和小税、中央税和地方税、新税和旧税三个一起抓，特别要加强个人所得税、城镇土地使用税、资源税、农业特产税等地方小税的征收管理。五是加强税收法规宣传，增强国民自觉纳税意识，建立健全纳税人主动申报纳税制度，逐步推行会计师事务所、税务咨询事务所代理办税制度。六是有计划、有重点地组织开展税收专项检查。

（3）加强预算外资金管理，实现“三个还权”，提高资金整体使用效益。预算外资金是在计划经济体制下财政高度集中的产物，曾为调动地方、部门、单位积极性，弥补财政预算资金不足起到积极作用，但在计划经济向市场经济过渡的进程中，由于管理失控，使用效益低下，严重削弱了国家宏观调控的能力，刺激了乱收费行为，滋生了一些腐败现象。因此，必须下大力气加以清理和整顿。要明确预算外资金是国家财政资金的组成部分，加大监督管理的力度。坚决改变目前财政资金分散局面，把应当集中的资金集中起来，将该纳入预算的资金统一纳入预算管理，特别要加强对各部门、各单位的收费、基金、罚没收入的管理，实现“三个还权”，即把预算外资金的所有权、使用权还权于政府。资金管理权归还于财政，使政府能有效地统筹安排使用预算内、外资金。一是正本清源。对全省各种基金和收费认真进行全面的清理和整顿，对不合理的和未经批准的要坚决取消。二是厘清渠道，加强管理。在清理整顿各种基金、收费的基础上将一切应纳入国家预算的基金纳入预算统一管理，统筹安排使用，对一些以政府行为征收的行政性收费和有特定用途的预算外资金，纳入预算列收列支。三是要整章建制。抓紧制定、出台《陕西省预算外资金管理条例》，积极推行综合财政预算，逐步形成对预算外资金科学规范的管理体系。

（4）贯彻适度从紧政策，调整优化支出结构，从严控制财政支出。在支出管理中，要明晰财政负担范围，净化支出内容，最大限度地克服支出上的盲目性、浪费性和无效性。一是继续贯彻适度从紧的财政政策，坚决按《中华人民共和国预算法》办事，坚持量力而行、量入为出的原则，每年财政支出增长幅度必须低于财政收入增长幅度，做到当年收支平衡，不打赤字预算。二是按照市场经济条件下政府的职能，以“社会公共需要”为标准，重新界定国家财政的负担范围，合理调整和优化支出结构，净化支出内容，实行规范化的管理。积极推行事业单位分类管理，认真解决好财政供给范围过宽、供给内容庞杂的问题。把不应由政府行使的职能逐步转给企业、市场和社会中介组织，解决政府包揽企业事务的问题，把一些应由企业和社会负担的开支退出财政。三是加快财政支出改革步伐，由重点压缩支出规模向重点提高支出效益转变，改革支出预算管理办法，逐步实行“零基”预算，打破以往支出中的基数，重新核定，该增加的增加，不该增加的要坚决压缩，要结合机构改革，进一步精简行政机构，压缩人员，切实控制和压缩各项行政经费。四是在目前“吃饭”问题尚未完全解决之前，各级财政在预算安排时，要首先保证行政事业单位干部职工工资的发放，决不能留硬缺口。五是集中资金保证重点支出需要。要千方百计筹措资金，大力增加财政对农业的投入，支持水利、能源、交通等基础设施、基础产业等“瓶颈”项目建设。六是强化财政资金管理力度，建立财政资金使用效益反馈、审计制度，提高资金使用效益。

（5）坚持不懈地搞好财源建设，培植壮大财源，不断增强财政后劲。经济发展是财力壮大和财政振兴的基础，也是财政振兴的目的所在。各级政府要把财源建设当作振兴财政的一个重要举措，以提高经济效益、增加财政收入为中心，切实抓好骨干财源建设和群体财源建设。要拓宽思路，多渠道筹集财源建设资金，运用财政政策和财政分配手段，吸纳和引导各种社会资金和境外资金用于财源建设，加大对经济建设的资金投入量，扶持重点企业，培植骨干财源，开辟新的经济增长点，调整和优化经济结构，提高企业经济效益，促进经济稳定、快速、协调增长。省、地两级要集中力量抓骨干财源，建立项目管理责任制，选择一批产品有竞争力、经济效益好的重点骨干企业，重点加以扶持，发展和组建成大型企业集团，发展名牌产品，使其成为支撑陕西财政的支柱。“九五”期间，全省要形成3~5个产值过100亿元，积累上10亿元，在全国居前几名的企业集团，以及一批产值在10亿元左右、积累1000万元的企业集团。县、乡两级要集中精力，齐心协力抓群体财源，继续以乡镇企业、农业多种经营和第三产业为重点，以“资源型”“加工型”“农业型”“三产型”为主，把发展重点放在中小型企业和非国有经济上，力争在21世纪末80%的县（市、区）实现财政自给。

（6）加强财政法治建设，整顿财经秩序，建立健全财政监督机制。市场经济作为法治经济，要求权、责、利都要以法规的形式加以规范。要建立符合社会主义市场经济要求的财政运行机制，就必须高度重视财政法治建设，优化经济环境，整顿财经秩序，尽快建立起比较完备的财政法律体系和检查监督体系。今后一个时期，陕西财政法治建设的重点要放在制定、完善财政地方性法规和严格执法两个方面，对已经不适应新形势要求的原有法规、规章，要及时清理和修订。要根据经济发展和形势变化，抓紧制定相关的财政地方性法规。目前，要抓紧制定《陕西省预算外资金管理条例》《陕西省行政事业性收费管理条例》《陕西省国有资产管理条例》等地方性法规。要加大严格执法的力度，严肃财经纪律，维护正常经济秩序，定期开展执法大检查，用正常规范的财政监督、社会监督、审计监督代替税收财务物价大检查，建立起日常监督与重点监督相结合的完备的财政监督体系，使财政监督法治化，切实解决有法不依、执法不严的问题，尽快使财政管理走上法治化轨道。

（本报告执笔：吕清涛、樊晓民，本报告获1996年度陕西省财政系统优秀调研成果一等奖）

关于西部大开发有关财政政策的研究报告

加快西部大开发，缩小东西部地区差距，是摆在我们面前长期的战略性任务。陕西作为开发大西北的“桥头堡”，必须牢牢抓住这一次空前的历史机遇，促进开发，加快发展。按照省委、省政府的统一部署，省财政厅组成课题组，对西部大开发中的财政政策问题进行深入调查和系统研究，提出了陕西财政拟采取的对策措施，供省政府决策时参考。

一、中华人民共和国成立以来中央对西部地区的支持及陕西财政经济发展的简要回顾

中华人民共和国成立50年来，中央对西部地区的支持及陕西财政经济的发展可划分为四个阶段。

第一阶段：中华人民共和国成立初至20世纪60年代中期。这一时期，国家为了解决历史上形成的区域经济发展不平衡问题，实行“均衡布局战略”，将投资重点放在中西部地区，在中西部地区建设了一批新兴工业基地。“一五”时期全国基本建设投资总额588.47亿元，西部地区为103.43亿元，占18.52%。由苏联援建的156项工业基本建设项目（实际施工150项）的80%都安排在中西部地区。仅陕西就包括西安和咸阳的纺织、宝鸡的兵器、铜川的煤矿等24个项目，居全国各省区首位，此外，国家还在陕西安排了50个大中型工业项目。在西部地区逐步形成了以西安、兰州、成都等城市为依托的新型工业基地。同时还修建了成渝、宝成、天兰、兰新铁路和青藏、康藏等公路。“一五”和“二五”时期，中西部地区的投资占总比重的58%。

1950—1965年，陕西财政收入由8580.9万元增加到65491.4万元，增长了6.63倍，年均递增14.51%；财政支出由3135.8万元增加到57946.4万元，增长了17.48

倍，年均递增21.46%。国营企业收入占财政收入比重猛增，由1950年的0.15%猛增到1965年的48.81%，工商各个税收入由30.75%上升到47.09%，农牧业税收入由68.00%下降到11.07%。收入结构的变化是由国有企业的比重上升引起的。经济建设支出占财政支出的比重大幅度上升，由6.47%上升到53.61%。

第二阶段：20世纪60年代中期至1978年。这一时期，国家建设战略西移，在西部地区形成两次建设高潮。鉴于20世纪60年代中期国际环境的变化和战备需要，国家确定了全国按一、二、三线布局工业，集中力量建设三线战略后方的策略，投资进一步向中西部地区尤其是西部地区集中，从而形成了中国工业建设在区域上一次规模空前的西移。大批重点企业和军工企业迁移到中西部地区，由此带动了当地经济发展。1964—1980年的17年间，大体划分为两次建设高潮：1965年和“三五”时期为第一次高潮，投入资金560亿元，占同期全国基本建设投资的48.5%；“四五”和“五五”时期为第二次高潮，投入资金约1500亿元，占同期全国投资的36.4%。整个三线建设国家累计向中西部地区投资2000多亿元，相继建成了10条总长8000多公里的铁路干线，1000多个大中型骨干企业、科研单位和大专院校，形成了45个大型生产科研基地和一批新兴工业城市，以及以国防工业和重工业为主的产业结构与生产能力，在较短的时间里为内地特别是西部地区奠定了工业化基础。在中华人民共和国成立后的28年间，中西部地区的工业产值从占总数的10%上升到40%。自洋务运动以来拉开的东西部差距有所缩小。

1966—1978年，陕西财政收入由83913.3万元增加到187671.1万元，增长了1.24倍，年均递增6.94%；财政支出由71168.5万元增加到183026万元，增长了1.57倍，年均递增8.19%。国营企业收入几乎占财政收入的1/2。“三五”和“四五”时期，国营企业收入由31.22%上升到47.14%，工商各个税收入由56.2%下降到46.17%，农牧业税收入由11.71%下降到6.16%。主要是由于“一五”“二五”“三五”“四五”时期建成的企业陆续投产和中央在“四五”时期下放电力工业，国营企业收入占财政收入比重上升引起的。经济建设支出占财政支出的比重由“三五”时期的61.48%上升到“四五”时期的65.60%，同期，全省基本建设投资341839.9万元，占同期财政支出的36.6%，主要投向航天、航空、电子、机械、能源、水利等行业，形成了以“三线建设”为中心的第二次大规模建设高潮，不少项目填补了陕西工业的空白，初步建成了陕西现代工业体系。

第三阶段：1979年至“八五”期末。这一时期，国家建设战略东移，投资向东部地区倾斜，西部地区在国家投资中的份额下降。从1979年开始，为了从整体上加速经济增长，迅速缩短我国与世界发达国家和中等发达国家的经济差距，国家实行了“效率优先、兼顾公平”的原则和“让一部分人、一部分地区先富起来”的方针，相应制定了“加速沿海地带发展，带动内地发展”的战略，赋予东部沿海地区一些特殊发展政策，并且投资向东部地区倾斜，使东部地区经济率先发展起来。从1978—1994年国内生产总值比重看，东部地区由52%上升为58.5%，中部地区由31%下降到27%，西部地区由16.5%下降到14%。1994年我国东部、中部和西部地区的工农业总产值比例为62：25：13，与国土面积比例13：30：57正好成反比，使我国历史上形成的东西差距越来越大。西部地区在国家投资中的份额在“六五”“七五”“八五”时期分别为17.01%、15.99%和13%。以“八五”为例，可以更直观地看到西部地区在国家投资中比重的下降情况，1991年为14.7%，1992年为13.8%，1993年为13%，1994年为12%。陕西在计划经济时期，综合实力一直排在全国第十七八位，改革开放后逐渐落伍到第二十一二位。

1979—1994年，陕西财政收入由168010万元增加到833111万元，增长了3.96倍，年均递增11.3%；财政支出由195.167万元增加到855158万元，增长了3.38倍，年均递增11.25%。这一时期财政的特点是，收支矛盾尖锐，财政连年发生赤字。经济建设支出占财政支出的比重大幅度下降，从1979年的40.42%下降到1994年的11.09%。

第四阶段：“九五”以来。这一时期，国家建设投资逐步向中西部地区倾斜，加大对中西部地区的投入力度。近几年，国家通过转移支付、增加预算内基建投资等方式，加大对中西部地区支持力度。1998年中央财政增长的投资中，用于中西部地区的达到62%，其中用于西部地区的固定资产投资增长31.2%，高于东部沿海地区14.9个百分点，同时中央也增加了扶贫资金投入，扶贫资金由1986年的40亿元提高到1998年的183亿元，近几年新增的扶贫资金中70%投入西部省份。

1994—1998年，陕西财政收入由833111万元增长到1569228万元，年均递增17.15%；财政支出由855158万元增加到1661955万元，年均递增8.07%。主要是由于“分税制”财政体制激活了地方各级政府强化收入征管的积极性；大规模的财源建设为财政收入快速增长提供了丰裕的税源。

二、陕西财政现状及面临的困难和问题

中华人民共和国成立50年以来，在经济发展的基础上，陕西财政有了长足发展。纵向看，陕西财政收支规模在不断扩大，财政在支持发展、促进改革、保持稳定等方面起到了不可替代的作用。但横向比较，无论从收入和支出的总量上，还是从人均水平上看，陕西都处在全国中下位置，与全国平均水平和周边毗邻省份仍有较大差距。面对改革和经济发展的要求，特别是加快西部大开发的新形势，陕西财政还存在困难和制约因素。

一是财政收支矛盾处于紧张状态，在短期内难以改变，影响财政资源配置职能的发挥。全国财政实行统收统支时期，陕西除1960年和1968年有赤字外，其余年份都有结余。1980—1985年，中央和地方分灶吃饭，陕西由于支出基数低，增支因素少，虽然有赤字，但数额不大。1985年，中央实行“划分税种，核定收支，分级包干”体制后，陕西赤字数额逐年加大，矛盾越积越多，年年发生赤字，年年有财政欠账，财政一直陷入困难的境地。1994年，分税制财政体制实施以来，财政支出的困难局面依然没有根本改变。截至1998年底，全省财政累计赤字达到5.8亿元，赤字县80个，赤字县累计赤字8.8亿元。许多县（区）正常收入保不住行政事业单位职工工资，每年都有七八十个县工资不能按时发放。财政可支配财力与社会对财政资金的需要有较大差距，处于勉强维持“吃饭”状况，并且这种情形在短期内难以改变。所以，只能用有限的财力解决改革、发展、稳定的关键性问题，财政的经济建设职能较弱。

二是财政收入对国有经济依赖较大，非公有制经济尚未形成财政的主要来源。财力增长的快慢取决于经济增长的快慢。就资源结构来说，陕西自然资源富集，人才资源具有优势，旅游资源得天独厚，但由于经济基础较差，开发能力较低，资源优势并未转化为经济和财政的优势。从经济总量到经济发展规模，陕西在全国一直处于中下水平，排列在第20位以后。陕西国有经济占绝对优势。据统计，1997年在全国各地区经济的所有制结构比较中，以国有经济为主的地区有14个，除北京、辽宁外，全部为中西部地区，国有经济占绝对优势的地区（国有经济比重大于50%）全部为中西部地区。陕西财政收入的70%~80%来自国有经济，而国有企业效益不高，亏损严重，财源基础不稳固。1997年，全省地方占有使用国有资产的6493户企业中，亏损企业达到3604户，亏损面为55.1%，比上年上升3.73个百分点，亏损总额58亿元，比上年

增亏13.57%。和全国相比，陕西县域经济总体发展缓慢，乡镇企业和个体私营等非公有制经济数量少，在整个经济中所占的比重低。财政收入格局与所有制和经济结构变化不相适应，特别是国有企业改革和发展尚未走出困境，加之银行利率连续下调，国有企业和银行金融保险行业向财政提供的收入比重下降，对省级财政影响较大。全省财政发展缺少后劲。

三是支出结构不尽合理，“越位”与“缺位”并存。1997年全省财政支出中用于人头和公务方面的支出占80.93%，主要是财政供养人员急剧增加。1997年陕西财政供养人员达到119万人，比1985年增加了45万人，平均每年增加3.75万人。财政供养人员占总人口的比例高于全国平均水平。结果造成政府管理成本高，经济调控余地小。

四是财力分散，财政分配的主体职能弱化。财力分散的主要表现是，行使政府分配职能的部门和单位越来越多，参与分配的份额越来越大，预算外资金规模膨胀。陕西省预算外资金1992年为23.09亿元，1997年增加到61.86亿元，年均递增21.79%，预算外资金占财政收入的比重由1992年的45.32%上升到1997年的76.35%。大量的预算外资金、各种收费和基金游离于预算之外，脱离财政监督，削弱了政府调控能力，影响公共资源的优化配置。1978—1998年，全省财政收入占国内生产总值的比重由23.07%降到10.2%。这一比重不仅低于全国平均水平，而且低于毗邻的甘肃、青海等省。财政在社会资源配置中的主体职能退化、弱化，一方面使一些本应由政府承担的公共设施、基础设施和重点工程没有充足的财力保证，另一方面财政却承担了一些本不该负担的开支。

五是转移支付力度不到位，地方财政正常运转困难。分税制财政体制的实施，使中央集中了地方增值税和消费税增量的大头。据测算，5年来陕西上划中央“两税”共增加74.63亿元，中央集中了56.23亿元，地方仅得增量返还18.39亿元。同时，中央对地方的转移支付力度不到位，财政硬性支出逐年增加，特别是个人方面的刚性增支压力较大。随着改革力度的不断加大，财政支持各项改革的支出逐年增加，如下岗职工再就业、粮食风险基金、医疗和住房改革等，都需要财政大力支持。按1998年决算不剔除排污费、水资源费等专收专支收入计算财力，陕西省107个县（市、区）中，人均财力高于4000元不足5000元的县共41个，占总数的38.32%；人均财力不足4000元的县共61个，占总数的57.01%。这么低的财力使各类挂账、欠账、赤字越累越多，一些地县干部职工工资大量拖欠，地方财政难以正常运转。

六是受地区间经济发展不平衡的制约，省级财政调控能力弱。由于自然、历史等多方面原因，陕西各地经济发展水平极不平衡，财力差距悬殊。在全省11个地市中，西安市财力占全省总财力的1/3以上。但是由于西安市是西北地区的中心城市，其自身负担很重，加之分税制前属于计划单列市，省对西安市财力集中难度很大。省级财政的主体税种是金融保险营业税、部分中省增值税和企业所得税，收入结构单一。分税制后，增值税大头上划，收入潜力非常有限；金融保险营业税随着银行存贷利率下降而处于负增长的态势，加之省属大部分国有企业连年亏损、效益下滑，使省级财政收入占全省总收入的比重1997年仅为16.22%，而财政支出却占总支出的29.17%，收支差距拉大。省级财力的45%用于省级行政事业单位人员经费和保证机构正常运转。同时，省本级财政还要承担大量全省性支出，对贫困地区的定额补助和转移支付等，省级财政调控能力很弱。

三、陕西财政在西部大开发中的因应对策

（一）强化资源配置职能，促进经济发展，涵养壮大财源

在西部大开发中，各级政府及其财政部门要始终把培植财源作为大事来抓，以提高经济效益、增加财政收入为中心，切实抓好骨干财源建设和群体财源建设。第一，要认真总结前几年的财源建设经验，根据西部大开发的形势需要，拓宽视野，开阔思路，组织力量深入研究制定面向21世纪的新的财源建设规划。第二，要注意把财源建设与调整优化经济结构结合起来，选择一批产品有竞争力、经济效益好、科技含量高、带动作用强的产业和重点骨干企业，重点加以扶持，发展和组建大型企业集团，创名牌产品，使其成为支撑陕西财政的支柱。第三，要把财源建设与脱贫攻坚、富县富民相结合，把项目、资金重点向脱贫摘帽县、贫困县、零基承包试点县倾斜，加快其脱贫步伐。第四，要把财源建设与放开搞活国有中小企业、发展非公有制经济相结合，以效益为中心，以向财政提供税收为重点，打破行业、地区、所有制局限，全力支持非公有制经济发展，把扶持非公有制经济纳入财源建设规划，力争在支持非公有制经济发展上有新的突破。第五，要充分发挥财政的资源配置功能，多渠道筹集财源建设资金，运用财政政策和财政分配手段，吸纳和引导各种社会资金和区外资金用于财源

建设，加大对经济建设的资金投入量。

（二）认真落实财税优惠政策，造就生产要素向陕西流动的“洼势”

1997年以来，陕西省委、省政府实施“以开放促开发，以开发求发展”战略，立足陕西实际，深化改革，先后制定了5个决定，提出了一系列财税优惠政策。这些政策力度大，关键是抓好落实工作。在西部大开发中，财政部门要充分发挥职能作用，认真扎实地落实好这些优惠政策，吸收省内外、国内外的生产要素向陕西流动。扶持高新技术产业的发展，扶持中小企业发展，加快陕西能源开发和利用，促进旅游产业发展。

（三）切实加强预算外资金管理，集中财力促开发

预算外资金和行政事业性收费是我国经济体制转轨过程中的特有产物，必须继续认真贯彻国务院《关于加强预算外资金管理的决定》和《陕西省预算外资金管理条例》《陕西省行政事业性收费条例》，对预算外资金和行政事业性收费实行收支统管，扭转财政资金分散的局面，拓宽财政收入的渠道，增强政府的调控能力。要按照“预算外资金的所有权属于国家、调控权属于政府、管理权属于财政”的原则，逐步将应上缴财政专户而未交的车辆通行费收入、行政事业单位公房租赁收入、电视台广告收入、文物部门的门票收入等纳入财政专户，堵塞收入流失，规范资金用途。切实加大预算外资金管理的监督检查力度，坚决查处一些单位多头开户、坐收坐支、胡支乱用违法违纪问题。

（四）调整和优化支出结构，加快支出改革步伐，建立科学的支出管理机制

第一，按照市场经济条件下政府职能的要求，以“社会共同需要”为标准，重新界定财政的供给范围，合理调整和优化支出结构，净化支出内容，尽快解决财政支出上的“越位”问题，集中力量弥补支出的“缺位”，实行规范化管理，最大限度地克服财政支出上的盲目性、浪费性和无效性。把不应由政府行使的职能逐步转给企业、市场和社会中介组织，解决政府包揽企业事务的问题，把一些应由企业和社会负担的开支退出财政，建立适应社会主义市场经济体制的财政供给制度。

第二，加快财政支出改革步伐，由重点压缩支出规模向重点提高支出效益转变。改革支出预算管理办法，打破以往支出中的基数，逐步实行“零基预算”。继续推进和完善行之有效的政府采购、会议费和外事接待费财政统一结算、统一发放工资，向贫困县和转移支付重点县派驻财政督察员等支出管理改革，寓财政监督于支出管理中，提高财政资金使用效益。试行国库集中支付制度，变财政资金由部门、单位分散使用为财政部门集中统一支付，并使之规范化、制度化，从制度上减少资金分配的中间环节，堵塞管理上的漏洞，确保财政资金使用效益的不断提高。

第三，确保重点支出。预算安排要首先保证行政事业单位干部职工工资的发放。要千方百计筹措资金，大力增加财政对农业的投入，支持水利、能源和交通等基础设施及基础产业等“瓶颈”项目建设。

（五）运用财政贴息政策，引导社会投资，支持企业技术进步和技术创新

按照“渠道不变、用途不变、统筹管理”的原则，将省经贸委、计委、科委等部门用于技术改造的资金集中起来，建立技改资金中心，统一管理使用；从2000年起，将国有企业上缴的所得税和优势企业上缴的税后利润全部列支出，用于企业技术改造贴息；企业管理费用中据实列支的技术开发费达不到规定比例的，其差额部分由企业在税前列支后，上缴财政集中管理，统筹用于重点企业技术改造；拓宽贴息资金使用范围，研究制定贴息资金支持非公有制经济和民营企业的办法。

（六）积极搞好农村税费改革试点，切实减轻农民负担

积极搞好农村税费改革试点，按照中央的统一部署，适时将收入稳定、数额较大、公益性强的收费改为税收收入。各级政府要真正认识到“减负实际就是增收”的道理，从1999年起，三年内省政府不再出台涉及农民负担的收费项目，地县自行出台的收费项目也要立即停止执行。要鼓励、引导农民增加对农业的投入，最终实现农业增产、农民增收。

（本报告完成于1999年10月，由吕清涛、樊晓民执笔，被收入《世纪伟业——陕西实施西部大开发战略的理论与实践》，陕西人民出版社2000年4月出版）

关于改进和加强陕西省财政支出管理的研究报告

收入和支出是财政管理的两个基本方面。长期以来，无论是我国财政理论界还是实际部门，对财政支出问题的研究尤其是系统深入的研究相对较少。陕西作为中西部内陆省份，由于受自然、历史等诸多因素的影响和制约，与东部沿海省份相比，经济差距还较大。从财政方面看，主要是财政收支矛盾尖锐，支出压力大，面临的问题和困难多。因此，很有必要对陕西省财政支出问题进行专题研究，了解掌握陕西省财政支出现状和问题，寻找制约因素，提出改进和加强财政支出管理的意见。

一、实证分析：陕西省财政支出的现状和问题

对陕西省财政支出问题进行研究，首先必须对陕西省财政支出的现状和问题进行调查分析。

（一）对陕西省财政支出成效的基本估价

进入20世纪80年代以来，特别是近几年陕西财政支出增长很快，基本保证了政府机构正常运转的需要，支持了各项社会事业和重点建设的发展，为各项改革的顺利实施提供了资金保障。同时，陕西在财政支出管理方面进行了许多有益的探索，取得了明显成效。

从总量上考察，陕西省财政支出规模不断扩大，由新中国成立初的约0.313亿元增长到1998年的约166.19亿元，为经济建设和社会发展提供了财力保障。1950年陕西省财政支出规模只有3135.8万元，到十一届三中全会召开的1978年达到约18.7亿元，增长了57.3倍，年均递增15.6%。改革开放以来，陕西省财政支出规模大幅度增

长，由1979年的约19.56亿元增加到1998年的约166.19亿元，增长了7.50倍：特别是进入90年代以来，财政支出增长幅度较大，1998年比1991年翻了一番多（见表1）。基本保证了政府机构正常运转的需要，一些公共基础设施明显改善。

表1 陕西省1978—1998年财政支出及增长速度

年份	财政支出/万元	环比增长/%	年份	财政支出/万元	环比增长/%	年份	财政支出/万元	环比增长/%
1978	187671		1985	275007	20.90	1992	652654	11.19
1979	195617	4.23	1986	335931	22.15	1993	753395	15.53
1980	182837	6.53	1987	378051	12.54	1994	855158	13.42
1981	163887	10.4	1988	445835	17.93	1995	1026917	20.09
1982	172993	5.56	1989	507870	13.91	1996	1217909	18.60
1983	188076	8.72	1990	540580	6.44	1997	1414688	16.16
1984	227471	5.28	1991	582781	7.81	1998	1661955	17.47

尽力保证全省行政事业单位职工工资的发放，发工资难的矛盾得到部分缓解。20世纪80年代末以来，国家曾多次调整干部职工工资标准，加之财政供养人员的急剧增加，发工资问题成为各级政府最头痛的事。为缓解和解决这一矛盾，陕西各级财政部门每年在预算安排上，都首先力保干部职工工资，并采取了“双保责任制”（地市专员市长、省级部门厅局长保工资责任制）和“三个一块”（收入超一块、支出压一块、预算外调剂一块）的办法。省财政千方百计筹措资金，尽力帮助困难较大的地县解决工资问题，对商洛、安康、榆林三个地区增加了定额补贴。并按照省政府的要求，采取新的改革措施，从1996年起实施“县财政赤字零基承包”试点，由省财政对承包县1995年以前经核准的累计赤字一次性补助，地市财政配套，其他财政欠账由县上自行消化，省、地、县三级签订承包责任书。到1998年全省已在子洲、佳县、吴堡、岚皋等21个县进行试点，帮助这些贫困县弥补赤字、甩掉包袱，增强自我发展能力。

农业和科教文卫等支出大幅度增加，有力地支持了各项事业的发展和改革的顺利进行。20世纪80年代以来，为了支持农业、教育、科技等事业的发展，陕西每年省级新增财力的20%用于农业、20%用于教育，科技支出每年递增10%。1998年，全省财政用于农业的投入达到17.05亿元，比1978年增长了2.36倍。“八五”期间，全省财政支出科技三项费用3.32亿元，较“七五”增长了1.06倍。1979—1998年全省教育支出194.89亿元，教育事业费支出占财政总支出的比重1998年达到15.74%。积极拓宽资金渠道，加大预算外资金对农业的投入，保证省政府确定的东雷抽黄、石头河引水、延安供水、“引冯济羊”等重点水利工程的资金需要，使全省农业基础设施得到一定的改善。认真实施“甘露工程”筹措3亿多元资金，解决412万人和165万头大家畜的饮水困难。对贫困地区九年义务教育、西北大学211工程、职业教育、科技成果转让等给予重点扶持。同时，发挥财政职能，积极参与和支持企业改革、下岗职工再就业及住房、粮食和社会保障等重大改革，保证这些改革措施的顺利出台和实施。

积极筹措资金，狠抓骨干财源和群体财源建设，促进全省经济快速发展。按照发展社会主义市场经济和实行分税制财政体制后的新形势，确定了新的财源建设思路。省、地两级集中精力狠抓骨干财源，县、乡两级齐心协力大抓群体财源。1994—1997年，省财政共筹集资金4亿多元，支持县、乡群体财源建设，促进县域经济的快速发展。县、乡财政收入占全省财政收入的比重由1992年的52.11%提高到1997年的55.31%。按照“三方联手六方共建”的原则，与银行、经贸委、计委、企业主管部门和企业密切配合，省财政筹措4亿多元，扶持了48个效益好、见效快、科技含量高的骨干财源项目，目前大部分项目已达产达效的同时，省财政还从新增财力中安排5000万元，用于建立省级大项目资本金制度。

从严控制财政支出，积极探索财政支出管理的新路子。全省无论是经济条件较好的地方，还是财政较困难的地县在控制财政支出特别是人、车、会、话、医等方面想了许多有效的办法。渭南市从1990年开始，在市本级和各县区全面推行零预算：延安市对小汽车实行统购统配定点维修管理；富平、丹凤、渭滨等县对工资性支出实行台账管理，收到明显成效。省财政对省级部门和单位的会议费、车辆购置、工资发放、政府购买物品，实行了“从严审批、定点开会、财政结算”“统一贴车，定点维修”“编办核实人员、人事核准工资、财政核拨经费、银行代发工资”和政府采购制度等，对行政事业性收费实行“单位开票、银行收款、统一开户、收支统管”的办法，对于加强资金管理，节约财政支出，遏制腐败发挥了积极的作用。

（二）陕西与周边省份的比较

纵向看，陕西省财政支出规模在不断扩大，支出水平在不断提高。但横向比较，无论从支出总量上，还是从人均水平上，陕西都处在全国中下位置。就支出规模而言，1995年陕西财政支出102.69亿元，排在全国第21位，占全国地方支出总额6809.17亿元的1.51%，相当于排在第1位的广东省当年财政支出525.65亿元的19.54%。如果按自然总人口计算，1995年陕西人均财政支出为299元，排在全国第22位，与全国平均水平相差107元，与排在第1位的上海相比，陕西仅为上海的14.7%。如果按财政供养人员计算，全国人均财政支出平均为13385元，陕西为10330元，排在全国第23位，与全国平均水平相差3055元，仅是上海的1/3。

与山西、河南等7个毗邻省份和新疆、甘肃等西北其他省（区）相比，也可以看出陕西省财政支出的水平和问题。与山西等毗邻省份比较，无论从支出总量上，还是从平均水平上，陕西都在中下位置（见表2）。就陕西与西北其他省区比较来看，陕西虽然在财政支出总量上排在宁夏、青海、甘肃、新疆前面，但如果按自然总人口和财政供养人员平均，陕西排在西北五省最后一位（见表3）。按自然总人口计算人均财政支出，青海、宁夏、新疆都高于全国平均水平，甘肃虽低于全国平均水平，但也比陕西多43元。按财政供养人员计算，陕西与新疆相比，人均水平相差3442元。

表2 1995年陕西与毗邻省份财政支出比较

省（区）	财政支出规模/亿元		按自然总人口计算的人均财政支出/（元/人）		按财政供养人员计算的人均财政支出/（元/人）	
	绝对额	位次	绝对额	位次	绝对额	位次
陕西	102.69	21	299	22	10330	23
山西	112.89	19	374	18	10647	21
河南	207.28	8	227	29	9333	27
湖北	162.43	14	285	24	8904	29
四川	277.72	2	239	28	12043	16
甘肃	81.38	25	342	20	11438	18
宁夏	23.00	30	450	14	10597	22
内蒙古	102.18	22	447	15	11167	20

表3 1995年陕西与西北四省区财政支出比较

省（区）	财政支出规模/亿元		按自然总人口计算的人均财政支出/（元/人）		按财政供养人员计算的人均财政支出/（元/人）	
	绝对额	位次	绝对额	位次	绝对额	位次
全国	6809.17	—	406	—	13385	—
陕西	102.69	21	299	22	10330	23
甘肃	81.38	25	342	20	11438	18
青海	28.80	29	627	7	13110	13
宁夏	23.00	30	450	14	10597	22
新疆	96.4	23	580	10	13772	11

（三）陕西省财政支出的矛盾和问题

通过与全国平均水平、与其他相关省份的比较，可以初步得出以下结论：陕西省总体支出规模相对较小，人均支出水平还很低，各级财政普遍困难，全省财政支出所面临的形势不容乐观。

财政收支矛盾尖锐，入不敷出，财政赤字连年增加，全国财政实行统收统支时期，陕西除1960年和1968年有赤字外，其余年份都有节余。截至1997年底，全省财政累计赤字达到5.94亿元。“吃饭”性支出和经济建设性支出的矛盾尖锐，各级财政已基本上成为“被动吃饭型”财政，经济建设性资金严重短缺，支出结构有待进一步优化。主要表现在：

（1）经济建设性支出占财政支出的比重急剧下降，非生产性支出比重大幅度上升。1979年陕西省经济建设性支出占财政总支出的比重为40.42%，1998年下降到19.06%，降低了21.36个百分点，财政的生产建设功能不断被削弱。与之相反，非生产性支出直线上升，1998年全省财政支出中用于人头和公务方面的支出占80.94%。城市基础设施建设、生态环境保护等因为财力紧缺，欠账较多，特别是中心城市这方面的问题更为突出。

（2）科教文卫支出增长较快（见表4），高于全国平均水平。尽管陕西人均科教文卫支出低于全国平均水平，但其在支出中的比重却高于全国平均水平。1979年陕西省科教文卫支出占财政总支出的比重为19.05%，1998年上升到28.30%，增加了9.25个百分点，高于全国同期平均水平。在陕西县级财政支出中，科教文卫支出占的比重更高，1995年该项支出占县级支出的比重为39.69%，同期全国平均为36.82%。

表4 陕西省科教文卫支出情况

年份	1979	1985	1990	1991	1993	1994	1995	1996	1997	1998
科教文卫支出占的比重/%	19.05	27.42	24.3	24.8	29.5	31.8	29.9	29.3	28.19	28.30

（3）行政管理费支出增长迅猛（见表5），占财政总支出的比重由1979年的10%，上升到1998年的13.57%（1994年曾高达16.25%）。在行政管理费支出中，主要是人头经费占的比重大。据估算，近几年因机构、人员膨胀增加的行政费支出，约占行政费支出增加额的1/4，致使整个行政事业经费支出的刚性越来越大，政府管理成本高，财政陷入“被动吃饭型”局面，经济调控余地小。

表5 陕西省行政管理费支出情况

年份	1979	1985	1990	1991	1993	1994	1995	1996	1997	1998
行政管理费支出占的比重 /%	10	14.87	11.66	12.12	15.83	16.25	15.47	15.08	13.78	13.57

县级财政困难的问题十分突出。陕西省财政困难不是仅局限在某个地区或某一部分县，而是全省各级财政普遍较为困难。县级财政处于矛盾的焦点，最为困难。全省多数县的总财力不能保证行政事业单位职工工资的发放，越往下发不出工资的问题越突出。据调查，到每年的7月和8月，全省就有70%~80%的县发不出工资，有的县仅能维持到5月和6月。山阳县每年财政支出中，有1/3靠自己收入，1/3靠上级补助，1/3留有硬缺口。陕西贫困县多，仅国定贫困县就有50个，赤字县比例高（见表6）。1995年全国财政赤字县平均比例为49.98%，陕西高达78.50%，比全国平均水平高28.52个百分点，仅次于新疆、青海、甘肃三省（区），列全国第4位。

表6 1995年财政赤字县比较

	赤字县个数	省报县级单位数	赤字县占县级单位数 /%
全国合计	1241	2483	49.98
陕西	84	107	78.50
甘肃	69	85	81.18
青海	41	48	85.42
宁夏	10	18	55.56
新疆	76	85	89.41

财政包袱越背越重，更加剧了财政支出的困难。各级财政部门在尽心尽力支持当地经济建设和各项社会事业发展的同时，财政自身也背了许多包袱，各种挂账、欠账、赤字越积累越多，给财政正常运转带来困难。目前，陕西省各种挂账、欠账、赤字达到30多亿元，关中产粮大县粮食企业政策性亏损挂账较多，陕南、陕北的一些贫困地区财政欠账尤为突出。

财政资金短缺与使用效益不高的问题并存。从总体上看，由于受计划经济体制下吃"大锅饭"思想的影响，加之法制不健全，因而在财政资金管理上，缺乏明确的责任制和相应的监督措施，不同程度地存在预算软化、管理弱化、支出不规范的问题。作为欠发达地区来说，一方面财政预算内资金普遍紧张；另一方面还存在紧缺中的浪费现象，尤其是在举办某些事业方面问题更加突出，使有限的财政资金发挥不了最大的效益。在一些地方和部门存在讲排场、比阔气，挥霍浪费等现象，不但助长了一些干部的不良作风，而且加剧了财政收支的矛盾。

二、原因剖析：陕西省财政支出困难的症结所在

通过对全省财政的资料分析和对部分地县的典型调查，我们认为造成陕西省财政支出困难的原因主要有以下四个方面：

（一）财政供养人员急剧增加，工资及补贴标准不断提高，是造成财政支出困难的直接原因

“生之者寡，食之者众。”1985—1997年陕西财政供养人员由74.4万人猛增到113.4万人，平均每年增加3.54万人。1997年全国地级本级财政支出中，行政管理费占财政总支出的平均水平为9.5%，陕西高达16.62%，全国县级行政管理费占财政总支出的平均水平为16.06%，陕西省为20.91%。以陕西省中等县水平估算，每个财政供养人员每年最低需要财政支出5500元。如果全省财政供养人员精简10万人，全省每年就可减少支出5.5亿元。虽然每次机构改革想尽办法控制压缩人员的增长，但是，始终没有走出“精简—膨胀—再精简—再膨胀”的怪圈。原因在于各方面都强调自己事业的重要，一味强调“大右看齐，上下对口”，要求增加机构和编制。大县小县干部数量的多少，主要取决于机构和乡镇的数量，而不是取决于辖区内的业务工作量。庞大的财政供养人员与陕西人口规模、经济总量规模不相适应。就纳税人与财政供养人员之比来说，陕南的佛坪县为19：1，陕北的子洲县为28：1，关中的县一般为40.50：1。由于企业效益不高，亏损严重，个体私营经济和乡镇企业发展缓慢，很多人宁愿待在收入较低、工资欠发但相对稳定的机关吃平安饭，也不愿去企业。国家政策要求必须安置的复转军人、大中专毕业生，大部分都挤向行政事业单位。加之物价上涨、个人部分补贴项目增加、标准提高，各种开支大量增加，导致财政收入的增加远远赶不上财政支出的增加，使各级财政都陷入捉襟见肘、“寅吃卯粮”的境地。

（二）财政体制不规范，供给范围不明确，支出上的“缺位”与“越位”并存，是造成财政支出困难的又一个重要原因

财政体制的不规范，某种程度上形成鼓励支出的机制。长期以来，国家财政支出

分配在各地方各部门普遍采用基数分配法，上年的支出数额作为下年的支出基数，如果出现赤字，还有可能获得中央或上级财政给予的各种补助和照顾，以此刺激地方和部门扩大开支。甚至在某些收入增长较快的年份，由于支出比收入增长更快，赤字反而扩大。这种情况在实行分税制财政体制后仍未得到根本改变。在不断下放财权的过程中，国家财政未能适时适度地调整支出规模和开支项目，支出上的“越位”与“缺位”并存。一方面，财政支出包揽过多，不仅要满足公共需要的支出，而且对半公共产品，甚至私人产品都包揽过来，有些应当由社会和经济主体承担的支出，财政仍然包揽。另一方面，有些应由政府承担的公共设施、基础设施和重要工程没有充足的财力保证。造成财政该保的因为没有钱保不了，不该支的还非支不可。分税制财政体制改革从先划分财权开始，而对于事权的划分比较模糊，财权与事权不统一。结果是越往上收入的集中程度越高，越往下支出的压力越大。上面定政策，下面拿票子的事屡见不鲜。该由上级政府负担的财政支出，转嫁给基层，最典型的如粮食政策性亏损补贴。在产粮多的地方，对国家贡献大，反而财政背的包袱大。在中央转移支付制度尚不够完善、支付数额还很小的情况下，使像陕西这样的穷省财政支出的困难加剧。

（三）经济发展相对滞后，财政增长后劲不足，是造成支出困难的根本原因

财力的增加取决于经济增长的速度。就资源结构来说，陕西自然资源富集，人才资源具有优势，但由于经济基础较差，开发能力较低，资源优势没有转化为经济优势。无论从经济总量还是经济发展规模上，在全国一直处于中下水平，排在第20位以后。“七五”“八五”时期，陕西经济发展速度并不慢，但是由于基础差、底子薄，加之经济增长方式粗放、效益不高，国有企业亏损严重，财源基础不稳固。1997年，全省地方占有使用国有资产的6493户企业中，亏损企业达到3604户，亏损面为55.1%，亏损额达到58亿元，比上年增亏13.57%，国有工业企业资产负债率达到80.49%，远远高于国家规定的警戒线。和全国相比，陕西县域经济总体发展较慢，乡镇企业和个体私营经济数量小，在整个经济中所占的比重低。全国592个贫困县中，陕西就有50个，占8.4%，与东部发达地区差距越拉越大。“七五”期间陕西财政收入年均增加4亿多元，年均增长15.1%，“八五”期间特别是后三年，财政收入每年增幅都在10亿元以上，年均增长16.4%，与“六五”期间年均增长5.1%相比

显然是很快的。但是，横向比较情况就不是这样。在这一时期，沿海各省经济发展突飞猛进，比如广东省“七五”期间财政收入每年增长二三十亿元，“八五”期间后三年每年增长八九十亿元，财政收入的成倍增长，使像陕西这样的内陆省份不能望其项背。经济发展的相对滞后，财政增长后劲不足，是造成陕西省财政支出困难最根本的原因。

（四）财力分散，铺张浪费严重，加剧了财政支出困难

财力分散的主要标志之一，就是财政收入占国内生产总值的比重下降。这在全国是一个普遍问题，与全国平均水平相比，陕西下降的幅度不小（见表7）。“七五”时期，陕西省财政收入占国内生产总值的比重平均为14.43%，“八五”时期降到10.3%。1991年全国财政收入占国内生产总值的比重为14.6%，1997年下降到10.9%，降低了3.7个百分点。同期，陕西省1991年为12.7%，1997年下降到10.17%，降低了2.53个百分点。为什么在经济不断发展的情况下，财政收入占国内生产总值的比重却逐年下降呢？这表明财政收入流失严重。据不完全统计，1997年陕西省预算外资金达到61.86亿元，相当于全省同期地方财政收入的76.35%。大量行政事业性收费和基金游离于预算之外，分散在各主管部门，脱离财政监督，使本来应由政府统筹安排的资金，切块给各部门各单位，财政无力调配。一些单位一方面在预算内支出上留下缺口，向财政伸手要钱。另一方面却把预算外收入作为自己的“小金库”，胡支乱用，铺张浪费，甚至滋生腐败现象。在财政资金管理中也存在一些漏洞，胡支乱花，超前消费现象在某些地方、某些方面较为严重。不切实际的表彰奖励、没有实效的会议、参观考察、出国、出境旅游等越来越多，进一步加剧了财政支出的困难局面。

表7　1991—1995年财政收入占国内生产总值比重比较

单位：%

	1991年	1992年	1993年	1994年	1995年	5年平均
全国	14.6	13.1	12.6	11.6	10.7	12.52
陕西	12.7	10.3	9.4	9.8	9.3	10.3
甘肃	15.7	13.2	14	13.9	12.4	13.84
青海	12.1	9.7	10.4	11	10.3	10.7
宁夏	8.4	9.8	10.5	10.8	10.1	9.92
新疆	8.5	6.8	6.9	8.1	7.8	7.62

三、基本思路：改进和加强财政支出管理所要达到的目标和思路

（一）改进和加强财政支出管理的理论依据和指导思想

正确把握财政支出在“三财之道”中的地位，牢固树立收支并重的思想。财政支出（用财），一方面取决于经济发展（生财）的状况和财政收入（聚财）的多少；另一方面，用财的规模、结构和效益等状况又制约和影响经济发展（生财），进而影响聚财，包括财源、财力和财政收入的多寡。即生财决定聚财，聚财为了用财，用财又影响生财。应牢固树立“聚财、用财都要立足于生财”的观念，确立“经济—财政—经济”的目标模式，即财政工作要以促进社会经济发展为出发点和归宿点。就财政工作本身而言，应坚定地树立收支并重的指导思想，不仅要看到收入决定支出的一面，而且要看到管好支出是为了更好地收，从而确立“收入和支出相互依赖，相互促进”的良性机制，牢固树立收支并重的思想。

正确理解财政支出对于“改革、发展、稳定”的重要作用，坚定树立“促进发展为主，改革和稳定并重”的思想。财政支出对于改革、发展和稳定有着十分重要的作用。就改革而言，一方面改革状况影响财政支出，上述陕西财政支出困难与行政事业单位改革滞后、大中型国有企业转机建制尚未到位密切相关；另一方面，几乎每项重大改革措施的出台和实施，都需要财政支出予以支持、配合和保障。也就是说，财政支出对于改革事业的成败有着重要的影响。就发展而言，一方面，经济发展决定财政收入进而决定财政支出；另一方面，经济结构的调整和优化、重点建设项目的进行等经济发展问题都要受到国家财力的制约，受到财政支出规模、结构和效益的直接影响。就稳定而言，无论是经济发展的稳定（尽快消除经济波动的幅度），还是社会稳定，主要是指政府程序和社会治安环境等，都离不开国家财政支出的调控和财力保证。对于财政支出困难的认识和解决，应放到“改革、发展、稳定”的大背景中去考察，坚定树立“促进发展为主、改革与稳定并重”的思想，在促进发展、深化改革、保持稳定的过程中，逐渐克服财政困难，最终形成财政支出与改革、发展、稳定之间的良性循环机制。

正确认识市场化过程中财政职能的转化，明确树立“公共需要与宏观调控并重、

吃饭与建设并重”的思想。改革的市场化取向要求政府的经济管理职能要从以行政手段为主的直接控制向以经济手段为主的宏观间接调控转变，与此相适应，财政职能也要发生相应的转变。一方面，财政分配要从直接物质生产领域退出，承担起满足社会公共需要的职能；另一方面，财政支出作为重要的经济手段，要承担起更为重要的宏观调控职能。从支出内容上看，一方面要“吃饭”，要满足政权运转和事业发展的需要；另一方面还要建设，如果不建设，吃饭不易维持，宏观调控就失去保证。由此可见，在我国经济转轨时期，要正确认识财政职能的转化，明确树立“公共需要与宏观调控并重、吃饭与建设并重”的思想，从而将财政支出规模控制和结构优化配置于科学的理论基础之上，避免盲目性和误导。

正确处理配套条件与加强财政支出管理的关系，努力树立“配套推进与财政支出管理并重、从支出入手过紧日子”的思想。财政支出困难是整个财政经济状况的综合反映。必须从财政经济总体上着眼，从生财、聚财、用财的相互关联和运行机制中寻找突破口，采取综合配套措施，逐渐走出困境、步入良性循环轨道。就整个财政管理而言，要把突破口放在改进和加强财政支出管理上。从加强财政支出管理入手，是陕西财政走出困境、步入良性机制的一项必然选择。生财虽然是根本，但财源的培养、经济主体的培育是长期的艰巨任务，很难成为突破口；聚财虽然具有一定的潜力和弹性，但要受到财源和财政集中度的限制，过高的财政集中度会产生竭泽而渔的负面效应，不能成为突破口；虽然支出要受到财源、财力的制约，但是从支出入手，合理控制支出规模，优化和净化支出结构和内容，从而通过用财的逐渐改善，促进生财和聚财，进而实现克服财政困难、振兴财政经济的目的。由此可见，树立“配套推进与财政支出管理并重、从支出入手过紧日子”的思想，不仅必要，而且完全可能。

（二）改进和加强财政支出管理所要达到的目标

近期目标：到20世纪末，基本解决各级行政事业单位职工工资发放问题，从“被动吃饭型”财政困境中走出，步入“初步良性机制型”财政的发展轨道。

“被动吃饭型”财政是对生财、聚财、用财之间的良性循环关系未能建立，财政支出主要用于“吃饭”尚难满足需要，无力进行经济建设和宏观调控的财政经济状况的概括和反映。陕西财政目前正处于“被动吃饭型”财政，其主要表现是行政事业单位职工工资发放问题突出；财政包袱沉重，赤字欠账越积累越多；财力分散、财政支持经济建设的能力日渐萎缩。这与陕西经济发展落后、生财能力不强以及财政收入（聚财）有限等密切相关。财政支出即用财上的这种“被动吃饭型”方面，又反作用于生财和聚财，形成了一种“生财制约聚财—聚财制约用财—用财制约生财”相互影响的非良性循环。

“初步良性机制型”财政是对生财、聚财、用财之间的良性循环关系初步建立、财政支出在基本保证“吃饭”的基础上，从事经济建设和宏观调控的能力不断增强这样一种财政经济状况的概括和反映。其主要标志是能够确保工资发放，财政用于经济建设的支出不断提高，财政的宏观调控能力不断增强，进而形成“用财促进生财—生财促进聚财—聚财促进用财”相互促进的良性循环机制。

在近期内要达到以下目标：

到2000年，基本实现全省所有行政事业单位职工按时兑现这一最低目标。可以考虑以下两种情况予以解决：①80%县工资问题依靠自力更生，通过发展经济、培植财源、精简人员、节减行政支出去解决；②对于少量自然条件差，经济发展滞后，依靠自身力量确实无力解决工资问题的县，由省、市（地）调剂资金加大转移支付力度，重点帮助解决，实现工资按时发放。

各级财政努力做到当年财政收支平衡。对预算执行的赤字或亏空，要及时消化，到20世纪末全省实现县县无赤字。

逐年消化财政包袱。对粮食企业政策性亏损挂账按国务院通知精神，用五年时间即到20世纪末消化完；对各类欠账要在认真清理的基础上进行具体分析，能甩的甩，必须兑现“九五”期间全面解决；对历年滚存赤字，争取在“九五”基本消化，到2005年全面消化。

在提高财政收入占全省生产总值的基础上，逐步提高经济建设支出的比重。到2000年，全省地方财政收入加上上划中央“两税”收入占国内生产总值的比重由1995年的9.44%提高到12%以上；经济建设支出占财政支出的比重逐步提高，财政的宏观调控能力逐渐增强。远期目标：到2010年从“初步良性机制型”财政进一步转变为“稳固良性机制型”财政，实现陕西财政的全面振兴。

“稳固良性机制型”财政，是对生财、聚财、用财之间的良性循环关系稳固建立、财政支出不仅能够完全满足吃饭的需要，有力支持各项事业的发展，而且具有充足高效的经济建设支出能力和有效的宏观调控能力这样一种财政经济状况的概括和反映。其主要标志是：行政事业单位职工工资确保发放和适度增长；财政赤字和财政包袱被完全消灭和消化；财政支出在保证各项事业健康发展需要的基础上，用于经济建设支出比重不断增加，支出效益稳步提高；财政的宏观调控能力进一步增强；“用财促进生财—生财促进聚财—聚财促进用财”的良性循环机制完全建立。

显然，要实现从“初步良性机制型”财政向“稳固良性机制型”财政的转变这一远期目标，任务更为艰巨。其主要任务和具体目标是：①到2010年，实现全省所有行政事业单位职工工资按时兑现并保持适度的增长水平；②建立稳固的财政收支平衡机制，滚存赤字等财政包袱被完全消化，建立防止和消化财政包袱的财政经济运行机制；③全省财政收入占国内生产总值的比重进一步提高，达到20%左右。在保证社会各项事业发展的基础上，财政用于经济建设支出比重不断增加，宏观调控能力进一步增强。

（三）改进和加强财政支出管理的基本思路

为了实现上述目标，使陕西省财政由“被动吃饭型”逐渐转变为“初步良性机制型”和“稳固良性机制型”财政模式，从而克服财政支出困难，实现全省财政经济的全面振兴和发展。我们认为基本思路应确定为：支出入手，配套改革，标本兼治，逐步推进。

支出入手。从改进和加强支出管理入手既是走出生财、聚财、用财非良性循环的怪圈，步入良性循环机制切实可行的战略选择，又是整个财政管理的突破口。从支出入手，就是在将三财之道密切结合的基础上，树立“过紧日子”“勒紧裤腰带”的思想，在尽可能的条件下将“好钢用在刀刃上”，优化支出结构，提高支出效益，逐渐从财政支出即用财的角度为生财和聚财注入新的活力。

配套改革。财政支出困难与经济改革措施的不够配套密切相关。一方面，由于改革中的放权让利和大中型国有企业转建制尚未完成，减收因素不断增加，财政收入占国民收入的比重不断降低；另一方面，行政事业单位改革滞后，财政供养人员不断增加，增支因素很难控制，各种补贴有增无减。可见，财税改革要与企业改革、行政事业单位改革、政府职能转变和机构精简等配套进行，经济改革应与政治改革结合进行。

标本兼治。要远近结合，将治本措施贯穿于治标的过程中，在治标中体现治本任务的要求，既要抓好财税改革与其他经济改革以及政治体制改革的配套、完善和深化及良性机制建立，又要坚持开源与节流并重、支出规模控制与结构优化并重、支出内容净化与支出管理强化并重，以提高财政资金为核心，在增量上下功夫，在存量上做文章，促进陕西省财政经济状况的根本好转，建立起适应社会主义市场经济体制要求的财政支出管理体制和运行机制。

逐步推进。在不同时期不同地方各有侧重，统筹兼顾，稳步推进各项治标治本措施。省政府可将克服支出困难、振兴陕西财政的工作任务分解到各地市和各有关部门：各地市和各有关部门也要根据省政府的要求，层层分解任务，做到奋斗目标明确，工作责任明确，逐步在全省形成抓财政支出管理和振兴财政的工作机制。在克服财政支出困难、实现收支平衡和振兴财政问题上，也可采取签订协议、一票否决和亮黄牌的方法，从而保证各项配套措施的有效贯彻和执行。改进和加强支出管理要做的工作很多。可以在调查研究的基础上，成熟一个，出台一个，力争每年在一两个方面有所突破。具体来说，要做好以下五方面工作：

第一，控制支出规模。财政支出的总规模要与陕西实际相符，不能增长过快，应保持合理的增长幅度。为此，一是要继续贯彻适度从紧的财政政策，坚决按《预算法》办事，坚持量力而行、量入为出的原则，每年财政支出增长幅度必须低于财政收入增长幅度，做到当年收支平衡，不打赤字预算。二是在目前吃饭问题尚未完全解决之前，各级财政在预算安排时，要首先保证行政事业单位职工工资的发放，决不能留硬缺口。三是在预算执行过程中，要严格按预算办事，预算调整要按法定程序办理。四是积极推进经济手段配合行政手段控制支出不合理增长的管理机制的建立，并逐渐加大运用经济手段控制支出规模的力度。例如，将转移支付制度与财政收支平衡状况挂钩，对财政平衡任务完成情况签订合同并进行奖惩等。五是逐渐淡化和消除某些项目支出增长与财政收入或国内生产总值增长挂钩的倾向，增强各级政府应急支出和资金调度能力，从而使消灭硬赤字，实现收支平衡的目标真正落到实处。

第二，净化支出内容。首先，依据公共需要与宏观调控并重的原则，明晰财政的负担范围。一方面，财政要参与资源配置，满足社会公共需要。包括：①典型的社会公共需要，如行政管理、公安司法、普及教育、基础科研、健康保健、社会救济等方面的开支需要，这些领域的资源配置是市场作用不到的、作用不好的，只能靠财政预算来满足。②非典型的社会公共需要，如高等教育、应用科研、社会保障和价格补贴等，这些公共需要可通过政府或市场两种途径满足，一般可根据不同时期发展情况决定。③一些公共基础设施和非竞争性基础产业项目，如交通干线、城市交通、邮电通信、江河治理和环境保护等，可由政府承担投资，也可通过投融资或股份制等形式解决。另一方面，对于落后地区而言，财政还具有重要的宏观调控职能，要通过财政支出对社会经济发展进行宏观调控，以财政需要进入的领域作为合理界限，正确界定财政支出的范围。其次，积极推行事业单位分类管理，认真解决好财政供给范围过宽、供给内容过杂的问题。把不应该由政府行使的职能逐步转给企业市场和中介组织，解决政府包揽企业事务过多的问题，把一些由企业和社会负担的开支退出财政供给范围，逐渐消除财政支出的盲目性。再次，对行政机构进行消肿。加强行政管理和监督，积极发展社会化服务，使行政经费支出内容得到净化，逐渐消除财政支出的浪费性。最后，要净化各类补贴支出的内容。目前财政补贴存在的主要问题是，补贴的范围过宽，商品品种过多，补贴的环节过滥。随着市场经济体制的建立，大部分补贴如粮食棉油加价款补贴、一些企业亏损补贴，以及直接给个人的各种明补，都可以相应取消；对继续保留的补贴和需要新增加的补贴，必须制定新的制度加以规范，增强补贴的透明度。

第三，优化支出结构。在支出规模一定的条件下，优化支出结构是通过用财促进生财进而促进聚财的关键所在。财政支出结构的优化，可从以下不同层次展开：一是依据吃饭与建设并重的指导思想，在逐步确保工资发放的基础上，应更加注重利用集中性财政资金来引导和调节产业结构，适当增加经济建设支出所占比重。二是就经济建设支出结构而言，要重点用于农业、能源和交通等基础产业，以改善经济发展的环境。一般性加工工业，主要由其他投资主体去投资，通过市场配置资源。三是就行政事业经费的支出结构而言，要在保证各级政府正常履行行政管理职能所需经费和有关社会事业经费开支的基础上，进一步压缩行政经费的开支，保证科技、教育等重点事业需要，同时尽可能地将有条件的事业单位推向市场，形成与市场经济相适应的格局，从而实现行政事业经费支出结构的优化。

第四，强化支出管理。当前，强化支出管理重点要放在制定完善财政地方性法规和严格执法两个方面，对已经不适应形势要求的原有法规规章，要及时清理和修订，要根据经济发展和形势变化，抓紧制定相关的财政地方性法规。要加大严格执法力度，建立日常监督与重点监督相结合的财政监督体系，使财政监督法治化。加强预算内、外财力的综合管理，把应当集中的资金集中起来，将该纳入预算的资金统一纳入预算管理，特别要加强对各部门各单位的收费、基金和罚没收入的管理。实现“三个还权”，即把预算外资金的所有权还给国家，使用权还给政府，管理权还给财政。要加强和改进预算编制办法，实行各级政府自编预算，逐级上报汇总审批，改变由上级代编下级预算的办法。进一步完善复式预算管理，增强财政支出的透明度。明晰省、市（地）、县三级政府之间的事权与财权，解决财权与事权相脱节的问题，真正做到财权与事权相一致。在此基础上，建立省内各级财政的转移支付制度，重点缓解贫困地县的突出问题，同时积极争取中央尽快建立比较规范的转移支付制度，增加对中西部地区的转移。

第五，提高支出效益。支出效益的高低是衡量财政资金使用效果的主要指标之一。在资金供需矛盾十分突出的情况下，如何使有限的资金得到科学、合理的使用，杜绝各种浪费现象，最大限度地提高资金使用效益，是走出财政困境一个十分重要的命题。各级财政部门真正树立起效益观念，从过去那种单纯分钱的管理模式中转变过来，把提高资金使用效益作为一项中心任务。要积极开展对财政资金使用效益的考核工作，逐步建立科学、合理的考核指标，并把效益考核与资金分配挂钩。特别要注意加强对各种专项（用）资金的管理，按照“部门管事、财政管钱”的原则，真正管好这部分资金。

四、对策探讨：改进和加强财政支出管理的对策建议

从根本上说，像陕西这样一个内陆欠发达省份，要缓解财政支出压力，克服财政支出困难，首要的一条是努力发展经济，培育新的财源，壮大财政实力。坚定不移地按照省委、省政府确定的“两开”“四换”“三变为”经济发展战略，通过深入贯彻党的十五大和十五届三中全会精神，加强基础设施建设，扩大消费需求，深化各项改革，扩大对内对外开放，积极推进两个根本性转变，加快陕西经济发展步伐。这里拟从改进和加强支出管理方面，对克服陕西财政困难进行对策性探讨，重点对支出管理中的两个难点即行政经费支出管理和事业单位支出改革进行探索。

对策探讨之一：精简分流人员，合理控制行政经费支出增长

行政经费是保证国家政府机关正常运转所需的开支，主要包括用于解决行政机关工作人员工资和从事管理工作所必需的公务性经费两个方面。近些年来，行政经费支出增长过快，已成为困扰财政的一个突出问题。其原因是多方面的，既有机构膨胀、人员增长过多、工资和福利性补贴等个人方面支出不断增长的原因，也有经费管理不严、支出不规范、铺张浪费等不良现象的影响。要根据“一要从紧、二要合理”的原则，在尽量满足国家机器正常运转基本需要的前提下，对行政经费的增长进行合理控制。“从紧”，就是要贯彻艰苦奋斗、勤俭办事、杜绝铺张浪费、少花钱多办事的原则，继续坚持过紧日子；“合理”，就是要实事求是，考虑影响行政经费支出的各项因素，并根据行政工作的最低需要量来确定经费定额。行政经费安排过紧失当就会影响国家任务的顺利完成；安排过宽失控，又与陕西的财政状况不相适应，也不符合国家历来倡导的勤政廉政的原则和艰苦奋斗、勤俭节约的精神。

（一）精简机构，分流人员，严格控制行政人员增长

加强对机构和人员的管理，实行经费和编制的双向控制是控制行政经费过快增长最根本的办法。

精简机构。在政府机构改革、职能转换的过程中，一定要下决心精简、撤并一些机构，如省级可通过转变职能，使一部分机构由行政管理型向经济实体转变，与财政脱钩；地区级行政机构逐步收缩，真正成为省级的派出机构。要按照党中央、国务院的部署，实行政企分开、转变职能，精兵简政，坚决反对不切实际的“上下对口，左右看齐”，要积极推进地方机构改革，科学合理地设置各级行政机构，并力求保持相对稳定。各级政府编制、人事、劳动和财政部门要密切配合，凡职责交叉以及职责与任务不明确的机构，该合并的合并，该撤销的撤销，今后任何机构编制的变动都要通过人民代表大会批准。除此之外，任何部门和地区都不得自行增设新的机构，不能随意搞机构升格和增加新的临时机构。要加强机构和人员编制的立法工作，机构编制一旦核定，就要以法律形式固定下来，不得随意变动。（1）分流人员。要把精简机构、压缩人员的着力点放在有关人员的分流上，要敞开“出口”，研究探索干部分流渠道。现有超编人员要积极创造分流条件，限制调出。允许自愿辞职并给予一定奖励；允许停

薪留职，规定停薪最短时间，不限最长时间；允许带薪承包，领办实业，并为其提供机会和方便。(2)管住进口。严格执行人员编制管理制度。今后增加公务员要面向社会，公开考核录用。通过公务员招聘考试，管住“进口”，控制进员的数量和质量，形成人才的良性循环机制，对大中专毕业生和军转干部的安排原则上只能在编制内解决。(3)控制支出。预算控制是防止人员膨胀的关键措施之一。各级人事、编委、财政部门要相互配合，实行“一人一卡”制度，把住进人这一关。财政部门在编制安排预算时，对缺编单位定额经费，按编内实有人数核定，对超编单位按编制人数核定，对缺编较多的单位可安排一定的节编奖励经费。

(二)改革预算分配办法，实行零基预算

长期以来，各级财政支出预算采用基数加因素法或比例增长法，即在上年支出基数的基础上，考虑当年各种支出因素，求得各单位的支出预算数，或在上年实际支出数的基础上，按一定的增长比例，确定支出预算。这种预算分配方法简单易行，但弊端很多。最主要的有：一是分配方法不科学、不规范。预算分配是否妥当，要受到分配者的能力、经验，对预算单位情况的研究与掌握，把握政策的正确度，来自外界压力的干扰甚至主体感性因素的影响，难以拿出令人信服的量化指标和依据。二是造成经费分配上的苦乐不均。有的单位一年四季忙于争基数。有的单位则经费不足，影响正常运转。预算不得不一而再、再而三地进行变更调整，预算支出上人为因素多，缺乏应有的严肃性和约束力。三是预算支出只上不下，增长过猛既超过预算收入的增长幅度，又超过财政的承受能力，进一步加剧了财政支出的困难，也助长了机构人员的膨胀。

克服和避免这种弊端，比较有效的办法是对行政经费预算管理实行零基预算。打破以往的支出基数，不考虑各单位的既得利益，从零开始，有效地克服预算观念淡化、预算管理弱化、预算约束软化的不正常现象。在对行政经费实行零基预算的过程中，一是搞好机构和人员清理，摸清底子。二是清理支出范围，划清行政费支出的单位界限。对应由事业费或其他渠道开支的单位要进行预算调整，划转支出基数，改变支出渠道，对目前仍由行政费供给经费或补助经费的各种学会、协会、基金会，要限期取消国家拨款。三是清理开支项目，划清由行政费支出的项目界限。对离退休费应单列科目进行反映，对计入行政费的基本建设性开支和其他不应由行政费支出的项目，坚

决剔除，不准列支。四是清理开支标准，制定支出定额。除中央明文规定或由中央授权地方制定的政策外，在个人待遇方面，一律按照国家规定标准执行，不得擅自提高补助和补贴标准。公用经费定额按其工作性质和任务大小分类分档确定。

（三）加快支出改革步伐，建立科学的支出管理机制

强化行政经费管理，建立行政经费支出考核指标体系。财政部决定，从1997年起改原来的中央财政对省本级考核为对全省行政经费的考核。因此也要改革省对地市、地市对县行政经费考核办法，逐步形成从上到下一级抓一级的行政费管理格局，建立行政费宏观调控机制。

积极推进运用经济手段进行支出管理，尤其是要加大运用经济手段管理支出的分量。对一些带有供给性质又不宜取消的个人生活、工作待遇尽可能货币化，变两次分配为一次分配，变实物分配为货币分配，增强享受者的费用意识，形成自我约束机制。如对公费安装住宅电话，在严格限定装机范围的基础上，按照职务高低、工作量大小实行规定限额、话机过户、个人结算、超额自付的管理办法。

严格控制会议，压缩会议费支出。严格会议审批制度，从严控制会议次数、天数和人数，实行会议经费控制和计划管理。坚持会前报预算、会后报决算和会议经费限额包干及预包干制度。坚持定点开会，财政直接结算的办法，提倡就地会、开走会、开电话会。禁止会议发放纪念品、组织旅游。保证重点，明确会议包干范围。对各级党代会、人民代表大会、政协会、主党派换届等会议，由财政列入专项经费，分别包干。

建立和完善政府采购制度。全省各级党政机关以及受财政经常性资助的事业单位、社会团体，都要逐步实行政府统一采购制度。省级部门和单位用各种资金（包括预算资金、预算外资金和其他自筹资金）安排的办公用品及购置、维修工程、车辆保险等支出，均应纳入政府采购范围。要坚持公开、公平、公正的原则，区分不同情况，分别采用招标采购、竞争性谈判采购、询价采购和单一来源采购等形式，明确准入政府采购市场的供应商资格，严格政府采购的计划审批与资金结算纪律，建立比较完善的政府采购监督制约机制，加强对政府采购行为的监督、检查。

发展社会化服务，改革机关后勤管理。各级政府机构的后勤管理要逐渐与行政机关分离，坚持以服务为宗旨，落实“单独核算，自立自养，保本微利”的政策，适当

向社会推广改变车辆分散管理的做法，实行集中统一管理。坚持以事设车、按级别定车、按标准购车，禁止因人设车、超编制配车、超标购车。对违纪超编配备的车辆，由财政部门收缴，统一处理。编制内车实行“统一购买，定点维修”办法。部门单位内部也要实行按里程包干制度。

（四）加强财务管理和监督，提高资金使用效益

杜绝各种形式的铺张消费，最大限度地提高财政资金使用效益，是改进和加强财政支出管理的一个重要问题。各级财政部门及行政单位要真正树立“效益”观念，从过去那种单纯分钱、要钱、花钱的管理模式中转变过来，把提高资金使用效益作为财务管理的一项中心工作来抓。及时总结推广各地先进经验，认真分析行政经费增长的原因，有针对性地采取措施，压缩不合理开支。同时要积极配合审计、监察、物价等部门，切实加强财务监督、检查，对各项违反财经纪律和超标准的不合理开支，按《中华人民共和国行政处罚法》的有关规定严肃处理。

对策探讨之二：对事业单位实行分类管理，重新确定财政供给范围

要从根本上改革计划经济体制下财政供给制度，建立适应社会主义市场经济体制的财政供给制度。具体地讲，就是要按照市场经济条件下政府职能转变的要求和公共财政理论，以“社会公共需要”为标准，积极推行事业单位分类管理，重新界定财政的负担范围，明确哪些该由财政负担，哪些该退出财政负担范围，逐步建立过渡期公共财政的基本框架，真正发挥财政的资源配置职能，把钱花在“刀刃”上，最大限度地克服支出上的盲目性、浪费性和无效性。

（一）对事业单位进行分类的依据

分类管理，是在科学合理地划分事业单位经济类别的基础上，对不同类型的事业单位实行不同的财政供给政策。在社会主义计划经济向市场经济转轨的过程中，对事业单位如何进行分类，目前正在探索中，尚无现成的经验可供借鉴。按照马克思主义经济学基本原理和西方公共财政理论，结合中国实际，我们认为对事业单位进行分类时要依据以下三点。

（1）理论依据：简单地讲，就是市场经济中无人愿意从事的那些具有排他性和利益的非占有性的公共事务，也就是社会共同需要。财政的支出范围应主要限定在国家机关及那些代表社会共同利益和长远利益的非营利的领域或事务。

（2）政策依据：就是一定时间内政府的意图和态度倾向。如我国提出“21世纪末基本普及九年义务教育和基本扫除青壮年文盲”的教育政策以及教育优先发展的战略目标，对今后的财政资金投放规定了方向性目标。

（3）社会效益依据：是指政府投资的受益面涵盖整个社会，而投资回收又表现为整个社会文化、经济和生活质量的普遍改善和明显提高，如政府对教育投入产生的社会效益就特别明显。

上述三个依据从理论、政策及普遍受益三个角度介绍了财政供应的界定范围和目标。其中，理论依据是对财政供应领域和范围的原则性界定；政策依据指出财政供给的重心如何确定，是对财政支出结构的调整性根据；社会效益依据则强调财政供给的目的性和普遍受益的社会性，并且包括对国家投入结果的检查和效果的评价。

（二）事业单位的三种类型

根据以上界定依据，以市场经济条件下是否能计价、有无排他性和经济利益上的占有性为标准，大致可把事业单位分为以下三种类型：

（1）公益型的事业单位（或称公共物品的提供部门）：这些部门或单位一般不直接从事生产经营和商品流通，没有或很少有稳定的收入、其他业务活动及经济行为，大部分或全部是为满足“社会公共需要”，不可能由市场机制去配置和调节，这些部门或单位一般都是不可替代和别无选择的。

（2）准公益型的事业单位（或称既提供公共物品又提供私人物品的部门）：这些部门或单位就其经济性质来讲，具有双重性，一部分负担具有公共性和社会性的服务，另一部分是为满足个体消费的需要，包含商品经济的属性。因此，其为社会提供服务的同时，有相对稳定的收入。以高等学校为例，重点高等学校设有教育中心和科研中心，决定了它具有双重职责，一方面是从事劳动力的高层次文化教育，满足劳动力市场的需求；另一方面又承担国家和各级政府的研究项目，为政府的社会目标服务。

（3）经营型的事业单位（或称私人物品的提供部门）：这些部门或单位主要从事生

产经营和商品流通，以经营创收为目的，其提供的各项服务或劳务主要是满足个体消费的需要。可以全部或大部分运用市场法则和运行机制作为该部门的行为导向，并随着市场供求的涨落变化不断调整部门内容。如文化出版系统中，报纸杂志、出版社、电影院等，都是为特定消费对象服务的。

（三）典型分析

关于科教文卫体等事业单位的分类事业单位种类很多，比较复杂，按照上述依据和分类方法，拟对科教文卫体等6个事业系统或行业进行初步分类。

1. 教育事业系统

（1）公益型：实施九年义务教育的中小学、扫盲机构、残疾人学校以及其他具有相同特征的单位，如党校、团校、行政学院、政法学（干）校、特别教育学校等。

（2）准公益型：普通高校、成人高校、广播电视大学，普通中等专业学校、成人中等专业学校、职业中学等。

（3）经营型：非教育部门如夜大学、函授大学、自学考试等成人高等教育和职业教育，兼有短期培训和接待服务双重任务的干部（职工）培训中心、干校等。

2. 科学事业系统

（1）公益型：基础研究、基础应用研究机构和社会科学研究机构。

（2）准公益型：社会公益型研究机构、农业技术服务性研究机构、国家地质勘查机构等。

（3）经营型：技术开发、应用服务性科研机构，如各类工程、产品设计和技术咨询服务机构等。

3. 文化事业系统

（1）公益型：文化馆、图书馆、博物馆、纪念馆和文物保护单位等。

（2）准公益型：各类艺术表演团体、群艺馆等。

（3）经营型：各类表演场所（剧场、俱乐部和各种娱乐所），文化宫、展览馆、文物商店等。

4. 卫生事业系统

（1）公益型：卫生科研机构及中等卫生学校、防疫防治事业机构和药品检验机构等。

（2）准公益型：卫生系统所属各类医院，卫生系统的干部疗养院、急救中心、血库等。

（3）经营型：卫生系统所属的培训中心、招待所；各部门设立的门诊部、卫生院（所）、医务室；康复、休养性质的特殊医疗服务机构；各部门设立的职工医院、医疗器械维修机构等。

5. 体育事业系统

（1）公益型：各类专业运动队和体训单位等。

（2）准公益型：各类体育运动学校等。

（3）经营型：各类体育场（馆）、各种体育俱乐部、体育用品商店、体育事业有奖募捐机构等。

6. 新闻出版广播电视事业

（1）公益型：转播台、差转台、发射台等。

（2）准公益型：广播电台、电视台等。

（3）经营型：各种报纸杂志、出版社、发行机构、印刷产品质检和物资供应机构；有线电视台、广播电台、电视台中的服务中心（部），广告、音像制品商店等。

（四）区别不同类型，采取不同供给方式

对于三种不同类型的事业单位，财政供给范围应有所不同。对公益型（提供公共物品）事业单位，国家基本保证供给，财政应全额保证；对经营型（提供私人物品）事业单位，逐步推向市场，直至“断奶”自养；对准公益型（既提供公共物品又提供私人物品）事业单位要区别情况，财政应逐步减少供给。

对公益型事业单位的财政供给：由政府出面并介入其各项领域和事务，财政应全额保证各项活动所需开支。如对义务教育部门的供给。义务教育是关系到一个民族兴衰存亡的大事。具体的措施和方法：一是增加学校投入。按《中华人民共和国教育法》

有关规定，实现“三个”必要增长。二是通过财政政策和财政信用、鼓励中小学兴办各类校办产业和开展勤工俭学活动，继续对校办产业实行税收优惠政策。利用周转金，扶持校办产业发展，并适当向其倾斜。但随着经济发展和政府财力增长，一段时期后，应对这种活动进行规范，包括规模、内容等，并以不影响正常教学业务为前提。三是设立教育基金，通过从政府机动财力挤一部分、企业和个人捐助一部分，建立义务教育基金。利用这部分资金，有重点地援助基础教育落后地区。四是调动民营企业家投资热情，提高教学质量和规模。如对图书馆、博物馆的供给，依据其界定性质和关于加强社会主义精神文明建设的决议，这方面主要通过财政供给来解决经费问题。财政除保证工资性支出外，对图书购置费，文物的修缮、保护等费用，适当提高补助额度。因为随着知识更新速度的加快和知识产品的增加，其图书的换新周期缩短，文物保管技术难度和技术需求也越来越高。还有对基础研究和基础应用研究的供给。依据其界定性质，对基础研究，应是定额加定项补助；对基础应用研究，在核定收支的前提下，保证其经费需要。

对准公益型事业单位的财政供给：总的原则是逐步减少财政拨款。由于事业单位资金活动整体性，以及各类活动的紧密相连，区分实施需要相当长的一个过程，所以应采取渐进的方法来逐渐规范和调整。如完全由市场去配置和调节资源，则缺少生存的条件和空间，政府应出面并部分介入其领域和事务，财政应逐步减少供应，采取定额或定项补助的方式支持其发展。以高等学校为例，随着高校入学收费制度的逐步到位，应区分三种不同情况，区别对待。第一种情况，对办学条件差、师资水平低且类别高度重复的普通高校，按教师与学生比例、教辅人员与学生比例和教职工与学生比例，用国内先进水平确定教职工人数，财政支出只管核定人员的工资和学生补助金，其余的事业费财政不予承担，最后让这些学校自收自支，完全切断这类学校和财政供给的脐带，使它们从市场中寻找生存发展的道路，如与企业联合、共同投资形成联合体学校或被其他高校兼并，实现教育资源的合理流动。第二种情况，对办学条件尚可，但专业设置部分老化的高等学校，在按上述两种比例核定人员后，财政支付其人员工资、学生补助金，并对公用经费实行逐年递减办法。第三种情况，对双中心高等学校，除按上述供给工资、学生补助金外，对正常公用经费基本维持不变，对科研领域实行业绩预算，根据成就大小，可适当增加业务费。

对经营型事业单位的财政供给：在市场经济条件下，配置资源的手段和方式较多，生存发展空间也较大，财政部门应创造一定的外部环境，放宽政策给予扶持，鼓励和促进其走向市场，全部退出财政资金供给序列。

在实际工作中，按照上述分类和原则界定财政供给范围和供给方式以后，也不是固定不变的，并不是公益型事业单位就一定要由国家全包下来，它也可由社会来办。准公益型、经营型事业国家也要视情况区别对待。在扶持上，要切合实际按政策办事。由于各种原因，如单位成立时间、地理位置、设备配备等方面的差异，同类单位之间的财务状况差别很大。如部门所属的报社、杂志社，虽然单位性质相同，但由于服务对象不同，在同样的经营管理水平上，财务状况也不会一致。因此在确定要保哪些事业、哪些事业要推向市场时，财政部门要进行广泛认真的调查研究，切忌一刀切、公式化。

（本研究报告是1998年度陕西省科技攻关计划项目，由吕清涛、樊晓民、丁文锋执笔完成，王树汉审定）

财政支持省级群团组织改革发展问题研究

为贯彻中央加强和改进党的群团工作的意见和省委、省政府的要求，我们组织对近几年团省委、省妇联、省侨联、中国国际贸易促进委员会陕西省分会（简称省贸促会）、省工商联5个群团组织经费收支、财务管理等情况进行重点调研，并提出了财政支持群团改革的政策建议。

一、我省群团组织概况

（一）群团组织的范围

目前，在省级编制机构中的群团组织共16个，即陕西省总工会、共青团陕西省委、陕西省妇女联合会、陕西省文学艺术界联合会、陕西省作家协会、陕西省科学技术协会、陕西省归国华侨联合会、陕西省法学会、陕西省人民对外友好协会、中国国际贸易促进委员会陕西省分会、陕西省残疾人联合会、陕西省红十字会、陕西省工商业联合会、陕西省社会科学界联合会、陕西省台湾同胞联谊会、陕西省黄埔军校同学会。

（二）群团组织的主要职能

新时代，群团组织作为党联系人民群众的桥梁和纽带，承担着协助党联系某一方面群众，维护群众合法权益，向党反映这些群众的愿望和要求，把群众紧密团结和发动起来投身于祖国建设伟大事业的重要职责。

（三）群团组织改革的主要内容

2015年，中共中央印发了《关于加强和改进党的群团工作的意见》，审议通过了全国总工会、上海市、重庆市群团改革试点方案。从2016年起，群团改革工作在全国逐步推开。群团组织改革的核心是解决脱离群众问题，基本原则是坚持党的领导，增强政治意识、大局意识、核心意识、看齐意识，主要目标是增强群团组织的“政治性、先进性、群众性”，去除“机关化、行政化、贵族化、娱乐化”，通过完善体制机制和改革创新，破解发展难题，激发组织活力，深入基层、深入群众，把群众更加紧密地团结在党的周围，汇聚起推动陕西经济社会大发展，实现追赶超越的强大正能量。

二、群团组织经费使用管理情况

群团组织的经费收入来源主要包括财政拨款（含政府性基金）、事业收入和其他收入（主要有社会捐赠、上级补助、经营收入等）。

（一）经费收支情况

选择团省委、省妇联、省侨联、省贸促会、省工商联作为财政一级预算单位经费保障的群团组织，对其2013—2017年部门预算、决算及相关数据进行统计汇总（见表1）。

表1　群团组织经费收支情况统计

单位：万元

单位	年度	部门预算				部门决算						
						收入						支出
		预算批复	年度追加	专项资金	合计	财政拨款	政府性基金	事业收入	其他收入	小计	
团省委	2013	1677.27	—	—	1677.27	2222.03	216.24	—	432.85	2871.12	2962.37
	2014	1797.77	894.52	—	2692.29	2445.19	169.10	—	962.03	3576.32	2901.03
	2015	1822.77	898.64	—	2721.41	2580.05	353.46	—	561.34	3494.85	3885.73
	2016	2518.01	—	2622.00	5140.01	5406.21	430.50	—	667.40	6504.11	6722.41
	2017	2200.19	—	2475.00	4675.19	—	—	—	—	—	—
省妇联	2013	2310.72	—	—	2310.72	3099.46	272.11	327.49	4.20	3703.26	3703.25
	2014	2337.09	629.31	—	2966.40	2980.57	537.47	442.58	6.84	3967.46	3968.55
	2015	2507.09	1213.82	1800.00	5520.91	3358.18	240.19	276.87	193.47	4068.71	4061.67
	2016	3017.39	582.33	1800.00	5399.72	3533.95	168.62	261.47	215.49	4179.53	4025.38
	2017	4119.08	35.00	1800.00	5954.08	—	—	—	—	—	—

续表

单位	年度	部门预算				部门决算					
						收入					支出
		预算批复	年度追加	专项资金	合计	财政拨款	政府性基金	事业收入	其他收入	小计	
省侨联	2013	506.08	—	—	506.08	533.56	—	—	0.05	533.61	480.36
	2014	563.13	13.25	—	576.38	529.80	—	—	10.15	539.95	542.81
	2015	636.10	26.09	—	662.19	619.30	—	—	23.65	642.95	645.26
	2016	641.29	30.91	—	672.20	771.43	—	—	50.83	822.26	808.43
	2017	737.18	—	—	737.18	—	—	—	—	—	—
省贸促会	2013	2105.33	78.98	—	2184.31	2184.31	—	—	43.09	2227.40	2188.18
	2014	1912.71	177.70	—	2090.41	2174.81	—	—	501.98	2676.79	2068.16
	2015	2043.83	468.64	—	2512.47	2748.53	—	—	307.27	3055.80	3669.55
	2016	2135.35	45.01	—	2180.36	2348.68	—	—	73.93	2422.61	2759.86
	2017	2165.46	—	—	2165.46	—	—	—	—	—	—
省工商联	2013	—	—	—	—	—	—	—	—	—	—
	2014	781.99	188.70	—	970.69	943.20	—	—	17.46	960.66	1013.92
	2015	737.97	443.30	—	1181.27	1179.32	—	—	52.19	1231.51	1199.37
	2016	647.38	206.12	—	853.50	1431.98	—	—	0.30	1432.28	1509.97
	2017	807.97	—	—	807.97	—	—	—	—	—	—

注：省工商联 2014 年开始单独核算，2013 年以前预决算数据在民主党派和行管处包括。

据统计，上述 5 个群团组织 2013—2017 年各部门财政拨款占实际经费收入的比例分别为：84%、89%、97%、91%和99%，且由于承担的工作职责不同，各个群团组织财政拨款在其经费收入中的比重也不同。总体来看，5 个部门 2013—2017 年财政拨款占实际经费收入的比例为 89.67%，事业收入和其他收入的比例分别为 2.48%和 7.85%，说明群团组织的经费收入来源主要是财政拨款，并随着群团事业的不断发展，省财政对群团组织的经费投入逐年增加。

（二）经费管理情况

从各部门预算执行情况来看，一是各群团组织年度部门决算收入都较预算收入有所增加，这是因为年度事业收入和其他收入的不可预计性，以及中省财政专项资金和彩票公益金等未在部门预算数中反映。二是部分部门 2015 年、2016 年决算支出数大于决算收入数，这是因为各部门认真执行各省规定，加快清理消化存量资金，安排历年结转结余资金用于当年事业任务。三是按照省财政厅历年通报的各个季度部门预算执行进度情况，上述5个群团组织 2013—2017 年6月底的支出进度都低于序时进度，也普遍低于省级部门平均支出进度。

（三）财务人员现状

上述 5个群团组织都能按照《中华人民共和国会计法》和《行政单位财务规则》，在部门办公室内部单独设置财务岗位，大多由部门主要负责人领导财务工作，实行独立核算。各部门一般配备了2~3人的专职财务会计人员，并根据财经制度和部门工作特点明确职责权限，制定相互分离、相互制约的管理制度。

三、陕西群团组织经费管理方面存在的主要问题

（一）部门预算编制不实

从统计结果来看，近年来各群团组织部门预算支出数和决算支出数之间的差额依然较大，与部门综合预算管理改革的要求有一定差距。按照 2016 年5个群团组织官网公布的部门预算和决算数据（见表2），5 个部门决算支出合计数比预算支出合计数大2444.63 万元，超预算支出18%。分部门来看，5 个群团组织 2016 年实际支出超预算比例分别为-16%、26%、29%、31%和133%，说明各部门预算编制不实、收入预算准确性不够、年度追加预算过多等问题依然存在。

（二）专项业务经费支出预算细化不够

以2017 年5个群团组织部门预算为例，5个部门专项业务经费支出预算数为6333.6 万元，其中列入“其他商品和服务支出”科目的支出数为 3396.06 万元，占比为 54%。5 个部门列入“其他商品和服务支出”科目的支出预算数占其专项业务经费支出预算数的比例分别为66%、63%、25%、21%和7%，与省财政推进预算编制改革中细化预算编制、提高项目预算到位率的要求相违背。

（三）预算支出进度偏慢的问题较为突出

从历年来按月通报的各省级部门单位预算执行情况来看，群团组织完成支出进度

偏慢，未达到省财政要求的序时进度，每年 11 月底考评时的支出进度普遍低于省级部门平均数。

表 2　2016 年省级部门预算执行情况统计

单位：%

单位	1月	2月	3月	4月	5月	6月	7月	8月	9月	10月	11月	12月
团省委	0.85	0.14	4.09	1078	13.81	20.40	37.86	39.18	51.07	54.13	82.78	89.21
省妇联	10.91	8.32	12.30	21.21	28.43	34.78	39.89	45.81	51.06	52.52	71.67	81.18
省侨联	0.00	3.89	0.69	6.52	13.36	19.18	20.67	22.44	29.87	32.74	61.46	60.79
省贸促会	0.00	2.61	4.20	9.03	11.94	14.76	53.71	58.32	63.60	67.43	81.58	82.30
省工商联	0.00	1.71	6.27	15.34	16.76	23.93	28.83	37.19	36.90	40.00	69.13	71.88

注：以上数据来源于国库集中支付系统—综合查询—省级预算执行情况（通报表）。

（四）公务支出管理不够规范

个别群团组织对制度规定了解不够，支出限额标准执行不严，超范围列支、不按规定核销等问题时有发生。

（五）内控制度执行不到位

部分群团组织未按照《行政事业单位内部控制规范（试行）》加强内部控制建设，存在重视不够、制度建设不健全等问题，个别部门对财会岗位实行分事行权、分岗设权、分级授权等强化内部流程控制制度执行不力，在建立健全科学高效的制约和监督体系方面措施不够。

（六）财务人员业务水平有待提高

调研发现，5 个群团组织内部财务机构都是只有一名正式在编的财务人员，另一名财务人员全部为借调人员或聘用人员，业务水平和管理能力与财政改革发展和加强财务管理的要求有一定差距。

四、财政支持群团工作改革发展的政策建议

党的十九大报告指出，要“增强群众工作本领，创新群众工作体制机制和方式方

法，推动工会、共青团、妇联等群团组织增强政治性、先进性、群众性，发挥联系群众的桥梁纽带作用，组织动员广大人民群众坚定不移跟党走”。财政部门按照工作职责做好群团工作经费保障，是落实中央群团组织改革发展工作部署的必然要求，是支持群团组织团结动员群众积极投身中国特色社会主义建设事业的重要任务。

（一）转变财政保障群团组织的工作思路

按照群团组织参与现代社会治理，密切联系群众，帮助党和政府提升社会公信力和影响力的发展目标，研究财政保障的新举措。根据群团组织改革和发展的变化，不断适应群团组织所服务的职工、青年、妇女等社会群体的总体构成、价值取向、社会经济地位和公共服务的变化，有针对性地调整财政保障的方向。

（二）加大对群团组织经费保障

省财政应加大经费投入力度，积极为群团组织开展工作创造有利条件，将群团组织财政供养人员和公用经费纳入部门预算，按照相关规定全额予以保障，确保群团组织正常运转需要。将群团机关机构和人员精简后，所节约的行政经费转化为工作经费。按照“去四化、强三性”要求，将现有专项业务经费整合用于改革后的群团组织履职支出，将不适应改革要求的项目予以清理，推动构建以专项业务经费管理为主的群团组织经费保障新机制。

（三）提升群团组织财政资金管理水平

按照推进预算编制改革要求，坚持早编细编预算，每年从7月起启动下年度预算编制工作，结合每个群团组织的工作任务和履职需要，做实做细、准确测算下年度专项业务经费预算，提高预算编制的准确性和完整性。按照群团事业专项资金主要用于服务基层和群众类项目投入导向，充分发挥财政专项资金项目库管理优势，督促各群团组织加大支持群众活动阵地建设项目储备，按照规定进行项目评审，提高项目预算编制的科学性。同时要进一步提高省级专项资金对基层群团组织补贴分配因素的科学合理性，下放省级项目审批权，减少项目审批层级，把专项资金保障重点向基层群团组织倾斜。要根据群团组织服务对象的特点，建立健全政府购买群团组织社会工作服务制度，将直接服务基层和群众的社会工作服务纳入政府购买服务目录，所需经费从部门预算中统筹安排。按照机制创新、引领方向的原则以需求为导向，通过竞争择优的方式选择服务承接主体，使群团组织更好地发挥联系和服务人民群众的纽带作用，更加有效地协调社会力量参与社会治理。群团组织要着重加强群团组织财会人员能力素质建设，认真分析和研究解决财务管理、预算执行、项目落实、绩效考评等方面存在的问题，提出改进措施，提高预算执行的有效性，加快支出进度。

（四）提高群团组织社会化保障能力

按照群团组织各自工作特点和服务对象差异，采取争取社会支持、无偿捐助等多种方式筹措事业发展资金，不断巩固提高群团组织社会服务和参与治理能力的保障基础。不断提高群团组织所属经营性实体的营收能力，加大向公众、企业、社会组织等宣传和募集资金的力度，统筹各方面力量提高群团事业改革发展经费收入。建立健全社会资金募集、管理、使用全过程公开公示制度，建立第三方监督评价机制，提高社会公信力。规范群团组织资产管理使用制度，提高群团组织资产的保值、增值和使用管理能力。

（五）加强经费绩效管理和监督评价

群团组织要对部门预算专项业务经费项目和专项资金项目全部编报绩效目标，将绩效管理贯穿于财政经费的项目立项、论证评审、预算申报项目实施、使用监管、结项评价等各个环节，实现绩效目标管理全覆盖。要扎实推进部门预决算和“三公经费”公开，细化公开内容，主动接受社会评议和公众监督。要依法依规做好财政监督，保证群团组织的财政资金使用优化高效。

（课题组组长：樊晓民；课题组成员：田书臣、牛兴民、宋胜利、丁武强。本报告原载于《调研与决策》2017年第11期，得到陕西省政协副主席冯月菊的肯定批示）

陕西省脱贫攻坚与乡村振兴有效衔接路径研究

贫困问题是人类社会发展中面临的世界性难题，反贫困始终是世界各国人民的一项历史使命。中国长期致力于缓解和消除贫困，将脱贫攻坚作为决胜全面建成小康社会必须打赢的三大攻坚战之一。2021年2月25日，习近平总书记向全世界庄严宣告："我国脱贫攻坚战取得了全面胜利。"提前10年完成联合国2030年可持续发展议程的减贫目标，脱贫攻坚目标完成后，"三农"工作重点将转向全面推进乡村振兴。本研究立足陕西省，在厘清脱贫攻坚与乡村振兴内在机理的基础上，总结梳理了陕西省有效治理贫困的主要成绩与做法，探讨脱贫攻坚与乡村振兴衔接面临的困境，从产业、生态、文化、人才和组织等维度，提出两者有效衔接、协同推进的路径和对策建议。

一、脱贫攻坚与乡村振兴有效衔接理论框架

脱贫攻坚与乡村振兴作为新时代中国"三农"工作的两个重要战略，具有理念相通性和阶段递进性，两者在目标上具有统一性，旨在消除绝对贫困，消除城乡差距，解决社会分配与再分配不均衡的问题。实现"生活富裕"是脱贫攻坚的最终目标，也是乡村振兴的"中心任务"。两者在内容上是整体与部分的衔接。"乡村振兴，摆脱贫困是前提"。脱贫攻坚为乡村振兴打下坚实基础。乡村振兴是巩固脱贫攻坚的有力保障。乡村振兴与脱贫攻坚有效衔接的关键内容包括从"两不愁三保障"到生活富裕，从产业扶贫到产业兴旺，从生态扶贫到生态宜居，从扶贫扶志扶智到乡风文明，从基层党建扶贫到治理有效5个方面。

二、陕西省农村贫困有效治理的主要成效与做法

（一）陕西省农村贫困有效治理的主要成效

我们主要从贫困群众生活水平、贫困地区发展活力、基础设施、基层治理能力4个方面总结梳理了陕西省贫困有效治理的主要成绩。研究表明：截至2019年底，陕西省56个贫困县实现全部脱贫摘帽，贫困人口从2015年底的229.88万人下降至2019年底的18.34万人，减贫累计达到211.54万人，贫困发生率为0.75%，区域性整体贫困得到基本解决，减贫成效显著。贫困地区群众生活水平得到提升，地区发展活力显著增强，地区基础设施逐渐改善，农村基层治理能力显著增强。比全国脱贫攻坚全面胜利提前了一年，形成了农村贫困有效治理的陕西经验，为全面推进乡村振兴提供了参考借鉴。

（二）陕西省农村贫困有效治理的具体做法

我们基于站位、产业、投资、机制等方面，归纳总结了陕西省贫困有效治理的具体做法。研究认为，陕西省贫困有效治理按照中央的统一部署，紧密结合陕西实际，在“精准”扶贫和脱贫上下功夫，在积极实施产业、就业、教育、安全住房和社会保障5个一批上做文章，有效解决扶持谁、谁来扶、怎么扶、如何退4个关键问题。具体做法归纳为：提高政治站位，夯实五级书记抓扶贫责任；突出精准施策，全力解决“两不愁三保障”突出问题；培育扶贫产业，强化脱贫治本措施；持续加大投入，全力做好脱贫攻坚资金保障；挪穷窝斩穷根，突出抓好易地扶贫搬迁；强化志智双扶，激发贫困群众内生动力；建立长效机制，持续巩固脱贫成果；坚持社会动员，着力巩固大扶贫格局；积极主动应对，努力夺取“战疫”“战贫”双胜利；坚持严督实考，切实改进工作作风。

三、脱贫攻坚与乡村振兴衔接的困境

我们从农村专业人才队伍建设、易地搬迁农户生计、脱贫致富内生动力、机制体制衔接、边缘群体极易形成新的贫困人口5个方面，探讨了脱贫攻坚与乡村振兴衔接面临的困境。结果显示，陕西省脱贫攻坚与乡村振兴衔接的困境突出表现为以下五点：

1.专业人才队伍建设瓶颈，主要表现为乡村人才外流严重、人才素质不高、人才结构不优等。

2.易地搬迁农户生计难以可持续，搬迁农户收入可持续性不强，配套设施不够完善，生产的产品大多是初级或低端的加工产品。

3.脱贫致富缺乏内生动力，主要表现为调动农民群众积极性困难、政府主导与农民主体关系难以协调、乡风培育亟待加强、输血式扶贫返贫率高等。

4.机制体制衔接不畅，主要表现为衔接政策匮乏、组织衔接难。

5.边缘群体极易形成新的脱贫人口，主要表现为因病返贫，因缺资金、缺技术返贫，缺劳动力返贫，土地缺水返贫等。

四、陕西省脱贫攻坚与乡村振兴有效衔接路径选择

我们从产业、生态、文化、人才和组织等维度，提出陕西省脱贫攻坚与乡村振兴有效衔接的路径。结果显示，促进陕西省脱贫攻坚与乡村振兴战略有效衔接的路径设计从以下6个方面着手。

（一）贯彻落实中央方针政策，推进脱贫攻坚与乡村振兴目标融合

从脱贫攻坚任务完成到全面实施乡村振兴战略，中间有一个巩固期、过渡期。要准确把握中央政策内涵，深刻理解中央文件精神，进一步推动两者有效衔接，做好脱贫攻坚和乡村振兴战略目标的融合。整合政策资源，量化具体措施，协调好脱贫攻坚与实施乡村振兴战略的政策机制，确保已有的和未来要出台的政策能够准确发力，避免资源浪费。根据省内不同区域特点，从产业、人才、文化、生态和组织五大层面建立了脱贫攻坚和乡村振兴的长效衔接路径方案，通过多措并举、强力落实，推动乡村振兴的有关扶持政策能够切实优先向贫困地区倾斜，弥补基础服务短板，以乡村振兴巩固脱贫攻坚成效，确保两大目标取得成效。

（二）依托资源大力发展特色产业，筑牢脱贫攻坚与乡村振兴基础

没有牢固的可持续的产业支撑，不仅脱贫攻坚成效难以巩固，乡村振兴更无从谈起。在产业规划和布局上要突出特色化、差异化，坚决避免雷同化和同质化。一是科学制定发展规划，振兴乡村产业活力；二是立足本土资源禀赋，做大做强特色产业；

三是推进农业现代化进程，做强新型农业经营主体；四是加快农业供给侧结构性改革，建立新型农业社会化服务体系。

（三）缩小城乡人居环境差距，打造生态宜居美丽乡村

一是有序推进易地扶贫搬迁，着力改善贫困人口人居环境；二是创新生态扶贫机制，推动乡村绿色发展；三是加强环境问题综合治理，增强乡村生态宜居“磁力”。

（四）复兴乡土先进文化，厚植乡风文明土壤

一是加强村民思想道德修养，筑牢乡风文明基础性工程；二是传承优秀乡土文化，丰富农村多元文化形态；三是盘活农村公共文化资源，健全完善公共文化服务体系。

（五）拓展人才培养引进渠道，提高乡村治理现代化水平

一是创新人才培育引进机制，激发乡村人才振兴活力；二是着力培育新型职业农民，壮大脱贫攻坚与乡村振兴新力量；三是强化基层党组织建设，构建现代乡村治理体系。

（六）提高农村民生保障水平，确保均衡分享社会财富

一是加大农村医疗投入，推进健康乡村建设；二是大力发展乡村教育事业，强固乡村人才振兴支撑；三是完善农村社会保障体系，增强贫困人口的幸福感和安全感；四是动员调动全社会力量，凝聚乡村振兴合力。

五、陕西省脱贫攻坚与乡村振兴有效衔接的政策建议

全省上下都要立足地区发展现实，统一思想认识，瞄准时间节点目标，紧扣关键问题，凝聚共识，采取共同行动，协调好政策，配置好要素资源，强化资本投入，优先满足公共服务需求，加快补齐陕西省农业和农村发展的短板，确保乡村振兴有关支撑政策首先向贫困村、薄弱村倾斜，以乡村振兴巩固脱贫成果，以打赢脱贫攻坚战促进本区域乡村振兴总体目标的实现。

（一）明确指导思想，做好脱贫攻坚与乡村振兴政策有机衔接

一是坚持贯彻中共中央、国务院关于统揽全国脱贫攻坚与乡村振兴战略，省负总

责、市县抓落实，明确责任任务，量化本土化具体措施，统一认识，及时调整方略、路径，不留政策盲点，提高政策效率。二是积极推进农业农村的优先发展，提升陕西省农民脱贫致富质量。始终保持农业经济建设和发展主体地位，优先考虑处理好在农业农村优先发展方面的干部配置、生产要素配置问题和资金保证，补齐农业农村发展短板，完成陕西省总体脱贫致富的目标。三是构建两大工作有效衔接的政策支撑体系。包括脱贫攻坚与乡村振兴的财税金融政策支撑体系，脱贫攻坚与乡村振兴的社会参与政策支撑体系，脱贫攻坚与乡村振兴有效衔接的政策监管体系，脱贫攻坚与乡村振兴的产业发展信息化政策支撑体系。

（二）依托本土特色资源禀赋，促进产业脱贫与产业兴旺的有效衔接

一是把握陕西产业发展方向，推进产业深度融合发展。具体地说就是秉持农业可持续发展理念，推进三产深度融合；优化乡村电商环境，培育乡村电商主体；统筹财政金融支持，促进农村经济发展。二是强化政策保障引导，建立紧密型利益联结机制。培育新型农业经营主体，提高贫困人口自我造血能力；推广新型收益分享模式，提高农民参与积极性。三是优化创业环境，激发贫困地区“双创”活力。营造良好社会文化环境，建立健全“双创”激励机制；强化新型职业化培训，培育壮大创新创业群体。

（三）创新多元化扶持政策，压实脱贫攻坚与乡村振兴的组织人才保障

一是筑牢教育科技扶贫基础，强化乡村振兴人才支撑。均衡配置教育资源，夯实乡村人才振兴基础；提升乡村科技应用水平，推动乡村特色经济发展；建立健全人才激励机制，吸引人才向乡村流动。二是以组织振兴为抓手，创新基层治理政策协同模式。强化基层党组织建设，发挥先锋模范堡垒作用；明确基层党组织责任，强化党员干部使命担当。

（四）挖掘培育乡土文化，凝聚脱贫攻坚与乡村振兴的精神动力

一是发展特色乡村文化产业，提升西部乡风文明水平。强化村民文明意识，厚植脱贫的思想基础。发展特色文化产业，带动乡村文化振兴。丰富乡村文化生活，提高乡风文明水平。二是健全完善乡村公共服务规范，助力贫困人口实现精神脱贫。建

设好乡村文化队伍，焕发脱贫人群精神风貌。深化乡村法律法规建设，完善社会保障制度。

（五）坚持绿色发展，确保扶贫搬迁与生态宜居政策惠及更多贫困人口

一是加快农业绿色循环发展，建设生态宜居美丽乡村。二是健全完善生态保护与补偿机制，推动生态扶贫与易地扶贫搬迁。创新生态扶贫机制，健全生态系统保护与补偿制度。三是做好生态搬迁与易地搬迁政策融合，助推脱贫攻坚与乡村振兴。

（本文刊登在陕西社科动态2021年第5期——党的十九届五中全会精神重点研究课题成果选编。项目编号：20ZD195-130；项目负责人：樊晓民；项目参加人：唐娟莉、陈俊亚、胡荣盛）

陕西省省属本科院校财务绩效管理研究报告

党的十九大报告明确提出“建立全面规范透明、标准科学、约束有力的预算制度，全面实施绩效管理”。2018年3月5日，国务院总理李克强在第十三届全国人大第一次会议上所做的《国务院政府工作报告》中提出“全面实施绩效管理，使财政资金花得其所、用得安全”。2018年9月1日，《中共中央 国务院关于全面实施预算绩效管理的意见》（中发〔2018〕34号）的发布，表明预算绩效管理从部门推动上升到国家层面，从局部探索到全面实施，从事后评价到目标管理与评价相结合，从基金绩效到政策绩效，从项目绩效覆盖到单位部门整体绩效。随着经济与社会的发展，全国高等学校规模越来越大，2019年全国高等教育经费总投入13464亿元，比上年增长11.99%，比全国教育总经费增长率高3.25%，同时全国普通高等学校生均教育经费总支出比上年增长6.60%。随着全国高等学校经费规模的日益扩大，财务管理的工作面越来越广，如何加强高校财务绩效管理的要求越发突出。近年来，中央及省级教育、财政主管部门针对高校的各种财务检查、经济责任审计、专项审计检查，已不再局限于单纯检查财务工作的合规性，而把对财务收支绩效以及资产管理绩效的检查作为重点。在对高校的政治巡视和专项巡视中，财务绩效问题已出现在巡视整改的问题之列。

陕西省拥有丰富的高等教育资源和优势，作为高等教育主体的省属本科院校有27所，不仅领先于西部地区，也高于全国平均水平。然而，从陕西省省属地方本科高校财务管理中反映出的问题来看，大多未能满足自身发展在强化资产管理、降低运行成本、提升运行效率、有效防范财务风险等领域的实际需要，与东部地区甚至中部地区高校的财务绩效水平和管理能力相比，还有不少的差距。那么，探索如何加强陕西省地方省属本科院校财务绩效管理水平优化路径和策略，寻找这些高校财务管理能力与效率之间的协调机制，促进其财务管理水平和治理能力的不断提升，既对完善高校治理结构、建设现代大学制度具有重要的战略意义，也对于解决高校财务管理方面的短板，提高财务管理质量具有重要的现实价值。

关于高校财务绩效管理问题，国内外学者相对于理论研究，更注重实证研究，且绝大部分偏向于高校财务绩效的考核指标及评价体系的构建，而从高校财务绩效管理的维度展开研究的则少之又少。另外迄今为止，关于高校财务绩效管理的研究都是偏属于某个方面或某几方面，要么独立出来只看作财务问题处理，最终形成片面的财务数据体系，要么过分偏重于教学教务等日常方面，忽视了其与财务数据的关联性，很少将它们视为同一问题的两个方面。此外，高校财务绩效研究重心主要集中在高校财务科目、经费管理、财政投资和预算执行方面，少有涉及高校管理水平、高校人文软实力、社会影响力等要素。

本研究以地方高校财务绩效管理为研究对象，试图构建一套涵盖高校各会计要素，且能够综合高校资金、资源、风险、效益、社会服务等各方面的绩效管理体系，并以陕西省省属本科院校为例进行实证研究，以期为陕西乃至全国其他高校财务绩效管理方面提供一定的借鉴和参考。

一、研究的主要内容、主要方法和技术路线

（一）研究的主要内容

本研究全面系统地构建陕西省省属本科院校财务绩效管理体系，并将财务运行、发展和综合绩效指标纳入数理模型中，分析各高校财务管理能力及综合运用水平之间的差异。从自筹能力、财务综合实力、可持续发展能力三个维度，建立财务绩效管理分类指数和综合指数，实证验证本科院校财务管理能力与内部治理效率两者之间的协调关系，探析两者之间的协同机制，不仅研究视角独具特色，研究结论也更具有科学性。在实证验证陕西省省属本科院校财务管理能力与内部治理效率之间协调性的基础上，提出陕西高校财务绩效在学校治理效能提升方面的优化路径及策略，寻找陕西省内本科院校财务管理能力与内部治理之间的协调机制。

（二）研究的主要方法

（1）规范分析与实证分析相结合的方法。在规范分析高等学校财务绩效管理与学

校内部治理关系的基础上，实证验证省属本科院校财务管理能力与内部治理效率两者之间的协调关系。

（2）定性与定量分析相结合的方法。通过分析陕西省省属高校财务绩效正面和负面影响因素，基于大数据对高校实施财务绩效管理进行案例检验。

（三）研究的技术路线

首先，针对财务绩效管理目标、绩效评估现状与绩效管理改进展开实地调查，以“3E”原则为基础，综合评价和分析陕西省省属本科高校财务绩效问题和不足，揭示陕西省省属本科院校财务管理和绩效管理落后的根本原因，提出研究问题的思路和框架。其次，构建陕西省省属本科院校财务绩效管理实现框架，分析陕西省省属高校财务绩效正面和负面影响因素，基于大数据对高校实施财务绩效管理进行案例检验，提供陕西省地方高校财务绩效经验证据与操作范例。再次，从反映财务管理能力和效率的预算管理、成本和风险控制、产出综合绩效三个维度，建立财务绩效水平分类指数，构建陕西地方本科院校财务绩效综合指数。最后，在验证陕西省省属本科院校财务管理能力与内部治理效率之间协调性的基础上，提出陕西高校财务绩效在学校治理效能提升方面的优化路径及策略。

二、陕西省省属本科院校财务绩效管理现状的调查分析

（一）陕西省省属本科院校的基本情况

陕西省作为全国高等教育大省，也是西部地区高校最多的省份。截至2020年底，全省共有普通高等学校93所，其中省属普通本科院校33所，开设的专业几乎包含了教育部公布的所有学科，在西部12省中高等教育体量和质量排名第一。根据2021年3月25日全国第三方大学评价机构艾瑞深校友会网（cuaa.net）正式公布《2021校友会中国大学排名》，在全国排名前100的学校中，陕西省省属高等学校西北大学位列第45名，在陕西省排第3名，仅次于西安交通大学和西北工业大学，高于其他4所中央部属高等学校。

1. 陕西省省属本科院校财务现状

陕西省高等教育的发展主要依靠陕西省政府财政性教育经费，而作为“教育大省”

与“经济穷省”，陕西省政府肩上的担子相当沉重，但是陕西省政府仍然努力加大对教育的支持，陕西省高等教育的财政投入逐年增长。

（1）陕西省内高等学校财政投入情况分析

2011—2019年的9年间，陕西省高等学校财政投入呈现逐年上涨的情况，财政投入由2011年的124亿元增加到2019年的221亿元，财政投入增长幅度接近80%。这也反映出近10年来陕西省经济在持续较高速的发展前提下，政府对高等教育财政支持的力度也在不断加大。从财政投入来源看，由中央财政直接补偿的6所中央部属院校，基本维持在80亿~100亿元，且呈逐步平稳的趋势。而陕西省省属、市属的68所高等学校在2011—2019年的9年时间里，获得的财政投入则上涨了2倍，且呈逐年上涨的趋势。这也反映出两个现象：一是与地方高等学校相比，中央部属院校获得的财政支持非常大；二是这两个趋势也反映出中央部属院校的财政依赖正在逐步降低，而陕西省省属高等学校越来越依赖政府财政支持。

（2）生均高等教育财政投入分析

从生均高等教育财政投入来看，陕西省各类高等学校财政投入总体呈逐年增长趋势。然而，中央部属院校则基本保持稳定，陕西省省属高等学校则呈比较明显的增长趋势。2011年中央部属院校生均高等教育经费达到33532.20元，而陕西省省属高等学校虽然增长较快，但直到2019年生均投入也没有超过25000元。近年来，陕西省高等教育规模逐渐稳定不再扩大，而高等教育财政投入的增幅明显比中央部属院校要大，体现出陕西省政府为实现追赶超越和建设高教强省的努力。

（3）经济状况不佳导致生均学费投入长期不变

陕西是经济欠发达省份，根据我国统计年鉴计算结果，2020年陕西人均GDP 66649元，未达到全国人均水平。2020年陕西居民人均可支配收入26226元，仅在全国排名第19位，其中，城镇居民人均可支配收入37868元，在全国31个省份中居第17位，而农村居民人均可支配收入13316元，在全国31个省份中居第27位，远低于北京、上海的5万元以上的人均收入，也低于山西、内蒙古等周边地区。相较于北京、上海、江苏、湖北等高等教育强省（市），陕西省高等教育生均学费偏低，学费标准自2002年开始执行以来，至今20年未发生变化。由于陕西省城乡、地区之间的经济发展水平差异较大，学生个人负担的学费标准具有很强的刚性，近20年来物价上涨多倍的情况下学费仍然维持不变。对于大多数省内地方高等学校来说，学费刚性，生均教育投入增长不快，使得人才培养质量处于相对下滑的状态。

2. 陕西省省属本科院校财务绩效管理现状

随着教育体制改革的快速推进，高校办学规模不断扩大，办学经费越来越多，陕西省省属本科高校财务呈现经费来源渠道多元化，经济活动多样化的显著特点，财务绩效管理在高校财务管理中的地位越来越重要。近年来，陕西省高校财务工作逐步从核算型向绩效管理型转变。一方面省属本科院校经费保障水平实现了历史性跨越；另一方面，本科院校财务绩效管理也越来越受到高校管理层的重视。通过统计数据分析发现，陕西省省属本科院校财务运行总体良好，财务在保障和服务助推学校教育事业发展中发挥了重要作用。

（1）实行全口径财务预算管理

实行全口径预算管理是新《预算法》的最大亮点之一。随着预算管理制度改革的不断深化，陕西省省属高校已将学校所有收支全部纳入预算管理，这符合现代预算完整性的要求，体现了建立全口径预算的改革方向。此外，全口径预算管理不仅要求把全部收支纳入统一完整的预算中，还要求在预算编制、预算执行、预算效果等方面进行全方位、全口径的管理。

（2）财务支出逐步迈向精细化管理

财务精细化管理是陕西省省属本科院校从传统管理向现代管理转变的重要标志。近年来，陕西省省属本科院校均强化了财务支出精细化管理，确保各项支出的规范、安全和有效。省属本科院校大多按照财力相对集中、财权适当下放、职能集中化管理的原则，制定经费管理审批权限，规范使用“三公”经费支出范围和标准。通过精细化管理环节，使本科院校的有限资源得到有效配置，实现其最大价值，为本科院校可持续发展创造有利条件。

（3）财务绩效管理体制机制日渐完善

随着本科院校经费总量的不断增加和业务范围的逐渐拓展，陕西省省属各院校均完善了财务绩效管理体制机制，构建了“集中领导，分级管理”的新机制，理顺了校内财务关系、预算程序和经费收支管理。各本科院校结合自身实际，普遍制定了财务管理、收费管理、专项资金管理、科研经费管理、学生经费管理、实验设备采购管理、行政设备管理、固定资产管理、基本建设财务管理、政府采购等规章制度，明确了经济责任。各院校在为师生服务的过程中，严格执行经费支出审批制度，较好地发挥了财务监督职能，防止出现各类违规违纪问题的发生。

（二）陕西省省属本科院校财务面临的主要矛盾

党的十九大对高等教育发展提出了“双一流”建设的战略目标，就是要推动高等学校综合改革，就是要进行财政投入方式改革与之相适应。然而，在财政分权体制下，陕西省地方高等教育收益外溢效应明显，削弱了政府投资高等教育的主动意愿。

1. 后4%时代高等教育内涵式发展与财政支持矛盾凸显

一直以来，政府作为陕西省高等教育的投资人、管理者和办学收入的主要提供者，在高等学校的办学、资源投入、成果分配等方面一直占据主导地位。2012年，国家财政性教育经费占GDP的比例首次突破4％的目标，这之后的一段时期被称为后4％时代。2012年国家财政性教育经费占GDP的比例达到最高，之后再也没有超过。2012年，陕西省高等教育财政投入因化债达到最高，随后持续缓慢下降。虽然高等教育财政投入总量在逐年增加，但相较于生均办学成本的上涨，政府财政支持明显不足。因此，进入后4％时代，陕西省高等教育内涵式发展对教育经费的快速需求，与财政支持相对能力下降之间的矛盾凸显。

2. 高等教育发展需要财政投入方式改革与之相适应

与东部和南方等经济较发达地区的高等学校相比，陕西省高等学校特别是地方高校财政拨款明显不足，学费标准受人均收入不高所限，筹资渠道不畅，获得的资金来源明显不足。资金不足严重制约了陕西省校教学、科研、学科建设等教育投入，可持续发展水平堪忧，从近些年国内几家主流高等学校评价机构做出的排名来看，陕西省省内高等学校名次下降较快。然而，一些高等学校盲目追求大而全，人才培养与实际需求脱节，或者盲目追求层次规格，热衷虚名，后发优势没有形成，传统特色却又不断丢失。这种缺乏内涵发展的模式导致有限的财政资金的浪费，需要改革财政投入方式，减少或避免高等学校出现的专业同质化、学科定位不明确、发展后劲不足等问题。

3. 陕西省高等教育财政投入结构失衡

陕西高等教育格局和办学模式有特殊的历史背景，2000年以后原来行业院校下放地方，这些院校基本构成了目前陕西省内的高水平大学，但“双一流”大学和“双一流”学科则几乎都在中央部属院校（省属唯一211院校西北大学拥有1个一流学科），其专业设置与陕西地方经济发展需求也存在较大差异。近年来，陕西省各高等学校生均成本逐年提高，但生均教育经费拨款依然维持在12000元，没有增长。同时，陕西省高等学校特别是本科类院校人员经费不能满足教育对师资的需求；公用经费自身结构不合理，更多地被用于行政后勤支出，而用于学校内涵式发展的比重偏低；"985""211"工程高等学校与省属院校财政投入与成本失衡，客观上拉大了高等学校之间的差距。

4. 陕西省高等教育财政投入依赖严重且缺乏较好的评价机制

陕西省省属本科院校财务投入不足，更主要的原因表现在结构性上的矛盾。第一，陕西省高等教育财政性经费收入主要来自中央政府，陕西省地方政府对高等教育的投入比例远远低于中央政府，这也说明陕西省经济总量决定了陕西省目前的财政能力不足以支撑庞大的高等教育的发展。第二，建设高水平大学，特别是建设"双一流"大学的办学成本更高，陕西省高等教育的财政依赖更加严重，目前已超过68%，现有经费分配机制急需改革。第三，工资支出等人员成本上升很快且存在攀比现象，高校财政支出中工资福利支出占比由2013年的20.72%提高到2017年的40.68%，几乎翻了一倍。第四，存量资源未得到充分利用。目前，陕西省高校规模较小但"大而全"，资产综合利用差，使用效益低，资产配备使用缺乏有效约束。第五，经费使用评价机制尚不完善，更多关注于分配公平、预算执行率等情况，对于产出效果关注较少且评价手段简单，同时奖惩机制不完善，助长了各高等学校"只管伸手要钱"的行为。

5. 陕西省省属本科院校财务投入面临的机遇和挑战

（1）面临的机遇

陕西省在2007年首次正式提出"高教强省"的建设目标，2012年《陕西教育事业"十二五"发展规划》进一步针对高等教育提出科技创新能力的新要求，2016年陕西省在制定"十三五"发展规划中，结合"双一流"建设计划，提出陕西省高等教育要围绕"一流大学、一流学科，一流学院、一流专业"的建设目标，推进建设高教强省。2021年《中华人民共和国国民经济和社会发展第十四个五年规划和2035年远景目标纲要》（以下简称《纲要》）提出，要推进高等教育分类管理和高等学校综合改革，构建更加多元的高等教育体系，高等教育毛入学率提高到60%，同时《纲要》提出要优化区域高等教育资源布局，推进中西部地区高等教育振兴。可以说《纲要》在国家经济进入新常态、财政收入增长放缓的情况下，为政府投资高等教育如何更有效率，如何体现中央和地方政府进一步厘清财政责任提供了指导。在高等教育经费投入方面，陕西省也一直以自身经济发展水平为基础，紧紧围绕“强化五个意识、实施五大举措”的思路，奋力推进一流建设，逐年增加财政经费的投入，推动陕西省高等教育由粗放式的扩招向内涵式发展迈进。

（2）面临的挑战

虽然陕西省政府对高等教育经费的投入、高等教育占GDP的比例等逐年上升，但是与江苏、广东、浙江等发达省份从2005年开始建设“高教强省”相比，由于经济规模不足，经济发展水平不高，高等教育财力资源投入不够。陕西省高等教育发展面临两大挑战：一是省际竞争“前甩后追”的形势严峻，前面北京、上海、江苏、湖北等省（市）高等教育已经与陕西省拉开差距，后面四川、河南、浙江、广东等省份追赶速度很快，部分专业、学科水平已经实现了超越；二是陕西省高等教育内部结构“高原大、高峰小”的状况明显，高等学校数量多，但是拔尖的高等学校少且有下降趋势，最好的西安交通大学从全国排名第5位下降到第18位就已经说明了形势的严峻性。因此，虽然陕西高等教育战略任务已经开始实现转变，即从高等教育大省向高等教育强省转变，从培养数量充足的专门人才向培养质量优良的高素质人才转变，但是面对区域高等教育日益激烈的竞争，面对陕西省高等教育在短期内要实现“追赶超越”，面对陕西地方经济发展水平与高等教育规模的不协调，挑战依然十分严峻。

（三）陕西省省属本科院校财务绩效管理存在的问题

通过调研发现，陕西省省属本科院校财务绩效管理方面，普遍存在总体经费不足、经费执行效率低、内部控制不严、资产管理缺失及绩效考核流于形式等问题。

1. 预算执行效率不高

从近5年的调查情况来看，一些院校预算执行出现进度迟缓、支出不均衡等问题。究其原因，主要在于以下两个方面：一方面，按照新《预算法》规定，学校所有收支都应纳入预算，无预算安排的项目，不得安排支出。一些院校未建立项目库制度，上一年度安排的预算项目与本年度的实际需要存在较大差异，导致项目不能正常执行，预算执行进度迟缓。另一方面，一些院校上半年支付进度严重不足，个别院校甚至存在两个月集中支付的现象，支出不平衡、不均衡现象明显。从近年支付进度来看，每年1—6月，省属本科院校总体经费支出执行率普遍低于40%，其中资本性支出执行率更低，对学校预算执行率影响较大。

2. 绩效管理理念和意识不强

预算绩效的概念已经提出多年，但从访谈中我们普遍感觉到预算绩效的理念和认识还主要集中在财务、审计等部门，学校业务部门普遍绩效管理理念和意识不强，在预算项目执行过程中，没有将关注点放在如何提升项目的效率和效益上。此外，一些业务部门普遍将财务绩效的提升归于财务部门，没有意识到财务绩效的提升需要业务和财务的深度融合，需要财务业务及时进行结果的反馈，使得财务绩效管理的作用很难得到体现，也阻碍了以提升绩效为目标的财务管理的持续改进。

3. 未严格执行财务绩效考核制度

对陕西省省属本科院校来说，一直以来未严格执行财务绩效考核制度，缺乏有效的奖惩措施，导致绩效考核流于形式，挫伤了各院校比拼追赶的积极性。一是财务绩效考核制度在省属高校实施多年，但由于绩效考核的标准、规则的规范性和科学性不足，且对考核指标缺乏及时修正，降低了绩效考核的有效性。二是对绩效考核的结果，缺乏有效的奖惩措施，导致绩效考核流于形式，导致一些院校对财务绩效考核的重要性产生疑虑，不利于这项制度执行的可持续性。

4. 财务人员的专业素养有欠缺

财务人员整体素质还不高，专业素养不足，导致对财务绩效的认识无法达到要求，主要表现为：一是绩效意识欠缺。部分财务人员缺乏从绩效的角度认识财务工作，不能从学校整体战略出发，无法深入理解财务绩效对学校发展的核心贡献，在实际工作中无法更有重点地执行绩效管理。二是一些财务人员专业素养不足，对高校财务绩效管理的认识还无法适应高等教育发展的现实需要。三是一些财务管理者对项目预算的引导作用认识不到位，在编制项目预算过程中，忽略了影响和提升财务绩效的关键要素，导致财务绩效目标与学校高质量发展目标缺乏一致性。

三、陕西省省属本科院校财务绩效评价体系的建立

（一）陕西省省属本科院校财务绩效评价思路、步骤和维度

国内外研究认为，借助财务绩效评价体系可有效了解高校自身办学和效益情况，帮助国家制定完善教育政策，加强对学校的监督管理以及经费的合理分配。因此，在

评价高校财务行为过程和结果的同时，要让评价指标兼顾到公正性和客观性。财务绩效评价指标可细分为多种类型，包括输出类指标、输入类指标、过程类指标等。

1. 陕西省省属本科院校财务绩效评价的思路和步骤

（1）财务绩效评价基本思路

第一，在评价高校财务绩效时，应围绕高校资金资产使用效率、使用情况、使用安全性、高校对社会、国家的贡献等方面展开。同时，监督评价高校管理者的管理活动。第二，因为每个高校的实际情况不同，所以一个财务绩效评价体系未必适用于全部高校。鉴于此，在绩效评估系统建设时，必须赋予其相对可比性。第三，财务绩效评价要从多方面考虑，包括规模不可比的制约、评价对象的个性化特征、绩效相对可比的可行性、高校财务管理的共性。第四，财务绩效评价体系要有层次性，形成一个全方位的评价体系。

（2）财务绩效评价步骤

本研究拟以陕西省省属本科院校为样本，进行数据包络分析建模，以投入导向的模式，对其进行静态分析和动态分析，来评价高校的财务绩效。对于分析结果，结合实际细究其原因，并提出改进建议，为其在高校中的实际运行提供理论支持和借鉴思路。样本数据来源于《陕西教育统计年鉴》、《陕西教育经费统计年鉴》、各高校统计年鉴及官方网站等。

通过对陕西省某省属本科院校的基本财务状况进行分析，构建财务管理绩效评价体系的步骤。

第一，分析该省属本科院校的背景并收集数据，本文用到的所有数据均来源于该院校的决算报表，从该院校预算、决算信息公开采集数据整理计算所得。

第二，选取该省属本科院校财务管理绩效评价的财务指标。

第三，采用层次分析法，构建测度该省属本科院校财务绩效的指标体系，包括自筹能力、财务综合实力、可持续发展能力三个准则层，含有19个指标的方案层，分别确定各项评价指标的权重系数，采用加权平均法计算出各项评价指标的综合权重。

第四，对各项财务指标进行标准化处理，以消除各指标量纲不同对方案决策带来的影响。

第五，将标准化后的财务数据与其综合权重系数相乘得到该绩效评价综合分值，以此比较历年管理绩效的变化趋势并科学分析。

2. 陕西省省属本科院校财务绩效评价维度

高校财务运行的过程是复杂的，单一指标难以做到全面综合的绩效评价，因此构建的评价指标体系需能够多维度反映整体绩效。高校的财务绩效指标可以综合、宏观地反映高校的财务状况，既是评价体系的内容载体，也是外化表现，可以通过这些指标反映出高校的财务特征，进而对高校得出整体、宏观的评价。在高校的财务绩效指标体系构建过程中，需要把握好指标优化组合性、实用性、动态完善和可持续发展，本文从高校的教研成果、资产效益等出发，划分归纳出自筹能力、财务综合实力、可持续发展能力三个维度进行评价。

（1）自筹能力

自筹能力反映凭借自我实力争取到的财务能力，是高校达到一定办学规模，且服务水平和服务质量过关，获得更多经费能力的证明。

（2）财务综合实力

财务综合实力反映高校财务的全面性和效率，主要是资产使用效率和财务运作效率，以及财务支持服务质量和服务数量提高的能力。

（3）可持续发展能力

可持续发展能力主要反映的是高校资产负债情况、事业发展能力以及应对风险的承受能力等。高校要想使财务能力长期保持均衡状态，就必须客观评估自身财务发展潜力。

3. 陕西省省属本科院校财务绩效评价指标选取

高校财务绩效指标既是评价体系的内容载体，也是外化表现，综合、宏观地反映高校财务状况，能够突出反映出高校的财务效果。高校财务绩效指标，必须从高校教研成果、资产效益等出发，通过优化指标来选取。通过专家访谈和模糊综合评价，划分归纳出自筹能力、财务综合实力、可持续发展能力3个方面19个绩效评价指标。其中，自筹能力包括非财政收入占总收入的比重、非财政收入年增长率、教职工人均经费收入、生均事业支出、负债占银行存款年平均余额的比重、基建投资竣工率、校办产业上交学校收入增长率、校办产业资本保值增值率、固定资产年增长率、师生比10个指标；财务综合实力包括总收入增长率、教学（含培训）收入增长率、科研收入增长率、年末资产总额增长率4个指标；可持续发展能力包括年度收支比、资产负债率、负债总额占总收入的比重、应收及暂付款占流动资金的比重、校办产业资产负债率5个指标（表1）。

表 1　陕西省省属本科院校财务绩效评价指标

目标层	准则层	方案层	指标方向	计算公式
陕西省省属本科院校财务绩效 A	自筹能力评价 B1	非财政收入占总收入的比重 C11	正向	学校非财政收入占总收入的比重 = 非财政收入 / 总收入 ×100%
		非财政收入年增长率 C12	正向	学校非财政收入年增长率 =（本年非财政收入 – 上年非财政收入）/ 上年非财政收入 ×100%
		教职工人均经费收入 C13	正向	教职工人均经费收入 = 总收入 / 教职工年平均数
		生均事业支出 C14	负向	生均事业支出 = 年度事业支出 / 折合后的各类学生平均数
		负债占银行存款年平均余额的比重 C15	负向	负债占银行存款年平均余额的比重 = 融资收入 / 银行存款年平均余额 ×100%
		基建投资竣工率 C16	正向	基建投资竣工率 = 当年基建新增交付使用的固定资产金额 / 当年全部基本建设投资总额 ×100%
		校办产业上交学校收入增长率 C17	正向	校办产业上交学校收入增长率 =（本年校办产业上交学校收入 – 上年校办产业上交学校收入）/ 上年校办产业上交学校收入 ×100%
		校办产业资本保值增值率 C18	正向	校办产业资本保值增值率 = 本年末所有者权益 / 上年末所有者权益 × 100%
		固定资产年增长率 C19	正向	固定资产年增长率 =（本年末固定资产总额 – 上年末固定资产总额）/ 上年末固定资产总额 × 100%
		师生比 C110	负向	师生比 = 折合后的各类学生平均数 / 教师年平均数
	财务综合实力评价 B2	总收入增长率 C21	正向	总收入增长率 =（本年收入总额 – 上年收入总额）/ 上年收入总额 ×100%
		教学（含培训）收入增长率 C22	正向	教学（含培训）收入增长率 =[本年教学（含培训）收入总额 – 上年教学（含培训）收入总额] / 上年教学（含培训）收入总额 ×100%
		科研收入增长率 C23	正向	科研收入增长率 =（本年科研收入总额 – 上年科研收入总额）/ 上年科研收入总额 ×100%
		年末资产总额增长率 C24	正向	年末资产总额增长率 =（本年末资产总额 – 上年末资产总额）/ 上年末资产总额 ×100%
	可持续发展能力评价 B3	年度收支比 C31	负向	年度收支比 = 年度支出总额 / 年度收入总额 ×100%
		资产负债率 C32	负向	资产负债率 = 负债总额 / 资产总额 ×100%
		负债总额占总收入的比重 C33	负向	负债总额占总收入的比重 = 负债总额 / 总收入 ×100%
		应收及暂付款占流动资金的比重 C34	正向	应收及暂付款占流动资金的比重 = 负债总额 / 总收入 ×100%
		校办产业资产负债率 C35	正向	校办产业资产负债率 = 校办产业负债总额 / 校办产业资产总额 ×100%

（二）绩效评价指标权重的确定

1. 财务绩效评价指标权重确定步骤

根据层次分析法来计算指标的权重，这种系统分析与决策的综合评价方法在20世纪70年代由美国运筹学家托马斯·塞蒂创立。层次分析法是将专家的主观判断借助递阶层次结构转化成可用数字表达的两两比较的重要程度，将难以界定的定性判断转化成定量分析。在将复杂问题拆解为诸多构成元素并细分为对应指标后，通过构建递阶层次结构两两比较，最终确定决策方案相对重要度的总排序。具体步骤如下：

第一，构建层次结构模型。在分析问题时，将相关因素从上往下依次划分为目标层、准则层和方案层。目标层是预设的财务管理绩效评价目标；准则层是决策中间环节对目标层的影响因素；方案层是选取的具体指标。

第二，构造各层次中的所有判断矩阵。借助1~9尺度表示重要程度，两两比较指标的重要性程度，如表2权重标度表所示，构造各层对上一层每一因素的成对比较阵。

表2 评价指标权重标度

标度	含义
1	表示A、B两个因素具有同样的重要性
3	表示因素A比B稍微重要
5	表示因素A比B明显重要
7	表示因素A比B强烈重要
9	表示因素A比B极端重要
2，4，6，8	表示上述两相邻指标的中值
倒数	表示相应两因素交换次序比较的重要性

完成具体模型的构建后，制作有关陕西省省属本科院校财务管理水平的问卷，通过有关高校财务负责人的协助，找到58位专家发放调查问卷（有效问卷收回数量为58份），并邀请专家对各因素的相对重要性进行评价。

第三，计算权重向量并作一致性检验。基于归纳计算得到的问卷结果得出指标权重，并通过一致性检验，避免元素重要性之间出现矛盾。计算方法如下：

首先，进行归一化处理，将判断矩阵各列中的每一个元素除以所在列的和；其次，将归一化的各列按行求和得到的向量为所求的特征向量；最后，将向量中的每个元素除以n即得到权重向量ω_i，其各元素即为权重系数。

权重向量计算公式如下：

$$\omega_i = \frac{1}{n}\sum_{j=1}^{n} \frac{a_{ij}}{\sum_{k=1}^{n} a_{kj}}$$

计算判断矩阵的最大特征值λ_{max}。

计算公式如下：

$$\lambda_{max} = \sum_{i=1}^{n} \frac{(A\omega)_i}{n\omega_i}$$

一次性检验的步骤如下：

第一步：计算一次性指标CI，$CI=(\lambda_{max}-n)/(n-1)$，$CI$值表示一致性偏差，$CI$值越大，表示偏差越大。

第二步：查找对应的平均随机一致性指标RI，RI的引入是对CI大小进行衡量，且与判断矩阵层数息息相关。层数越多，一致性随机偏离的可能就越大。如表3所示。

表3 RI修正对应值

矩阵阶数	1	2	3	4	5	6	7	8	9	10
RI										

第三步：计算一致性比例 CR，$CR=CI/RI$。如果$CR=0$，完全一致性；$CR<0.1$，则可接受判断矩阵的一致性，否则需要对判断矩阵进行修正。

第四步：求各个方案的优劣次序，权值最高的为最优方案。

2. 财务绩效评价指标权重确定步骤

综合统计并计算专家打分的情况，将确认的分数分别列示在矩阵的相应位置，具体情况如下。

（1）确定准则层指标权重及一致性检验

陕西省省属本科院校财务管理水平的判断矩阵中共包括 3个方面，分别为自筹能力评价B1、财务综合实力评价B2和可持续发展能力评价B3。运用Matlab软件进行权重的计算，准则层和方案层的权重如表4 和表5 所示。

表4 准则层各要素权重

准则层要素	权重 ω_i
自筹能力评价	0.1196
财务综合实力评价	0.5492
可持续发展能力评价	0.3312

表5 方案层各财务指标权重

方案层各财务指标	权重 ω_i
非财政收入占总收入的比重 C11	0.1915
非财政收入年增长率 C12	0.2862
教职工人均经费收入 C13	0.1453
生均事业支出 C14	0.1175
负债占银行存款年平均余额的比重 C15	0.0841
基建投资竣工率 C16	0.0568
校办产业上交学校收入增长率 C17	0.0290
校办产业资本保值增值率 C18	0.0321
固定资产年增长率 C19	0.0160
师生比 C110	0.0414
总收入增长率 C21	0.1115
教学（含培训）收入增长率 C22	0.2293
科研收入增长率 C23	0.4294
年末资产总额增长率 C24	0.1074
年度收支比 C31	0.2931
资产负债率 C32	0.3219
负债总额占总收入的比重 C33	0.2722
应收及暂付款占流动资金的比重 C34	0.0784
校办产业资产负债率 C35	0.0344

下面将分别确定方案层和目标层的权重，并进行一致性检验。

（2）方案层权重及一致性检验

自筹能力判断矩阵如表6所示。

表6 自筹能力评价指标计算

自筹能力评价 B1	C11	C12	C13	C14	C15	C16	C17	C18	C19	C110	ω_i
非财政收入占总收入的比重 C11	1	1/5	3	3	7	7	3	7	7	7	0.1915
非财政收入年增长率 C12	5	1	3	5	5	7	5	7	7	7	0.2862
教职工人均经费收入 C13	1/3	1/3	1	3	5	7	5	5	7	3	0.1453
生均事业支出 C14	1/3	1/5	1/3	1	5	7	5	5	7	3	0.1175
负债占银行存款年平均余额的比重 C15	1/7	1/5	1/5	1/5	1	3	3	5	7	7	0.0841
基建投资竣工率 C16	1/7	1/7	1/7	1/7	1/3	1	3	3	5	5	0.0568
校办产业上交学校收入增长率 C17	1/3	1/5	1/5	1/5	1/3	1/3	1	1/3	3	1/3	0.0290
校办产业资本保值增值率 C18	1/7	1/7	1/5	1/5	1/5	1/3	3	1	3	1/3	0.0321
固定资产年增长率 C19	1/7	1/7	1/7	1/7	1/7	1/5	1/3	1/3	1	1/3	0.0160
师生比 C110	1/7	1/7	1/3	1/3	1/7	1/5	3	3	3	1	0.0414

自筹能力评价为10个指标：依次是非财政收入占总收入的比重C11、非财政收入年增长率C12、教职工人均经费收入C13、生均事业支出C14、负债占银行存款年平均余额的比重C15、基建投资竣工率C16、校办产业上交学校收入增长率C17、校办产业资本保值增值率C18、固定资产年增长率C19、师生比C110。其中，非财政收入年增长率C12的权重最大，其次是非财政收入占总收入的比重C11，固定资产年增长率C19权重最小。根据表6方案层的指标，计算求得λ_{max}=3.0522，一致性比例CR为0.0450 < 0.1，通过一致性检验。

财务综合实力判断矩阵如表7所示。

表7　财务综合实力评价指标计算

财务综合实力评价 B2	C21	C22	C23	C24	ω_i
总收入增长率 C21	1	1/5	1/7	3	0.1115
教学（含培训）收入增长率 C22	5	1	1/3	5	0.2293
科研收入增长率 C23	7	3	1	5	0.4294
年末资产总额增长率 C24	1/3	1/5	1/5	1	0.1074

财务综合实力评价为4个指标：依次是总收入增长率C21、教学（含培训）收入增长率C22、科研收入增长率C23、年末资产总额增长率C24。指标中的科研收入增长率C23的权重最大，其余依次为教学（含培训）收入增长率C22，总收入增长率C21，年末资产总额增长率C24。计算求得λ_{max}=4.1959 ，一致性比例CR为0.0680 < 0.1，通过一致性检验。

可持续发展能力判断矩阵如表8所示。

表8　可持续发展能力评价指标计算

可持续发展能力评价 B3	C31	C32	C33	C34	C35	ω_i
年度收支比 C31	1	3	1/3	3	7	0.2931
资产负债率 C32	1/3	1	3	5	7	0.3219
负债总额占总收入的比重 C33	3	1/3	1	3	5	0.2722
应收及暂付款占流动资金的比重 C34	1/3	1/5	1/3	1	3	0.0784
校办产业资产负债率 C35	1/7	1/7	1/5	1/3	1	0.0344

可持续发展能力评价为5个指标：依次是年度收支比C31、资产负债率C32、负债总额占总收入的比重C33、应收及暂付款占流动资金的比重C34、校办产业资产负债率C35。指标中的资产负债率C32的权重最大，其余依次为年度收支比C31，负债

总额占总收入的比重C33，应收及暂付款占流动资金的比重C34，校办产业资产负债率C35。

3. 综合权重的计算

根据以上步骤计算出准则层和方案层的权重，进一步确定计算综合权重，如表9所示。

表9 省属本科院校财务管理绩效评价体系综合权重

目标层	准则层	权重	方案层	权重	综合权重
省属本科院校财务管理绩效评价体系	自筹能力评价 B1	0.1196	非财政收入占总收入的比重 C11	0.1915	0.0229
			非财政收入年增长率 C12	0.2862	0.0342
			教职工人均经费收入 C13	0.1453	0.0174
			生均事业支出 C14	0.1175	0.0141
			负债占银行存款年平均余额的比重 C15	0.0841	0.0101
			基建投资竣工率 C16	0.0568	0.0068
			校办产业上交学校收入增长率 C17	0.0290	0.0035
			校办产业资本保值增值率 C18	0.0321	0.0038
			固定资产年增长率 C19	0.0160	0.0019
			师生比 C110	0.0414	0.0050
	财务综合实力评价 B2	0.5492	总收入增长率 C21	0.1115	0.0612
			教学（含培训）收入增长率 C22	0.2293	0.1259
			科研收入增长率 C23	0.4294	0.2358
			年末资产总额增长率 C24	0.1074	0.0590
	可持续发展能力评价 B3	0.3312	年度收支比 C31	0.2931	0.0971
			资产负债率 C32	0.3219	0.1066
			负债总额占总收入的比重 C33	0.2722	0.0902
			应收及暂付款占流动资金的比重 C34	0.0784	0.0260
			校办产业资产负债率 C35	0.0344	0.0114

（三）财务管理绩效综合评估值计算

1. 指标标准化

本文基于自筹能力、财务综合实力、可持续发展能力三方面的指标计算综合权重，进行财务管理绩效评价分析。考虑选取省属本科院校历年的财务管理绩效状况进行对比，所选指标也存在正负性差异，因此需要对已经计算的财务指标进行标准化处理，同时借助极差化的方法进行数据的标准化，并与权重相乘后将乘积百分化。与企业绩效评价水平成反比时，使用反向评价指标；与企业绩效评价水平成正比时，使用正向评价指标。运用Excel，用直线型的无量纲化方法进行数据的处理。在以下公式中，X_i表示指标的实际值，Y_i表示X_i的标准化值。前面已经提到指标的正负性，指标公式如下：

正向指标标准化的处理公式：

$$Y_i = \frac{X_i - \min(x_i)}{\max(x_i) - \min(x_i)}$$

负向指标标准化的处理公式：

$$Y_i = \frac{\max(x_i) - X_i}{\max(x_i) - \min(x_i)}$$

式中，$\max(x_i)$表示方案层历年财务指标的最大值；$\min(x_i)$表示方案层历年财务指标的最小值。

最后采用线性加权综合法，将各指标权重ω_i与标准化的数据Y_i的乘积之和百分化，用A表示评价的最终得分。计算公式为：

$$A = \sum_{i=1}^{n} \omega_i Y_i$$

2. 标准化处理结果

首先对省属本科院校2017—2019年共计3年的财务指标进行计算整理，如表10所示。

表10　省属本科院校2017—2019年财务绩效标准化前财务数据

指标	方向	2017年	2018年	2019年
非财政收入占总收入的比重C11	正向	31.5971%	38.9204%	37.6625%
非财政收入年增长率C12	正向	−3.1420%	12.5170%	−2.6024%
教职工人均经费收入C13	正向	442918.1475	469667.1232	466042.5592
生均事业支出C14	负向	23965.1194	26467.65275	29409.187
负债占银行存款年平均余额的比重C15	负向	0.7352%	0.8972%	0.9757%
基建投资竣工率C16	正向	578.4244%	1493.1549%	415.1758%
校办产业上交学校收入增长率C17	正向	1.8023%	2.9591%	0.9767%
校办产业资本保值增值率C18	正向	105.8652%	101.9490%	86.1965%
固定资产年增长率C19	正向	9.9551%	9.0894%	6.5431%
师生比C110	负向	1831.5184%	1870.0542%	1826.9145%
总收入增长率C21	正向	4.6898%	3.8683%	1.6059%

续表

指标	方向	2017 年	2018 年	2019 年
教学（含培训）收入增长率 C22	正向	2.6968%	8.9946%	7.6119%
科研收入增长率 C23	正向	2.2884%	5.0240%	15.1362%
年末资产总额增长率 C24	正向	6.1736%	1.0704%	–1.4982%
年度收支比 C31	负向	94.7443%	108.0753%	111.6032%
资产负债率 C32	负向	5.3614%	4.7494%	7.6979%
负债总额占总收入的比重 C33	负向	3.2587%	8.3951%	3.7680%
应收及暂付款占流动资金的比重 C34	负向	27.6850%	24.0626%	30.1904%
校办产业资产负债率 C35	负向	5.6340%	3.6704%	3.4868%

运用上述极差标准化的方法将数据标准化，如表 11 所示。

表 11　省属本科院校 2017—2019 年标准化后财务指标

%

指标	方向	2017 年	2018 年	2019 年
非财政收入占总收入的比重 C11	正向	43.7229	34.2156	39.7429
非财政收入年增长率 C12	正向	49.7976	43.0869	50.5379
教职工人均经费收入 C13	正向	39.3293	47.9880	46.7175
生均事业支出 C14	负向	42.5856	55.4431	55.2620
负债占银行存款年平均余额的比重 C15	负向	54.1881	68.2848	51.0371
基建投资竣工率 C16	正向	38.2867	21.1197	21.2179
校办产业上交学校收入增长率 C17	正向	34.7389	21.6621	69.2474
校办产业资本保值增值率 C18	正向	33.3491	55.6563	58.2649
固定资产年增长率 C19	正向	47.3753	26.6086	42.3319
师生比 C110	负向	74.7759	71.1984	71.1957
总收入增长率 C21	正向	28.8080	24.6045	45.0331
教学（含培训）收入增长率 C22	正向	52.6806	41.3100	43.5681
科研收入增长率 C23	正向	36.2982	59.9308	46.7825
年末资产总额增长率 C24	正向	32.6911	45.0416	71.2545
年度收支比 C31	负向	47.9833	64.3576	54.2475
资产负债率 C32	负向	67.1251	64.8714	32.9814
负债总额占总收入的比重 C33	负向	34.7496	58.6313	42.8191
应收及暂付款占流动资金的比重 C34	负向	74.1917	73.7009	66.1008
校办产业资产负债率 C35	负向	37.4132	67.0713	56.3040

将上述综合权重与3年财务指标标准化后的数据相乘，并将结果求和得到历年总得分，可以从整体上更加直观地展开分析。下面对三类指标分数进行汇总打分，从总体上对陕西省省属本科院校财务绩效管理有个全局的了解。

如表12和图1所示，2017—2019年分值的走向大致如下：3年间绩效得分处于波动的状态，2017年的分数为41.6970分，分值最低；2018年的得分最高，为51.8174分，其次是2019年，分数为49.1969分。因此，2017年的财务绩效管理水平较低，此后省属本科院校财务绩效水平波动上升。

表12 陕西省省属本科院校财务绩效管理评价分值

年份	2017年	2018年	2019年
绩效得分	41.6970	51.8174	49.1969

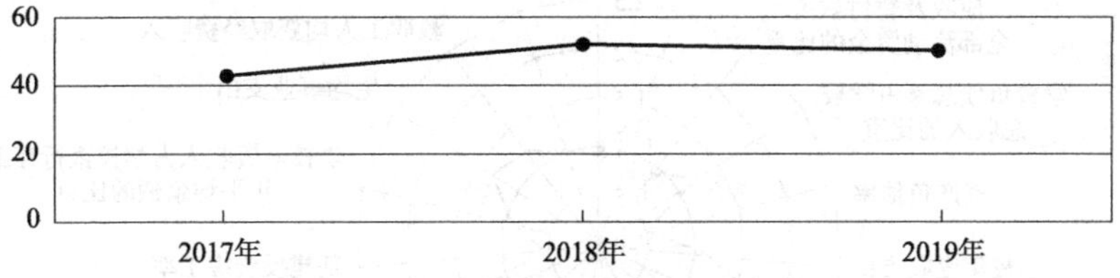

图1 省属本科院校财务绩效得分趋势

（四）陕西省本科院校财务运行绩效评价方法——雷达图分析法

1. 雷达图分析原理

雷达图（判断企业财务状况图）拥有多种绘制方式，主要是三性分析法和四性分析法。三性分析法以收益性、稳定性和成长性为重点进行分析；四性分析法则是在三性分析法的基础上增加了流动性作为分析重点。结合本文分析对象——陕西省省属本科院校财务运行绩效评价，采用三性分析法，选取自筹能力评价指标、财务综合实力评价指标和可持续发展能力评价指标进行分析。

（1）自筹能力评价指标反映了高校的筹资能力，选取了学校自筹收入占学校总收入的比重、自筹收入年增长率、教职工人均获取经费收入、生均事业支出、学校融资收入占学校银行存款年平均余额的比重、校办产业上交学校收入增长率、基建投资竣工率、固定资产年增长率、校办产业资本保值增值率和师生比10个指标。

（2）财务综合实力评价指标基于高校自身发展状况进行分析，反映了高校通过政府拨款与自筹经费等方式筹集经费的能力，选取了学校总收入增长率、科研服务收入增长率、教学服务收入增长率和学校年末资产总额增长率4个指标。

（3）可持续发展能力评价指标，考虑高校面对负面情况的承受能力，从负面效益应对角度出发研究可持续发展的能力，选取了学校年度收支比、资产负债率、学校负债总额占学校总收入的比重、应收及暂付款占全部流动资金的比重和校办产业资产负债率5个指标。

2. 纵向雷达图分析

根据6所陕西省省属高校年终决算报表数据，以2017年的数据指标为基础，将2018年和2019年的数据代入做出2017—2019年的纵向雷达分析图，如图2所示。

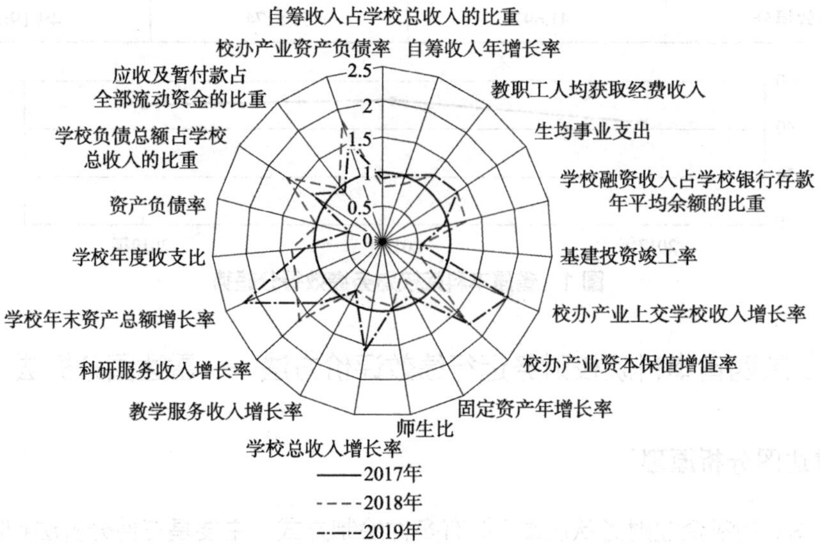

图2 陕西省省属本科院校2017—2019年财务绩效雷达图

选取自筹能力评价指标、财务综合实力评价指标、可持续发展能力评价指标三类中的各项计算指标进行分析，并将2017年指标单位化，其指标构成圆形，即“单位圆”。

（1）自筹能力评价分析

自筹能力评价指标中，2017年学校自筹收入占学校总收入的比重最高，2018年降至最低，2019年虽有所回升，但仍然低于2017年的比重，说明这三年整体呈现下降趋势：从这三年数据可以看出，2019年与2017年在图2中基本重合，2018年增长率最低，说明近三年波动较小，教职工人均获取经费收入2018年与2019年几乎重合，变动很小，但明显均高于2017年，整体呈上升趋势，向好发展。以上指标表明教职工筹措资金能力较强、努力程度较高，积极性高，陕西省省属高校在教职工筹资能力管理上表现得比较优秀。

生均事业支出2018年与2019年数值重合，较2017年涨幅明显，说明整体上升，生均培养成本增高，资源对教学及学生倾斜。学校融资收入占学校银行存款年平均余额的比重2018年较2017年有所上涨，2019年大幅下降，下降比例大于上涨比例，整体低于2017年的数值，表示该项指标虽然波动明显，不够稳定，但是整体向好发展，表明陕西省省属高校融资和理财取得了成果。基建投资竣工率2018年与2019年数值几乎一致，低于2017年，整体呈下降趋势，学校财务管理水平与基本建设效率还有提升空间。

校办产业上交学校收入增长率2018年较2017年数值有小幅下降，但是2019年比2018年大幅上升，整体呈上升趋势，说明学校产业的发展良好并且对学校事业提供了有力的支持，对陕西省省属高校产业发展效益提高作用明显。固定资产年增长率2018年下降幅度最大，2019年虽然有所回升，但仍然低于2017年，主要原因在于按照最新的政府会计制度，规范了固定资产计提折旧的相关规定。校办产业资本保值增值率逐年上升，特别是在2018年上升幅度很大，2019年与2018年大致相同，说明财务支出结构较优，国有资产管理效果较好。师生比虽下降幅度不大，但是逐年下降，说明学校大力发展教师建设，引进优秀人才，提高了教学质量。

（2）财务综合实力评价分析

财务综合实力评价指标中，学校总收入增长率2018年比2017年略微下降，但是2019年逆势上涨，整体上还是呈上升趋势，说明陕西省省属高校收入有所提高，但结合年度收支比的发展趋势而言，收入的增长幅度小于支出增长幅度，高校资金压力增大。教学服务收入增长率变动幅度不大，2018年为最低值，但仍然呈下行趋势，说明教学活动占陕西省省属高校收入比重持续下降。科研服务收入增长率2018年达到最高点，2019年虽不及2018年，但仍高于2017年，说明近三年呈上行趋势，科研逐渐成为陕西省省属高校创收的主要来源。学校年末资产总额增长率连续大幅度逐年增长，主要原因为在政府会计制度下，陕西省省属高校连续几年规范了在建工程转固定资产的流程与效率。

（3）可持续发展能力评价分析

在可持续发展能力评价分析中，学校年度收支比2018年大幅增长，2019年也明显高于2017年的数据，陕西省省属高校收入虽逐年有所上升，但支出的增长幅度始终大于收入，且差距呈逐年扩大的趋势，陕西省省属高校的财务压力逐年增长，“开源节流”依旧是陕西省省属高校需共同面对的难题；资产负债率逐年下降，2018年与2017年以微小幅度下降，2019年大幅下降，陕西省省属高校的财务整体而言风险较小，且偏于保守。陕西省省属高校负债总额占学校总收入的比重2018年大幅上涨，为近三年的最大值，2019年有所下降，但是整体有增长趋势，表明高校的偿债负担有所增加，偿债能力下降。应收及暂付款占全部流动资金的比重三年数字几乎重合，略有下降趋势，资金流压力较小；校办产业资产负债率2018年上升幅度大，2019年有所回落，但仍然大于2017年，表明长期偿债能力在减弱，校办企业的风险增加，给陕西省省属高校带来的连带风险也增大。但考虑校办企业资产负债率对校办企业发展的促进作用，需要将资产负债率保持在合适水平。

四、完善高等院校财务绩效评价的措施

（一）财务绩效评价需重点关注的几个主要问题

由于我国高校财务存在一定特殊性，现行的财务绩效评价体系尚未就其形成统一的绩效评价方法。在选择适用于高校的绩效评价体系时，无法忽视以下几个问题：一是随着近年人口结构性调整带来的生源数量下滑和21世纪初期本科教育扩招带来的高校招生需求上升，供需端的不平衡导致高校盈亏平衡点普遍上移，抗风险能力降低。二是“双一流”高校改革带来的学科评估和教学评估浪潮，使高校资金需求不断增加。三是20世纪90年代末到21世纪初建设的新校区普遍迎来第一个维修保养周期，高校运行成本上升。基于此，如果无法及时满足高校的资金内需，很有可能导致高校基本运行资源降低甚至短缺，进而降低高校教育教学质量、科研成果产出和招生吸引力。针对此类情况，陕西省教育厅牵头，陆续向资本市场发行了三期教学专项债券，借助融资平台帮助陕西省省属高校借贷投资教育建设，从而补充资金缺口。但是只提高融资水平，不提升预算管理能力，对高校发展无疑是治标不治本的。

1. 合理的利益需求才能够转化为指标

随着高等教育的不断发展，高校财务绩效评价工作也应与时俱进，不断发展。为

了体现新时代、新环境、新背景下的绩效评价关注重点，财务绩效评价的具体指标设计和选择上也需要根据不同高校背景、资源配置，适当调整以达到灵活与公平。事实上，国家也始终关注高校财务管理现状，在国务院发布的《国家中长期教育改革和发展规划纲要》中规定，国家财政性教育经费支出在GDP中所占比例需要增加到4%。当前，高校财务管理的首要工作之一就是如何合理有效地利用好资金，使高校教育资金比例提升的同时，也能不断提高使用效益。这就要求高校尽快建立起科学的综合评价系统，真实合理地反映教育资源配置情况。构建科学合理的财务绩效评价指标体系，可以直观地反映高校教育资源利用的实效性，以及财务管理发展水平。

2. 可控因素与不可控因素

高校财务绩效评价指标的设计，原则上能精准反映高校财务管理在预算、筹资、运营等各环节的水平和能力，但是由于高校发展历程中始终伴随着外部不可控因素影响，如经营环境、社会环境和教育制度改革，这些改变都会影响高校财务绩效评价指标的选择。因此，高校财务绩效评价应充分考虑内部可控因素及外部不可控因素的交叉影响。评价指标设计与时俱进，既能够精准反映高校内部财务管理水平，也能及时减少外部环境对高校财务管理带来的负面影响。这也在客观上增加了高校财务从业人员设计评价指标的难度，即需要充分考虑可控因素和不可控因素的动态转化，以确保评价指标与高校发展需要相契合。

3. 量化指标与非量化指标

高校的财务绩效考评的内容相对广泛，既有根据定量数据对各项指标进行考核评价，也有根据需要定性分析进行评价，如何在评价过程中实现两者的平衡也是重中之重。坚持定量和定性相结合原则，兼顾量化指标和非量化指标，才能更加真实准确全面地反映高校预算工作的整体情况。

4. 长期性指标与短期性指标

当前，高校财务资金来源多元化，因此财务绩效指标选择不能仅局限于满足短期预决算需要，而应立足于满足所有投资人和利益相关者。一方面，要设计长期规划，基于财务绩效评价体系，不断提升高校的风险规避及管理能力，加强高校教育资源的整合利用，以绩效评价过程推动高校综合性评价体系的构建，为高校长期发展提供支持，也为非政府机构投资提供参考。另一方面，高校财务绩效系统的构建要继续重视短期指标选择，恰当的短期指标可以推动教育资源的合理配置，减少教育资源的浪费，提升教学、科技成果的转换率。

（二）进一步提高财务预算透明度

党的十八届三中全会提出要“建立全面规范、公开透明的预算制度”，这标志着国家对财务预算公开提出了更高的要求。因此，需要高校在现有财务预算的基础上，进一步实施动态预算公开，将年度财政收支计划的编制、审批、执行的全过程都以适当方式向社会公众公开，提高预算公开透明度。为实现这一目的，可以实施以下两种措施。

1. 进一步加大财务预决算信息公开力度

当前，陕西省省属高校财务预决算公开模式仅仅为静态的预算公开，即高校按政府年度财政计划的要求对财政收支预算和决算进行公开，此种预算公开存在公开资金不够全面、对高校预算执行和运营状况反映缺乏及时性等问题。另外，受常规处理方式的影响，高校仅披露财务预算以及决算的具体信息，而其他方面的财务信息并未完整披露。高校披露的信息基本未涉及教育收费、学生资助信息、债务信息和财务风险信息等多元化信息，因而也无法满足利益相关者的需求。高校的财务管理长期存在重核算、轻管理的问题。由于信息披露不全面，无法满足利益相关者多元的信息需求，需要大力提高预算、决算信息的公开力度。

2. 规范财务信息公开形式与方式

目前陕西省省属高校财务信息公开形式与方式较为模式化、简单化，未提供有效的决策信息。应借助2019年以来开展的政府会计制度改革的东风，在财务信息公开过程中，财务信息公开也需涵盖财务与预算两部分内容。高校财务会计公开报表应当以财务会计核算数据信息为标准，以权责发生制为核算基础；高校预算会计公开应当以预算会计核算的相关数据信息为标准，以收付实现制为核算基础。不断完善财务信息披露，规范形式方法，满足投资者和利益相关者对信息的需求。

（三）完善财务绩效管理信息系统

陕西省省属高校财务绩效管理水平呈现巨大差异化的重要原因，是未构建统一的绩效管理系统，导致绩效管理方式和方法各不相同，资金支付效率效益无法系统性衡量。因此，建立完善财务绩效管理信息系统是提升财务管理水平的重要一步。

1. 进一步改进预算管理信息系统

借助陕西省省属高校统一信息化平台的有利条件，在天财财务软件的平台上，上线预算管理系统模块，根据高校反馈财务管理需要，定制化设计预算管理系统模块功能，加强预算管理信息系统的针对性和适用性，减少因新系统上线带来的学习成本和时间成本。

2. 搭建政府会计信息化处理平台

紧跟大数据时代的步伐，高校需要不断完善信息管理系统，加强高校财务管理质量，达到规范化、精细化、人性化的整体运作效果，并促进所具备资源分配的合理性和有效性。当前，大多数省属高校的信息管理系统基本具备保障预算、核算、内部控制等财务运营基础模块，但是还需兼顾战略目标和绩效评价，注意提升绩效评价信息的准确性和全面性，关注师生与高校的绩效共赢关系。省属高校可以结合政府会计“双体系”“双基础”和“双报告”的财务核算模式特点，升级信息系统，保障政府会计制度在提高财务管理全面性和真实性方面的效果得以实现。同时，结合使用财务指标与非财务指标，克服短视行为，协调高校资源，推动高校发展战略的实施。

（四）强化财务绩效的监督、检查

高校财务管理工作中长期存在重收入轻支出、重分配轻管理、重使用轻效益的情况，而当下出台了新预算法，预算管理改革和预算管理方式也在不断深入、创新，高校的财务绩效评价监督体系建设，需要着力结果导向、强调成本效益、加强责任约束，实现管理监督的全方位、全覆盖。既要不断优化财务资源配置与使用，也要着力优化资金管理水平，加强财务绩效检查监督与评价问责。绩效评价实施过程中，应通过运用科学的绩效监督方法和一系列的指标，按照绩效管理的要求，对财务绩效进行检查，对财务运行过程及其结果进行客观、公正的制约和反馈，对绩效目标的实现程度及效果进行监督。以此找出实际绩效水平与期望水平间的差距，实现高校财务绩效评价监管体系的进一步完善。

1. 强化教代会的民主监督

教代会是高校管理体制的重要组成部分，是广大教职工参与学校管理、行使民主决策和民主监督权利的基本组织形式，加强和完善教代会监督，有利于推进学校民主管理，促进依法治校，构建和谐校园。应借助教代会形式，鼓励组织内部教职员工以及学生积极参与高校财务绩效管理监督工作，强化监督管理力度。通过日常监管和专项检查相结合的方式，加大对高校财务绩效的监管力度，合理界定重点、刚性支出，积极盘活低效运转的资产，保证将财务资源重点用于学校高质量发展，真正使每一分钱花在刀刃上。

2. 强化审计监督

强化审计监督在高校财务绩效管理中不可替代的作用，特别是注重运用大数据审计技术开展审计监督工作，强化审计监督的前瞻性思考、全局性谋划、整体性推进，引导高校各部门、各单位认真照镜子、查病因、找对策，对各类重点问题的整改要加强专题研究调度，从完善体制机制、优化路径措施、切断隐患源头等角度，强化整改成效，推动财务管理工作整体水平的提升。

同时，以审计监督来进一步督促部门夯实资金支出绩效的主体责任，聚焦财政政策落实、预算编制、预算执行和财务收支等内容，促进财政改革不断深化，财政管理水平不断提高。对学校财务资源统筹盘活的具体举措进行长期、系统、全面的审计监督，督促学校各部门、单位强化财政资源统筹意识，科学编制预算，高效执行预算，规范财务收支行为，提高财政资金管理使用绩效。值得一提的是，在进行政府审计与高校内部审计时，也需引入第三方机构组织的外部独立审计以保证审计结果公平公正。

3. 加强社会监督

当前，高校资金来源广泛，如财政经费、学费、科研经费与社会捐赠等，其投入资金是否合理，绩效是否符合要求，需要以公开的形式接受提供资金投入方和受益方的监督。若要不断推动高校依法办学、依法理财，就要实现财务信息公开。高校实施财务信息公开，既能够有助于对师生的合法权益、经济利益等给予保障，也能够使其意识到自身的民主监督责任。社会公众则包括资金的捐赠方、科研拨款单位以及提供贷款的金融机构，必须要了解准确且完整的财务信息，才能够作出是否投资的决策。对于政府机构来说，目前主要是依靠财政专网获得高校财务收支数据，以此为依据实施财政拨款使用情况的监督。做好高校财务绩效信息公开，引入社会监督，高校应加强财务公开真实性和及时性，从而确保社会监督的作用。对公民、法人或者其他组织根据需要申请获取财务信息的，各高校要依法受理，认真研究，妥善处理。

五、主要结论、建议与展望

（一）主要结论

（1）目前，陕西省省属高校财务绩效管理工作虽在预算绩效管理与财务制度执行方面有所加强，但与完善的绩效管理体系相比仍有不小距离，还有许多问题亟待解决。第一，高校财务绩效管理体系还待完善。高校财务绩效管理体系存在着“重考核，轻过程”“重申请，轻质量”“重评价，轻反馈”情况，导致绩效管理流于形式。第二，财务绩效管理评价体系还未正式建立。由于财政和教育主管部门对于高校财务绩效管理规范较少，导致高校自行设计的绩效管理评价指标设定较为简单，评价体系存在一定的不足，最终的评价结果不能全面反映财务绩效管理工作的实施情况，导致无法及时对问题进行整改、不能及时提升管理效果。第三，财务绩效管理的监控力度较弱，导致各高校、高校内部各部门各自为政、管理工作随意性强，资金低效、无效现象层出不穷。为保障高等学校财务绩效管理工作顺利有效进行，提升管理质量和效果，应开展行之有效的财务绩效评价工作。

（2）影响高等学校财务绩效管理工作效果的有观念、制度、组织机构、财务绩效管理与高校战略的相关性、绩效目标设定、绩效管理系统时效性、绩效管理跟踪监控情况、结果反馈整改情况、信息系统9个要素。本文遵循系统性、典型性、简明科学性，可比、可操作、可量化原则，综合性、动态性与相对稳定性相结合，定性分析与定量分析并重，兼顾可操作性原则与全面性，兼顾过程、结果与反馈的三重考核原则构建省属高校绩效管理评价指标体系。基于“结果导向”理念构建高等学校财务绩效管理工作的评价指标体系，提出由内外部机构共同实施评价、主客观指标相结合的财务绩效管理工作的评价方式，经过专家多轮建议反馈，确定六大二级指标和30个具体指标。

（3）采用理论分析法、实践研究法等方法，通过选取陕西省省属本科院校为研究样本，对样本高校2017—2019年财务绩效管理过程进行分析梳理并得出相关绩效评价，同时使用YAAHP软件应用层次分析法确定专家调研得到的评价指标池及其权重（系数），收集各所学校2017—2019年的30个单项得分，通过建立相关模型、假设，用STATA软件进行线性回归拟合，对所得结果进行分析评价，对效果不好的评价指标剔除并重新回归分析，最后得到19个合适的评价指标及其系数；使用该套预算绩效管理评价体系所得出的结论可以更好地服务于高校预算绩效管理改革发展。

（二）提高高校财务绩效管理水平相关建议

1. 借助大数据提升预算执行效率

为了不断与时俱进，跟上大数据时代的步伐，高校需要不断完善会计信息管理系统，借助大数据加强高校财务管理质量，提升预算执行效率，达到规范化、精细化、人性化的预算执行运作效果。当前，大多数省属高校的信息管理系统基本具备保障预算、核算、内部控制等全面的财务运营基础模块，预算执行还需兼顾战略目标和绩效评价，注意提升预算执行的准确性和全面性。省属高校可以结合政府会计“双体系”“双基础”和“双报告”的财务核算模式特点，通过结合使用财务与非财务数据，克服短视行为，推动预算执行符合高校发展战略和实施要求。

2. 实现财务管理信息系统一体化

为简化工作流程、提高服务质量、完善内部控制，需要实现财务管理信息系统一体化，厘清财务相关业务与学校其他业务的关系，找出业务流和信息流的节点，合理重组财务业务流程。想要实现财务信息化在财务各环节的渗透和衔接，需要先梳理清财务及非财务人员对财务管理的要求，进而达到资源共享，以及核算流程的统一。

首先，实现财务部门内部信息系统的一体化和数据共享。这就要求做到财务流程的优化和核算标准的统一，以实现自动采集生成财务数据，统一主要数据编码，如人员、合同、项目、科目等，实现完整数据体系的构建，真正做到预算编制、预算执行和年中、年底的会计决算一体化。

其次，做好财务数据与学校各部门之间的数据流动、衔接和共享。需要建立以经济活动为主线的信息化集成系统，整合全部经济业务流程，将教学业务、学生管理、后勤管理等相关活动统一在一套系统中，实现各部门“平台统一、配置统一、编码统一”，以及数据库的集中存放，以便统一管理维护，及时有效地为高校提供数据支持。

最后，分步实施系统规划，逐步转型为智能化、实时化的财务管理信息系统。从开始就需要构建好整体框架，做好总体设计和系统分析设计，不断攻克同一内容在不同模块中的分裂、数据重复输入、缺乏控制机制等难关，使管理型软件既具有单元性、整体性、系统性、综合性，还可以集成一体化运行。

3. 进一步提升财务人员的绩效素养

财务人员的绩效素养是做好学校财务绩效管理的重要一环。一方面，只有财务人员特别是财务管理者弄清楚财务绩效的内涵，理解财务绩效关键指标的核心内容，才能去组织和引导学校的业务朝着有利于绩效提升的方向改进，才能使得财务对业务进行赋能，进而实现业财融合的正向效应。另一方面，提升财务人员的绩效素养，有助于财务人员始终以绩效理念来指导，积极落实学校的各项收入和支出管理，以效益意识督促业务部门改进工作方式方法，实现学校财务绩效管理的持续改进。

（三）进一步研究展望

高校财务绩效管理是当前高等学校“放管服”改革的重要课题，也是推进高校提升管理水平，进而实现高质量发展的重要内容。后续研究可从以下方面展开深入研究与讨论：

（1）由于对我国高校财务绩效管理工作中存在的监督监管不全面，监控力度不足等问题，加上公众对于政府拨款有着一定的不信任感，如何让高校内部各单位更加合理、高效地利用资源，并且以准确的数字量化公开，成为后续研究的重点。

（2）从西方国家的相关研究结论实际可知：我国高等学校投入绩效评价尚未形成富有规律且高效的高等学校投入绩效评价模型，在风险控制方面并未得到重视，因此发掘可以结合风险控制构造科学合理的模型将是后期研究的重点。

（3）高校财务绩效管理工作的理论基础较多且并未形成系统的理论框架。本研究阐述了高校预算绩效管理的相关理论基础与应用尚待深入，有待将理论进一步细化应用于管理体系构建中并构建预算绩效管理理论框架也将成为后续研究的方向。

参考文献

［1］Joseph C Burke. Performance funding indicators：concerns，values，and models for state colleges and universities［J］.New Directions For Institutional Research，1998，97（1）：49-60.

［2］陈少杏 . 关于构建高校财务绩效评价指标体系的设想［J］. 会计之友（上），2008（8）：55-56.

［3］王建英. 高校财务绩效评价体系的构建与实证分析［J］. 当代经济，2010（6）：124-125.

［4］乔春华 . 高校经费绩效管理基本概念研究［J］. 会计之友，2012（7）：110-115.

［5］赵鄂 . 新政府会计制度改革对高校财务管理的影响［J］. 财经界（学术版），2020（11）：171-172.

［6］徐荣娣，吴介军 . 引入绩效考评机制提高高校预算管理水平［J］. 西北工业大学学报：社会科学版，2005（2）：77-79.

［7］Utley D. Performance management：a framework for Management accounting research［J］. Management Control Systemsresearch，1999，10（4）：363-382.

［8］陈胜权，房子磊 . 基于层次分析法的高校财务绩效评价模型构建［J］. 财会通讯，2012（16）：25-27.

［9］李红民 . 高校财务绩效评价研究［J］. 财会通讯，2009（26）：86-87.

［10］Cullen. Quality and efficiency and effectiveness［M］. Publisher：The Centre for Educational Development and Academic Methods and the Graduate School，Australian National University，1993.

［11］Ti Dongmin，Hong Xiaonan.Research on the performance evaluation system of university press based on social and financial benefits［Z］.Beijing：Proceedings of the Seventh International Symposium on financial risk and Corporate Finance，2015.8.

［12］杨周复，施建军，等 . 大学财务综合评价研究［M］. 北京：中国人民大学出版社，2002：35-37.

［13］项华录，董丽丹，徐珊珊，等 . 高校财务绩效评价指标体系的构建［J］. 教育财会研究，2007（2）：16-18.

［14］杨顺利，张满侠 . 高校财务绩效评价指标体系构建［J］. 财会通讯，2014（31）：67-69.

［15］张静 . 高校财务绩效评价指标体系的构建［J］. 企业研究，2014（6）：77-78.

［16］张丽 . 基于模糊综合评价法的高校财务预算绩效评价研究［J］. 会计之友，2017（6）：76-79.

［17］程卓蕾 . 高校绩效管理体系的研究与设计［D］. 长沙：中南大学，2011.

［18］郑鸣，赵壁辉 . 基于非财务信息的我国高校财务绩效评价实证研究［J］. 教育科学，2008（1）：54-58.

［19］李超 . 高校专项资金绩效评价研究［D］. 保定：河北农业大学，2013.

［20］苏曼璐 . 高校教学类专项资金绩效管理研究［D］. 重庆：重庆理工大学，2015.

［21］张泉泉．我国地方高校学科建设财政专项支出绩效评价研究［D］．北京：中央财经大学，2016.
［22］俞海刚．新会计制度下高校财务绩效评价的思考［J］．浙江工业大学学报：社会科学版，2015，9（3）：268–271.
［23］张曾莲．基于非营利性、数据挖掘和科学管理的高校财务分析、评价与管理研究［M］．北京：首都经济贸易大学出版社，2014.
［24］林斯奇．绩效考核与绩效管理［M］．北京：清华大学出版社，2015.
［25］吴勋，张晓岚．高校预算绩效评价探讨［J］．财会通讯，2010（8）：112–113.
［26］吴勋．绩效预算改革的理论支撑：一个整合视角的解析［J］．地方财政研究，2013（6）：10–14.
［27］毕天睿．PDCA 理论在高校专项资金绩效管理中的应用［J］．会计之友，2016（3）：86–90.
［28］夏雪．高校绩效评价指标体系与绩效预算分配实证研究［J］．西南师范大学学报：自然科学版，2016，41（04）：190–194.
［29］伍海泉，宋佳航．高校财务绩效评价指标体系研究［J］．会计之友，2016（18）：100–105.
［30］乌婷，权凯．适应一流大学建设的高校财务治理创新探讨［J］．会计之友，2017（1）：110–113.
［31］张丽．基于模糊综合评价法的高校财务预算绩效评价研究［J］．会计之友，2017（6）：76–79.
［32］姚晖，张梁．我国高等院校财务绩效评价研究［J］．会计之友，2017（22）：109–114.
［33］顾效瑜．高校财务绩效评价体系构建［J］．财会通讯，2018（8）：71–74.
［34］黄振胜．绩效导向预算分配制在 F 高校财务管理中的应用［J］．会计之友，2018（16）：122–126.
［35］唐大鹏，吴佳美．高校预算绩效管理内部控制体系构建探究［J］．财务与会计，2019（1）：47–49.
［36］夏丹，杜国良．内涵式发展下高校预算绩效评价体系研究［J］．会计之友，2019（5）：104–109.
［37］苏钰雅．基于云计算的高校财务绩效动态评价模式研究［J］．会计之友，2019（8）：147–150.
［38］史淑霞．基于战略地图的高校预算管理绩效评价研究——以 T 大学为例［J］．会计之友，2019（9）：82–86.
［39］胡素英．我国高校财务治理中的财权配置现状与优化［J］．浙江大学学报：人文社会科学版，2019，49（4）：195–206.
［40］毛成银，钱轶，傅淑园，叶青松．政府会计制度对高校治理的影响探讨［J］．财会通讯，2020（1）：167–171.
［41］夏丹．基于层次分析法的高校预算绩效评价体系研究［J］．财会通讯，2020（1）：172–176.
［42］杜育红，杨小敏．推动高等教育内涵式发展——基于高校项目支出预算管理的思考与建议［J］．国家教育行政学院学报，2020（2）：40–47.
［43］王雪冬．应用型本科院校预算绩效评价指标体系的建构［J］．职业技术教育，2020，41（11）：59–62.
［44］张艳，徐琴，王姗姗．高校财务绩效考核体系构建分析［J］．行政事业资产与财务，2020（7）：23–24.
［45］孙凌峰．基于 BSC 和 KPI 的高校预算绩效评价指标体系构建［J］．会计师，2020（8）：73–74.
［46］齐天，李学伟．基于风险视域的高校财务预算控制优化对策［J］．商业会计，2020（9）：65–67.
［47］陈浩．内部控制视角下高校预算绩效管理探讨［J］．时代经贸，2020（14）：84–85.

[48] 刘润芝 . 基于绩效考核的高校财务管理创新思考 [J]. 价值工程，2020，39（14）：31-32.
[49] 李莉 . 利用项目库建设促进高校专项资金预算与绩效评价融合——Z 大学专项资金绩效评价案例分析 [J]. 财政监督，2020（11）：39-43.
[50] 李小娟 . 高校全面预算管理与内部控制探讨 [J]. 经济师，2020（6）：83-84.
[51] 张玉翠 . 高等学校开展二级学院预算绩效管理的思考 [J]. 经济师，2020（6）：97-99.

（本报告是陕西省科技厅创新能力支撑计划软科学一般项目“陕西省省属本科院校财务绩效管理研究”项目编号：2021KRM077 的最终成果，课题负责人：樊晓民，课题组成员：李国柱 陈俊亚 王霆 梁丽云）

国外运用财税政策扶持欠发达地区发展的经验与启示

财税政策是国家宏观调控的主要手段，在协调区域关系上具有转移支付和调节地区收入分配的功能。西方发达国家很重视财税职能的运用，尤其是在解决区域经济发展不平衡时更是如此。在实施西部大开发战略中，我们要积极吸收和借鉴国外运用财税政策支持区域开发的成功做法和经验，从我国国情出发，研究制定有利于西部大开发的财税政策，促进西部地区经济快速发展。

一、国外运用财税政策扶持欠发达地区发展的做法和经验

从世界范围看，区域经济发展不平衡是一个带有普遍性的现象。世界各国在解决地区发展差距，促进欠发达地区开发方面，都十分重视发挥财税政策的作用。美国、德国、俄罗斯、巴西、韩国实行了一系列强有力的财税政策措施，以促进区域经济协调发展。

（一）美国对其西部的开发政策

美国的西部开发，大约持续了300年的历史。与西欧国家不同，美国主要依靠市场的办法解决区域差异问题，中央政府承担有限的责任。其特点如下：一是灵活优惠的土地开发利用政策。19世纪，美国为了鼓励更多的人向西部迁移，制定了灵活多样的土地开发优惠政策，陆续出台了《鼓励西部植树法》和《沙漠土地法》，规定只要在西部地区种草植树或修筑灌溉沟渠达到一定面积和一定时间，就可低价或免费获得一定面积的土地，极大地推动了西部开发的进程。二是以间接财政手段为主，并注意调动州和地方的积极性。美国在开发西部过程中，除了联邦政府采取大规模的财政

补贴和转移支付外，州、县等地方政府具有相当大的灵活的自主权，很大程度吸引了企业进入，巩固了美国西部开发的经济基础。美国财政体制允许各州实行相对独立的有差别的税收政策，以利于各州创造有利的地区投资环境；而且联邦政府在实施区域援助时，也求地方提供相应的配套资金，因而增强了地方发展经济的积极性。三是加强对落后地区的基础设施及公共工程的投资建设。从20世纪30年代以来，美国政府重点加大了对水电工程、全国公网、全国信息网络、环境保护及基础教育等领域的投资。四是发挥高科技产业拉动作用。美国在两次世界大战期间，大发战争财，发展了一批具有相当技术水平和规模实力的军工企业，这些军工企业大都分布在美国西部地区。进入“冷战”时期以后，美国大量的军工企业转为民用，利用原有的军事高科技基础，再加上西部地区丰富的资源及廉价的土地和劳动力，西部地区以宇航、原子能、电子、生物等为代表的高科技产业迅速发展，极大地推动了美国西部产业结构升级换代的步伐。

（二）德国区域援助政策

1990年两德统一后，德国政府采取一系列促进东部经济发展的举措，主要是通过推行联邦财政平衡机制、税收倾斜和社会保障制度中的再分配等措施，采取税收优惠、鼓励西部企业到东部投资等特殊政策，刺激东部经济尽快复苏和发展。1990—1994年主要通过国家统一实施对东部新州和地方政府的转移支付。1995年以后，主要通过东西部各州之间向财政平衡实施转移支付，即实行税收的横向分配和流转税均政策。通过联邦政府的预算补充拨款，每年向东部各州提供660亿元的特殊追加拨款，持续10年，以满足东部各州的支出需要。10年间德国西部对东部的资金援助累计达到16000亿马克，扣除回流到西部的4000亿马克税款，东部吸纳的援助资金仍有12000亿马克之多。这笔款项陆续被用于解决失业问题、改善投资环境和加大对基础设施，如交通、通信的改造，对东部的经济增长起到了积极的作用。为了筹措资金，1995年德国政府还在西部开征了税率为7.5%的“团结统一税”。联邦政府在其职责范围内将主要资金投向东部公共设施的建设。

（三）苏联对西伯利亚和远东的开发

苏联对西伯利亚和远东的开发可以追溯到16世纪末，而真正大规模的持续开发则是从十月革命胜利后开始的。苏联工业的大东移，是在第二次世界大战期间和战后时期，特别是在西部欧洲资源日趋枯竭之后，加快了东移的速度，明确确定西伯利亚的基本经济开发战略目标。苏联的开发是在计划经济体制下进行的，国家有明确的长期战略目标和计划，重点突出，开发有序，分步实施。从时间上看，几乎每10年都有一个较大的开发举措出台，具有明显的连续性；从空间地域上看，开发主要通过以一个或几个特大型项目为中心组建综合开发区，由西向东、以点带面推进，具有明显的渐进性。20世纪70年代以后，组建区域生产综合体成为东部实施大型区域开发的基本途径。苏联时期的开发已达到相当的规模和水平，也取得明显成就。与其整体经济发展战略相同，苏联在东部开发中实行的也是优先发展重工业，特别是军事工业的方针。

1991年俄罗斯独立后，在经济转向市场和国家、地区（包括西伯利亚）地缘政治地位根本改变的条件下，东部开发的模式也发生了根本性转变。第一，以往“生产力东移”的模式被西伯利亚“自我发展”的模式所取代，全国生产力配置的原则，由原来最大限度保证全国的经济效益变为满足市场需求和提高企业的竞争力。第二，开发投资主体多元化，由原来的主要靠中央财政支持，变为中央、地方、企业、个人多元投资，国家仅对新区地质勘探和基础设施进行投资，尽量吸引外资，建立合资企业。在吸引外资时，由联邦政府担保，采取矿床抵押或矿床租赁的办法筹集贷款和投资。第三，恢复和发展东部地区的经济，主要靠挖掘地区自身潜力。

（四）巴西缩小南北差距的财税对策

巴西经济不发达的北部、东北部和中西部，约占全国面积的82%，42%的人口集中在这里。采取的财税政策主要有：

（1）国家财政平均每年提供8亿美元的发展基金，用于资助落后地区的工业项目和农业项目。

（2）实行财政激励机制。对新企业减免75%的所得税；对已有企业减37.5%的所得税；将税收部分的30%收入进行再投入。

（3）提供地区信贷。

（4）进行联邦政府财政投资，加大对基础设施和教育卫生社保等的投入。

从发达国家区域开发的做法和经验看，至少有以下几点值得借鉴：

（1）建立规范的财政转移支付制度。世界上实行分税制的国家都把建立规范的转移支付制度作为实施区域政策的重要手段，增加对欠发达地区的政府间转移支付补助。据统计，转移支付占中央财政收入的比重超过20%的有澳大利亚、日本、印度、韩国、加拿大、丹麦、芬兰等，在10%~20%的有德国、奥地利、美国、挪威、瑞典、英国、印度尼西亚等，巴西、法国、阿根廷、马来西亚、墨西哥、菲律宾、泰国等虽然不足10%，但也有一定规模。在转移支付资金分配的方法上，多数国家都以因素法客观地确定。

（2）实行税收优惠政策和必要的财政补贴。对欠发达地区实行税收优惠，是市场经济国家普遍采取的刺激工具。财政补贴为直接和间接两种形式。直接补贴包括投资补贴、特定资助、低自贷款和特殊折旧等。间接补贴是政府为改善地区基础设施条件而给予的低息贷款。政府主要通过投资补贴、就业补贴等刺激措施，引导企业向高失业地区迁移，改善地区经济结构。

（3）设立专门援助欠发达地区的区域发展基金。为促进欠发达地区的经济发展，许多国家都设立了专门的基金支持，如意大利的“南部发展基金”、巴西的“亚马逊投资基金”、法国的“农村改革基金”、日本政府金融体系内面向落后地区的开发公库、欧盟针对各成员国萧条地区的“欧洲区域发展基金”（ERDF）等。

（4）帮助欠发达地区加强基础设施建设。各国对欠发达地区公共投资的重点，是加强其基础设施的建设，不仅包括交通、通信、能源等生产性基础设施，以改善欠发达地区的投资环境，而且还包括教育、卫生、文化等社会基础设施的建设。几乎所有国家都采取这一措施。

（5）建立经济开发区，培育新的经济增长点。外国的开发实践表明，在边远落后地区设立一些经济开发区（或经济特区），能迅速带动整个地区的经济发展。如韩国在落后地区支持建立工业园区和新的工业城市，为农民提供农业以外的就业机会。

二、借鉴国外经验，运用财税政策促进西部大开发的政策建议

（一）加大转移支付力度

我国中央财政对地方的转移支付包括税收返还、体制补助、过渡期转移支付、专项拨款和结算补助5种形式，其中主体是税收返还。税收返还的分配办法是以1993年增值税收入为基数，每年维持1∶0.3的增量返还，即各省的增值税每增加1%，则税收返还增长0.3%。由于这种税收返还比例没有地区差别，返还数额的大小与地方经济发展乃至财力的增长成正比，因而实际数额较多的还是经济发达的东部地区。这不仅

固化了原有财政承包体制下形成的地方既得利益和财力不均衡格局，而且在进一步拉大地区间的经济差距。

目前实行的税收返还不能算是严格意义上的财政转移支付。真正的财政转移支付是中央财政为平衡地区差距而对欠发达地区的财政补助。因此，规范财政转移支付的设想是，将现行中央对地方财政转移支付统一划分为两大类：一类是“均等化转移支付”，主要目标是支持地方财政能力弱的地区，促进公共服务水平的区域均等化、提高欠发达地区公共服务水平和公共福利水平。另一类是专项拨款补助，这项补助有特殊的用途，属于特殊的有条件的补助，主要用于对老、少、边、穷地区的扶持，对西部公益性项目的配套补助，对治理和改善西部生态环境的专项补助，以及扶持西部高新技术企业、军工企业、落后地区非公有制企业的贷款贴息。

国家要制定有关法规，确定中央财政转移支付的基数，并随着中央财力的增长而稳定增加。可按中央集中的“两税”增量的一定比例，确定每年转移支付的规模。在区域分配上，建议按人均国内生产总值水平排序，有区别地分配中央财政转移支付额度。把特殊性转移支付的支持重点转向中西部地区，改善西部地区的基础设施状况，带动地方经济的发展。

（二）实行政府投资倾斜

西部是我国交通、通信、水利等基础设施落后的地区，也是长江、黄河生态环境保护和治理任务艰巨的地区。加强基础设施建设，治理生态环境的任务相当繁重，需要中央政府给予重点支持和帮助。

优先在西部地区安排资金用于基础设施建设项目。根据目前投资环境差的弱点，在计划和项目安排上，中央政府对西部地区的交通、通信、水利等大型基础设施建设进行直接投资和重点倾斜支持，为西部地区经济开发和后续发展创造良好条件。把国债转贷资金其中地方转贷部分，转为国家无偿投资，或者降低50%的转贷利息。实行中央政府各部门公共投资重点分配制度，降低欠发达地区的配套资金比例。国家在安排外国政府双边和我边援助项目及国际金融组织的优惠贷款时，要对西部地区优先考虑，同时在利用外资项目的资金配套方面给予一定支持，以加强西部地区农业、交通、能源和通信等基础产业和基础设施建设。

进一步扩大西部地区对外开放的审批权限，赋予西部省区5000万美元以下的三资项目审批权。按照《指导外商投资方向暂行规定》，对于能够发挥西部地区人才和资源优势，符合国家产业政策的项目，准许列入鼓励类项目，在限制类项目、市场开放程度和限定外资比例设立条件等方面适当放宽。鼓励东部地区外资企业在西部地区再投资。

引导和加强东西部经济技术联合和协作。在这方面，国家应统一协调政策，实行东西部省市之间在互惠互利和优势互补基础上的经济技术协作和联合。在具体形式上，可以采取技术转让、设备转移、兼并联合和设立分厂等，同时也可用东部的资金和技术换取西部部分原始积累，加快经济起步。

提供信贷优惠，鼓励私人企业在西部地区投资，支持集体经济和私人经济的发展，并增加企业科技贷款规模。为推动西部地区的经济发展，中央政府除了自己向这些地方投入大量的人力、物力和财力外，还应十分重视和吸引私人资本向这些地区投资。对在西部地区投资的私人企业提供信贷担保，提高私人抵贷款的比例；进一步管好扶贫贴息贷款，提高它的使用效益。对到西部地区投资的企业和个人提供补贴，可按其投资总额的比例或按其投资使劳动岗位增加的一定比例给予投资补贴，补贴由中央和省区市分别承担。在增加科技贷款方面，一方面要增加财政贴息贷款中科技贷款额度；另一方面对科技贷款实行优惠的同时积极引进民间和海外资金，形成财政拨款、银行贷款、企业自筹组成的科技投入三大支柱，建立起多层次、多渠道的科技人体系。

（三）实行较优惠的税收政策

在保证税制统一的前提下，赋予西部省级政府一定的税立法权和征管权，允许其在税收分享范围内有一定的税率调节权力。按照先分税种再分权的原则，将中央税和中央地方共享税的权力集中于中央，将属于地方收入税种的权力授权地方政府，允许其在本行政区域内开征适合发挥地方优势的新税种，自主确定具体适用税率、减免权等。同时，对西部地区的重点项目、重点产业和经济技术开发区实行特殊税收政策。

给西部地区一定的资源开采权和经营权，并适当提高煤炭、天然气、石油资源税税率。西部地区具有明显的资源优势，如陕西能源矿产等自然资源潜在价值居全国第4位，尤其是陕北的煤、气、油综合能源基地在全国具有重要战略地位，进入了大规模的开采阶段。目前存在的主要问题：一是主要由中央企业开采，地方企业无权开采；二是资源税税率太低，仅为0.3%左右。为调动地方的积极性，可以考虑在国家统一管理不破坏资源的前提下，给地方一定比例的开采权。并从保护和使用资源的角度出发，提高资源税税率，煤炭提高到2元/吨，石油提高到12元/吨，天然气提高到15元/千立方米。对天然气管道运输营业税按运输里程分成。

调整中央与西部省份税种划分和税收分成比例。建议将中央与陕西增值税分成比例由75：25改为50：50，将在陕央企，缴纳的所得税改为陕西与中央共享，将铁路部门、金融保险机构缴纳的营业税全部划为地方收入，试行贫困县脱贫线下免征增税或先征后返政策。对设在中西部地区的国家鼓励类外商投资企业，在现行税收优惠政策执行期满后的三年内，按15%的税率征收企业所得税。

（四）重视财政支出政策的选择和应用

中央财政援助西部地区建立经济开发区。西部地区经济的发展需要一定的增长极。因此，可将西部地区按经济形势划分为若干个规模较大的区域（必要时可以打破行政划分，但在我国按省、自治区划分比较现实），在每个区域内都必须有一个发展水平较高、具有发展潜力并能带动整个区域经济发展的城市或地区——发展极，使发展极与周围落后地区相互取长补短，对这些特殊区域，中央财政建立一项特别援助计划，帮助这些地区解决基础设施问题，同时中央财政要求地方财政参与一定的资助，从而调动地方的积极性。就陕西而言，现实发展中已产生了榆林和西安两个有重大开发价值的区域经济增长极。中央财政应在政策、资金上给予大力扶持，加大中央财政对落后地区基础教育的投入，提高财政支持的力度。

增加中央财政对西部地区的教育投入，加强对青少年的教育、开展各种职业教育、进行科技培训等。目前我国贫困人口中约80%集中在中西部地区，贫困人口多与教育落后、劳动力素质低有很大关系。中央财政应加大对西部地区教育经费的拨付，或通过专项转移支付加大中央财政对落后地区基础教育的投入，同时也可采取一系列措施推动人口向西部地区移动，以满足西部地区对人才的需求。另外还要对贫困人口进行科技培训、农业实用技术推广培训，培养贫困地区自己的科技人员。

陕西的工业基础大多是在“一五”、“二五”和三线建设时期形成的，国有经济占主导地位，初级加工工业优势明显。改革开放以来，随着市场经济体制的逐步建立，原有的产业优势和产品优势逐渐丧失，相当一部分国有企业特别是技术改造和技术创新任务艰巨，建议中央可将这些企业的银行部分债权转化为财政向银行发行的长期债券，将债权变为股权，核销部分难以收回的贷款，使企业轻装上阵。财政部、国家经济贸易委员会在安排重点企业技术改造贴息资金时，优先考虑安排陕西的技术改造项目。

（五）设立西部发展基金和西部产业投资基金

借鉴国际经验，为加快西部地区经济发展和开发，国家应在现有的政策性金融机构的基础上，建立与特殊性转移支付相联系的财政投融资体系，以中央财政为主渠道设立西部发展基金和西部产业投资基金，组织和吸引更多的社会资金投向中西部地区。

西部发展基金的资金来源由中央和各省市共同承担，并吸收社会捐赠。设想从以下4个方面考虑：

（1）将消费税的一定比例或消费税的增加部分作为西部发展基金的来源。征收消费税本身包含有向消费水平低的地区和人口补偿的含义，直接划出一定比例作为欠发达地区发展基金，变间接补偿为直接补偿，从道理上是讲得通的。

（2）将现有的“支持不发达地区发展基金”、“少数民族贫困地区温饱基金”和各种财政扶贫资金集中起来作为西部发展基金的来源。

（3）各省市地方财政出资一部分。出资比例根据其经济发展水平和财政收入能力划分不同等级确定，基本原则是经济实力越强的省市，出资越多。

（4）社会各界的捐赠，国际开发援助机构及各国政府的援助款。

西部发展基金的使用方向主要是：

（1）用于对西部地区基础设施建设和重点产业发展的“投资补贴”。“投资补贴”是国外常用的一个政策工具，一般是按照对落后地区投资项目总额的一定比例予以补贴或奖励。为引导东部地区企业和外商投资企业到西部地区投资，特别是投资那里的农业、水利、交通、电力、资源型产业及高技术产业，国家除给予税收减免等优惠政策外，还可通过“投资补贴”形式予以鼓励；随着国家财力的增加，逐步以“投资补贴”工具取代“税收优惠”工具。投资补贴的用意在于降低企业因投资西部而增加的运输成本、环境成本和心理成本等，使企业获得与其他地区大体相当的平均利润率。

（2）用于解决西部城镇就业和农村剩余劳动力出路的“就业补贴”。“就业补贴”

也是国外解决地区失业差异所采用的一种区域政策工具，通常是根据企业在不发达地区创造的就业机会给予一定数额的补贴，以降低企业的工资成本，鼓励企业多用工。采用就业补贴比失业救济的效果要好。就业补贴具有“社会稳定器”的效应，对于解决西部城镇就业和农村剩余劳动力出路具有重要意义。

（3）用于西部贫困地区的“扶贫开发补贴”。

除了实行小额信贷扶持外，对那些贫困村和贫困户举办养殖、种植及当地资源加工等经济活动给予一定的开发补贴。

（写于2001年8月，节选发表于《西部大开发》2001年第5期）

加入WTO对西部农业的影响及对策

从长期来看，我国加入世界贸易组织（WTO）对提高农业整体水平是有利的，但在近期，我国农业特别是西部地区的农业，将面临较大的冲击和挑战，必须研究相应的对策。

一、我国加入WTO对西部地区农业发展的影响

农业是我国加入WTO受冲击最大的部门之一。由于我国人口众多，人均耕地少，农业"超小规模经营"，农产品生产成本高，农民负担重，在加入WTO开放农产品市场后，"卖粮难"的问题将进一步突出，农民从农业中获得的收益将进一步减少，农村剩余劳动力将进一步增加。

（一）对粮食产业的影响

四川、宁夏、陕西等省（区）是我国重要的粮食生产基地。其中，四川粮食总产量居全国第3位，宁夏人均粮食占有量居全国第5位。根据联合国粮食组织研究，近三年，我国政府对粮食生产采取的补救措施是以计划手段稳住产量，而农民继续在追求低质量、高数量。目前，国内粮食价格普遍高于国际市场，如果进口粮食价廉而国家又不能通过计划价格或直接对农民的粮食生产予以补贴，种粮农民将继续亏损，农民种粮积极性将进一步下降，粮食生产难以稳定。

（二）对水果蔬菜产业的影响

我国西部地区有着丰富的水果资源。陕西是我国苹果、猕猴桃生产基地，宁夏、甘肃很适合酿酒用葡萄的生产，新疆的哈密瓜、葡萄干享有很高的声誉。加入WTO

后，由于进口水果的关税下调、进口量肯定会增加，但因其价格仍然较高，所以不会争夺大众消费市场，不会对国内水果产业造成明显冲击。相反，在出口方面，我国水果具有较强的价格优势，有利于西部地区水果和果汁（特别是浓缩果汁）的出口，有利于水果业的结构调整和优质产品生产基地的建设。此外，一些我国特有的水果品种（如荔枝、龙眼和猕猴桃等）也有一定的出口前景。就蔬菜而言，由于蔬菜产品不适合机械化作业，因而发达国家生产这类产品的成本通常很高，在国际市场上缺乏价格竞争优势。在我国加入WTO谈判中，除了生菜等个别品种外，关税税率只需从目前的13%下降到10%。总体上看，加入对蔬菜的出口是有利的。

（三）对糖产业的影响

广西、云南、新疆等是我国糖产业的主要生产地，其生产总量分别位居我国第一、二、四位。加入WTO对糖产业的冲击主要体现在糖的价格下降，致使农民收入大幅度降低。我国目前白糖产量每年约为800万吨，其中80%以上以甘蔗为原料，其余的是甜菜。白糖的贸易配额数量大，2002年为176.4万吨，2003年为194.5万吨，占国内年生产总量的20%以上，而且非国有份额很高，达到30%。同时，国内食糖价格近年来波动非常大，曾经出现过低于国际市场食糖价格的情况。但近期国内价格明显高于国际市场价格。按照现在的价格情况和加入WTO承诺的关税配额量，加入WTO后进口糖的数量将大增，目前进出口基本平衡的状况将被完全打破。若按每千克价格下降1元计算，广西农民人均减收近百元，相当于当地农民人均收入的5%。云南和新疆农民人均减收也分别达到45元和40元左右。

（四）对畜牧业的影响

新疆、青海、内蒙古、西藏等地有着广阔的大草原，全国五大牧场齐集于此，畜牧业资源十分丰富，历来是我国毛、绒、肉、奶的供应基地。除禽肉外，国内市场肉类价格低于国际市场，其中猪肉价格低60%左右，牛肉价格低80%左右，羊肉价格低50%左右。加入WTO将有利于西部地区优质牛羊肉的出口。

（五）对棉花产业的影响

棉花是我国加入WTO后受到不利影响最突出的农产品。主要是由于：

（1）配额数量巨大，2002年为81.85万吨，2003年为89.4万吨，占国内生产量的20%左右。

（2）国内棉花价格高于国际市场价格，目前国内价格为每吨9200~9500元，而国际价格为每吨6600元，内外价差在40%以上。

（3）质量方面有差距。一是国内虽有一些质量较高的棉花品种，但由于农民生产规模相对较小，同一地区所生产的品种较为繁杂，产品的均一性相对较低，不利于满足棉纺业生产的需求。二是在收购和加工等流通环节中形成的质量问题，包括异型纤维混入较多，甚至经营者故意掺杂使假等。

（4）产地高度集中，新疆的棉花产量约占全国的1/3，棉花是农民的主产品乃至全部产品，非农收入所占的比例也相对较低，且外运成本较高。加入WTO对新疆的棉花生产影响最为突出。

二、我国加入WTO后西部地区发展农业应采取的措施

我国加入WTO的目的绝对不是让中国农民收入减少，让国外农产品占领中国市场，而是要在挑战中寻找机遇，在冲击中求得崛起。为此，西部地区要紧紧抓住西部大开发和加入WTO的有利时机，正视现实，采取措施，积极应对，趋利避害。

（一）切实转变政府职能，为农业发展、农民增收服务

各级政府和有关部门都要真正把农业放到重要位置，转变政府职能，增强服务意识，采取切实措施，在对农民的实用知识培训、市场信息提供、科技成果推广，以及产前、产中、产后服务等方面下功夫，支持农业和农村经济的健康发展。

（二）积极调整农业生产结构，大力发展具有比较优势的农产品

加入WTO后，由于粮、棉、油、粮、肉、水果等农产品市场的开放，给调整农业生产结构带来了新的机遇。西部地区要牢牢把握这一难得的机遇，充分利用国际、国内两个市场的农业资源，依照比较优势原则，合理配置土地、水、资金、技术等资源，适当减少粮、棉、油、糖等土地资源密集型农产品的生产，增加优质果、菜、花卉等劳动密集型产品的生产，增加养殖及加工品的生产。对于粮食、棉花、油料等国际比较优势弱的农产品，应当立足国内市场，重点在降低成本提高质量上下功夫，努

力减少国内同类产品对它们的冲击。同时，充分发挥我国农业的比较优势，面向国际市场发展蔬菜、花卉、茶叶、水果、畜禽等农产品的生产，通过扶持建立农产品出口基地等措施，努力扩大我国农产品在国际市场中的份额。粮食生产要逐步压缩高水分含量玉米、春小麦、南方小麦、劣质早籼稻的生产面积，增加国内市场需要的硬粒小麦、特种玉米、饲料稻、优质早籼稻和小杂粮的生产。棉花要在适当压缩种植面积的同时，发展抗虫优质和特种棉生产。水果的发展方向是要压缩大路品种的生产，增加优质品种、小品种的生产量。蔬菜的发展方向是协调南北的生产关系，稳定反季节蔬菜的供给量，大力发展无公害的绿色蔬菜。养殖业也要逐步转变增长方式，由追求产量最大化向提高质量、追求效益方向调整。为促进和加快农业生产结构调整，政府应该利用加入WTO的过渡期，制定投资、技术、价格、税收等各种优惠政策措施，支持和帮助农民调整农业生产结构。各地要结合自身实际，确定农业产业结构调整的重点。陕西提出了“稳健、扩油、优果、兴牧、增菜”的大思路。

（三）充分利用WTO的有关规则和政策，鼎力扶持农业发展

我国加入WTO后，国家原来实行的农产品出口补贴、价格支持、对国有企业营销贷款的贴息、种子肥料等投入品的补贴，以及有失公正的动植物检疫措施等，都被禁止使用。但国家可以在WTO的规划或框架内，充分利用“绿箱”和“黄箱”政策扶持农业的发展。一是适当提高以国产农产品为原料的国内农业产业化企业的增值税抵扣率，提高我国农产品加工的增值率和国际市场的竞争力。二是加大对农业科技和农业科技推广方面的投入，完善社会化服务体系。三是支持农业结构调整，加大对“种子工程”、优质饲料、区域性优质农产品基地、农业产业化龙头企业和退耕还林还草的财政投入，发展有部分优势的农产品，促进农产品加工转化增值。四是增加对农业和农村基础设施建设及生态环境建设的投入，加大对农产品检测检疫和不发达地区农业发展的支持力度，增加农业自然灾害、农民转业和农产品市场风险的补助支出。

（四）积极推进农村税费改革，切实减轻农民负担

与发达国家相比，我国农民的税费负担明显过重，尤其是以农业为主要收入的中西部地区的农民负担更重。我国农产品成本费用较高，农民剩余较低，中间消耗、人工费用、税金、期间费用共占总产值的82.41%，而美国、日本、欧盟加入地租分别为

75.72%、51.88%、59.03%，我国分别高出6.69%、30.53%、23.38%。我国另有成本外费用11.27%，使农民剩余仅占总产值的6.32%，而美国、日本、欧盟的农民剩余分别为24.28%、44.26%、38.83%，分别比我国高17.96%、37.94%、32.51%。加入WTO后，政府对农业的各种优惠政策将受到WTO有关规则的制约，农业生产将不可避免地受到冲击，西部地区农民的收入将受到不利影响。因此，要加快农村税费改革，减轻农民税收负担，降低农产品成本、使其在与国外农产品竞争中有一个回旋余地。同时，要加快农村行政机构改革，调整行政管理区域，撤乡并镇合村，精简机构、减少“吃皇粮”人员，减轻农民的提留、统筹、义务工等负担。从这种意义上讲，减负就是增收。

（五）大力发展第二、三产业，加快小城镇建设步伐，为农村剩余劳动力的转移创造条件

我国农业具有比较优势的根本原因是人多地少。如果我们能够消化农业中大量过剩的劳动力，我国农业的竞争优势就会有较大的提高。据测算，我国在加入WTO的过渡期和完成期之后，因开放农产品市场可能会使国内小麦、豆油、玉米和棉花等农产品的生产下降，会减少就业机会2086万~2550万个。因此，在削弱或消除进口农产品对国内农产品市场冲击的同时，要加快农村剩余劳动力向非农产业的转移。大力发展第二、三产业，加快小城镇建设，减少农村人口数量，是今后解决西部地区乃至全国农村剩余劳动力问题的一条重要途径。实施城镇化战略，就是要强化大中城市的承载力和辐射功能，以城市为中心，大力发展劳动密集型产业，尤其是服务型产业，以这些产业的扩张来吸收农村过剩的劳动力。要改革户籍管理制度，打破现行城乡分割的二元结构，清理限制歧视农业人口流动就业的规定，并使一部分具备条件的农民由常年性外出务工转变成稳定性移民。通过小城镇建设和发展乡镇企业、第三产业等大力创造非农业就业岗位，使有条件的农民脱离土地进入其他领域。

（原载于《预算管理与会计》2003年第2期，并被陕西省财政厅选入《陕西财政改革与发展调查研究》一书）

富县富民的伟大工程

——陕西省县乡财源建设的实践及启示

县乡财政是国家财政的重要组成部分，是地方财政的基础。改革开放以来，特别是“七五”时期以来，陕西省各级政府顺应改革和发展的需要，把财源建设作为经济工作的重点，以提高经济效益为中心，以增加财政收入和农民收入为目标，突出发展乡镇企业、第三产业和农村多种经营，坚持不懈地狠抓县乡财源建设，有力地促进了全省经济尤其是县乡经济的发展。许多贫困县通过狠抓财源建设，拓宽了财政增收的渠道，财政收入大幅度增加，群众脱贫致富的步子明显加快。目前，省、地（市）、县、乡四级联手狠抓财源建设的局面在全省已形成，县乡财源建设呈现出广阔的发展前景，各地在实践中探索积累了许多经验，使人们看到振兴陕西经济、实现陕西财政状况好转的希望所在。

一、县乡财源建设取得了显著成绩，有力促进了县域经济的发展

陕西省县乡财源建设早在20世纪80年代就已开始。1987年12月，省政府制定下发了10条县级财政扭补政策，实施“13851”财政达标工程，从1988年起连续五年全省地县两级集中力量狠抓县财政创收扭补工作。各级政府和各有关部门认真组织实施，选定扭补项目，多方筹集资金，帮助贫困县改变财政补贴面貌。1990年召开了全省县级财政扭补工作会议，经过多方努力，1992年底，全省有25个县实现了财政扭补。1993年，国务院作出《关于实行分税制财政管理体制的决定》，面对分税制改革后新形势，特别是利益格局的新变化，省财政厅立即行动，由厅长牵头组成调查组，确定13项专项调研题目，分赴西安、安康、商洛、宝鸡、咸阳、渭南等7个地（市）和30

多个县乡、5个省级企业主管部门、30户中央、省属大中型企业及乡镇企业、3个科研单位、4所大学，就培植财源、寻找解决财政问题的出路，进行深入的调查研究。通过调研提出了新的理财思路：要按照发展社会主义市场经济的要求，适应分税制财政体制后所形成的利益分配格局，在国家产业政策指引下，狠抓财源建设。1994年5月，省政府召开了有地市专员市长、县（区）长、地县财政局局长参加的全省县乡财源建设工作会议，统一了各级对县乡财源建设重要性和紧迫性的认识，梳理了财源建设的发展思路，明确了全省县乡财源建设的指导方针和奋斗目标，制定了推进县乡财源建设的12条政策措施，将陕西省财源建设特别是县乡财源建设推向一个新阶段。会后不久，省政府批转了省财政厅关于加强县乡财源建设的意见，具体规划了全省107个县535个乡镇1994—1997年财政收入达标计划。这次会议之后，全省各级各部门积极行动起来，认真分析县情乡情，从认识自己的发展优势和发展潜力中寻找发展思路，制定切实可行的财源建设规划，并层层狠抓落实。1995年5月和1996年7月，省政府又分别在安康和渭南召开了第二次、第三次全省县乡财源建设工作会议，不断总结推广经验，充实完善规划，在全省上下掀起了大抓财源建设的热潮。1997年12月，省委、省政府认真贯彻党的十五大精神，制定了《关于放开搞活国有小企业的决定》和《关于大力发展非公有制经济的决定》（以下简称两个《决定》），两个《决定》给县乡经济的发展带来新的机遇，非公有制经济迅猛发展，成为新的最有活力的增长点。这些年的实践证明，省政府狠抓财源建设的决策是及时正确的，既促进了县域经济的发展，又增强了县乡财政后劲，既富县又富民，主要体现在以下三个方面。

（一）各级政府都把财源建设摆在重要议事日程，当作地方财政的重中之重，全省上下都有一个符合本地实际的发展思路

通过三次全省县乡财源建设工作会议和这几年的实践，全省上下在县乡财源建设问题上已达成共识，普遍认识到抓县乡源建设是实现富县富民、繁荣县域经济的必由之路，是加快陕西省经济发展步伐、缩小与东部差距、摆脱财政困境的有效途径。在此基础上，省政府提出了全省县乡财源建设的发展思路，即围绕一个中心，坚持两手抓，突出三个重点，形成三类财源建设格局。具体地说，就是以提高经济效益为中心，坚持一手抓骨干财源，一手抓群体财源，以发展乡镇企业、农村多种经营和第三产业为重点，形成城郊型、川塬型和山区半山区型财源建设格局。各地都能结合本地实际，

探寻各自的财源建设发展思路，因地制宜地制定财源建设规划，并自觉付诸行动。铜川市邀请北京、武汉等地知名专家学者，组成调研课题组，从7个方面对铜川市综合财源建设进行战略研究，形成5万多字的研究报告，提出了振兴铜川财政经济的具体政策和措施。渭南市提出在确保国家利益的前提下，按照开放、优境、强农、重工、活商、兴城、累资、育才“十六字”发展方针，塑造结构合理、效益显著、后劲充足的地方财源格局，坚持强本、严征、节用相结合的原则，最终实现地方财力充裕、供给有效。乾县把发展县域经济、大力培植财源、不断增加财政收入作为工作重点，提出了“稳农、兴工、活商、促旅、富县”的发展战略，1990年以来先后两次修订了财源建设规划，建立了财源建设项目库。

（二）全省基本形成了各具特色的城郊型、川塬型和山区半山区型三类财源建设格局

靠近西安、宝鸡、咸阳、汉中等大中城市的城郊型县乡，如西安市新城区、莲湖区、碑林区、未央区，宝鸡市渭滨区、宝鸡县，咸阳市秦都区、渭城区，铜川市郊区，汉中市南郑县等，他们以城市为依托，充分利用城市工业、大专院校、科研单位的人才技术和设备优势，通过外引内联、辐射和扩散产品，走集约化、集团化发展乡镇企业的路子，向国际国内大市场靠拢，形成城乡经济双向驱动、双向传递、双向发展的联系链。同时围绕城市人民的生产生活需要，大力建设“菜篮子”工程和第三产业。咸阳市秦都区以西安、咸阳为依托，依靠大专院校、科研单位的智力支持，国有工业、第三产业与私营经济、乡镇企业与民营科技企业齐头并进开发科技含量较高的产品，取得了良好的效果。1997年该区财政总收入达到1.16亿元，是1992年的2.9倍，年均递增23.6%。

以关中灌区、汉中盆地及其他川道为代表的川塬型县乡，自然条件优越，农业和农村商品经济较发达，如西安市户县、临潼，咸阳市礼泉、乾县，渭南市韩城、蒲城、白水，延安市宜川县等，积极发展乡镇企业和多种经营，重点围绕“两高一优”农业，发展农产品深加工和农村服务及运输业，提高商品率，增加附加值，实现农业增产、农民致富、财政增收三统一。礼泉县以果业为龙头，带动加工包装、交通运输、餐饮服务等产业发展，有效地增加财政收入。到1997年底，苹果及相关产业提供税收近5000万元，占地方财政收入的71%。户县坚持两条腿走路，国有企业不亏损，个体私

营企业蓬勃发展，截至1997年个体私营企业达到1092户，税收大幅度增长、个体私营企业提供税金占财政收入的26.5%，占地方财政收入的42.1%，已跻身全省县级农村综合实力十强县之列，成为全省个体私营经济发展的排头兵。

地处陕南、陕北和渭北旱源的山区半山区县乡，自然条件和农业基础条件较差、但资源丰富。他们围绕矿产、生物、水利和土地资源搞开发，大力发展多种经营，搞畜牧产品加工，带动地方工业发展、走靠山吃山、靠山富民富县的路子。如陕北榆林地区的神木、府谷，陕南安康地区的岚皋，商洛地区的洛南，宝鸡市的凤县，咸阳市的旬邑、彬县等。神府煤田的大规模开发，促进了榆林经济超常规发展，神木、府谷两县由原来的穷县一跃成为榆林地区的明星县，被誉为“东方的科威特”。彬县依靠煤、电资源优势，加快煤炭开发，实行煤电产，以煤促电，以电带煤，发展能源工业，壮大了县级经济的全力。1997年该县财政收入达到4551万元，比1994年翻了一番。

（三）通过抓县乡财源建设，有力地促进了县域经济的发展，为全省财政收入持续增长奠定基础

1997年全省县乡财政收入达到44.81亿元，比1985年的8.177亿元增长了5.53倍，年均递增15.32%；县乡财政收入占全省财政收入的比重由1985年的40.1%，提高到1997年的55.31%。全省财政收入（同口径）由1992年的50.95亿元增加到1997年的136.95亿元，增长了1.69倍，年均递增21.87%（1994年分税制实施后，全省财政收入42.89亿元，增加到1997年的81.02亿元，年均递增23.62%），县乡财源建设不仅富县而且富民。全省农民人均纯收入由1985年的295元，增加到1997年的1285元，翻了两番多。

二、财政部门充分发挥职能作用，全力以赴支持县乡财源建设

各级财政部门在县乡财源建设中负有特殊责任，为党政领导出谋划策，在政策上扶持、管理上帮助、分配上引导、信息上服务，起到组织、协调和政策引导作用。

一是帮助制定、调整、充实完善财源建设规划。1994—1997年全省县乡财源建设规划，1995年帮助地县完善财源建设规划，研究制定了《陕西省财源建设资金借款办法》和《陕西省财源建设项目管理办法》。1996年提出要继续以乡镇企业、第三产业、农村多种经营为重点，以“资源型”“加工型”“农业型”“三产型”为主，把发展重

点放在中小型企业和非国有经济上。1997年又提出把财源建设与扶贫攻坚、富县、富民结合起来，把项目、资金重点向50个国定贫困县倾斜，加快其脱贫步伐；把财源建设与调整经济结构结合起来，集中资金，着力扶持市场需求量大、产业关联度高、科技含量高、经济效益好、带动作用强的产品和产业。1998年结合贯彻落实省委、省政府两个《决定》，提出要把财源建设与放开搞活国有中小企业、发展非公有制经济结合起来，将扶持非公有制经济纳入财源建设规划，给多种所有制经济成分提供公平竞争的外部条件，在支持非公有制经济发展上有新的突破。

二是成立专门机构，加强对县乡财源建设的指导。省、地、县、乡都成立了以政府主管领导为组长、相关部门负责人为成员的财源建设领导小组，财政部门设立了财源建设办公室，具体负责财源建设的选项、论证、立项和实施的组织工作。各级财政部门定期向政府领导汇报财源建设进展情况，争取领导重视和支持。建立了财源建设联系点制度，加强对县乡财源建设的指导。省财政厅建立了财源建设联系县制度，厅机关每个业务处室都定点联系一个县，帮助所联系的县制定规划，协助解决困难问题。地、县财政部门也都建立了联系县、联系乡制度。

三是制定优惠政策，进行政策扶持。1987年12月，省政府制定了10条县级财政扭补政策。1994年在全省县乡财源建设工作会议上，省政府出台了12条扶持措施和政策，涉及资金投入、税收优惠、加强管理等方面。1995年又增加了一条扶持政策和两条奖励政策，即由省资金局筹集1亿元资金，借给每个地市1000万元的生产周转金，地市统借统还，期限3年，利息按银行同期利率减半收取；省政府对提前两年实现财源建设规划目标的县，奖励200万元生产发展资金；对提前一年的县奖励100万元生产发展金；实行增收不减补政策，即对通过抓财源建设、实现了增收和财政自给的县乡，省对地市的补助不取消、不减少，这笔钱由地市集中调剂平衡和用于设立“县乡财源建设发展基金”。制定下发了《陕西省财源建设专项资金管理办法》和《陕西省财源建设项目管理办法》，借鉴世界银行管理办法，对财源建设实行项目管理责任制。1997年12月，省委、省政府两个《决定》出台后，各级财政部门制定了与两个《决定》相配套的财政、财务和国资产管理政策，支持国有小企业和非公有制经济的发展。

四是多方筹集资金，增加财源建设投入。在全省财政较为困难的情况下，各级财政部门千方百计筹集资金，增加县乡财源建设投入。通过财政投入引导信贷投入、农村集体经济组织投入和农民个人投入，建立以国家财政投入为导向，以农民投入为主体，以集体投入为补充，资金有偿使用、流动发展的投入积累机制。从1994年起，每年从省级新增财力安排的支农资金中，拿出部分扶持乡镇企业。各级财政每年从回收的支农周转金中，拿出60%扶持乡镇企业，有偿使用，滚动发展；全省“星火计划”资金主要用于发展乡镇企业；农业银行省分行每年拿出1亿元贷规模，支持乡镇企业“甲级队”建设项目。从1994年起，超额完成年度工商税和农业特产税征收任务，达到财源建设年度目标的乡镇，县财政可将其工商税和农业特产税超收部分的10%留给乡镇财政，用于财源建设。针对陕西省贫困县多、财力拮据的局面，按照“建机制、卸包袱、促发展”的思路，省财政积极筹措资金，帮助贫困县卸掉包袱，轻装上阵，增强自我发展能力。1996年省政府在子洲县实施了财政赤字零基承包试点，取得了明显成效，当年该县财政收入比上一年翻了一番。在总结子洲县成绩经验的基础上，1997年又把试点扩大到了佳县、岚皋等12个县，1996—1998三年共对21个县实行了财政赤字零基承包试点。

三、县乡财源建设实践的深刻启示

多年来，我们坚持狠抓财源建设，换领导不换思路，换班子不换重点，“咬定青山不放松”，从陕西省情出发，坚持不懈地把县乡财源建设摆上重要议事日程，取得了很大成效。

启示之一：县乡政府必须把财政工作作为一切工作的中心任务去抓，首先要狠抓财源建设

县乡政府在头绪繁杂的各项工作中，要分清轻重缓急和先后主次，牢固树立围绕财政抓经济的思想，以增加财政收入和城乡居民人均收入为主攻目标，常抓不懈。县乡领导要把主要精力放在经济建设上，放在财源建设上。县乡政府主要领导要定期对财源建设项目进展情况进行检查，及时研究解决财源建设中出现的问题和困难。政府各职能部门特别是财政部门要积极投身到财源建设中，齐抓共管，形成合力。

启示之二：县乡财源建设必须因地制宜，注重发挥地方优势

从实际出发，在正确认识县情、乡情的基础上，因地制宜，扬长避短，抓住自己

的特点，找出符合本地实际的发展路子，切不可照抄照搬。既要看到眼前利益，又要顾及长远利益。在发展方向上，应以“资源型”“加工型”“农业型”“三产型”为主。从全省这些年的实践来看，关中地区、铁路沿线、城市郊区经济基础较好，自然条件比较优越，交通、通信等基础设施较好，应以发展乡镇企业和“菜篮子”工程为主。渭北黄土高原，土地广阔土层深厚，温差较大，适于发展水果、烤烟、花椒等多种经营。陕南地区生物、矿产、水力资源比较丰富，县乡财源建设应以此为依托，进行重点开发。陕北的煤、气、油资源得天独厚，正在成为我国能源和重化工基地，并且土地辽阔，宜林宜牧，有发展林业和畜牧业的有利条件，其县乡财源建设应充分发挥这些地上和地下资源的优势。

启示之三：县域经济的发展要摆脱姓“资”姓“社”的困扰，县乡主要发展非公有制经济

县域经济的发展，一定要从姓“资”姓“社”的困扰中解放出来。公有制为主体是对国家来讲的，不在一个县、一个乡上体现。从兄弟省区的情况看，这几年经济发展的增量，大部分来自非公有制经济和乡镇企业的发展。所以，县乡要大力发展个体企业、私营企业、乡镇企业。不要盲目地贪大求“洋”，适宜于个体办的个体办，适宜于集体办的集体办，适宜于小型办的小型办，不要硬去升级拼大。特别是越穷的地方，越要发展非公有经济。这样至少有三个好处：一是资金比较容易筹集，可以完全靠社会解决；二是风险比较少，易于接头，调整比较快；三是财政可以增收，又不会背上包袱。

启示之四：县乡财源建设必须把富县和富民结合起来，充分调动地方政府与农民两个方面的积极性

既要增加财政收入，又要增加群众收入；既要富县又要富民。只有农民富了，财政才能富；财政富了，才能更好地支持民富。这两者紧密相连，相辅相成，不能对立起来。实践证明，只有财政增收，而广大群众不增收或实惠不多、没有积极性，县乡经济同样发展不起来。特别在农业财源建设选项上，要注意把财政增收与农民增收结合起来。

启示之五：拓宽渠道，多方筹集县乡财源建设资金

缺乏资金投入是制约县乡财源建设的主要问题之一。县乡财源建设资金投入，要本着多渠道多层次的原则，彻底改变单纯依赖财政、依赖银行的老观念，面向社会，主要依靠社会筹资。积极采取风险抵押、股份合作、以资（源）引资（金）、以土（地）引资（金）、群众入股、劳动积累、内引外联等办法，多渠道多方式筹集财源建设资金。

四、关于今后县乡财源建设的思考

省委、省政府明确提出，到21世纪末，在解决全省农村380多万贫困人口脱贫的同时，下决心基本解决各级行政事业单位职工工资欠发问题，5年实现财政状况的基本好转，到2010年实现“吃饭型”财政向“建设型”财政的根本转变。各级政府和财政部门要按照这一目标，继续坚持不懈地抓好财源建设。要面向市场，强化基础财源，稳固支柱财源，发展新兴财源，挖掘潜在财源，开拓后续财源，优化财源结构，建立多元化财政收入体系。要把财源建设的重点放在县乡，这是克服财政困难，实现建立稳固、平衡财政的基础，是壮大地方财力，解决县乡工资发放的基础。

各级政府和财政部门要根据形势发展的需要，制定和完善财源建设规划。把财源建设纳入当地社会经济发展计划，实现四个转变：一是由扶持生产向培育市场转变；二是由资金投入向政策引导转变；三是由直接管理向重在服务转变；四是由培植主导财源向加强基础财源转变。要把财源建设与推进两个根本性转变结合起来，调整结构，强化管理，提高经济效益；把财源建设与贯彻两个《决定》和扶贫攻坚结合起来，大力发展乡镇企业、农村多种经营、第三产业和农业产业化，支持扶贫开发，进一步放开搞活国有小企业，扶持非公有制经济快速发展；把财源建设与科技创新结合起来，以项目为龙头，以资本为纽带，形成若干个多种形式的产、学、研相结合的实体，解决经济与科技相脱节的问题，促进科技成果的转化和推广；把财源建设与深化旅游体制改革，加快旅游产业发展结合起来，优化外部环境，完善服务体系，提高旅游综合效益，使旅游业成为陕西省经济发展重要的支柱产业。陕西省是个农业省份，地方财源建设不能离开这个基础。要继续加强农业，巩固基础财源。据统计，全省地方财政收入中1/3来自农业，有80多个县地方财政收入的50%来自农业。农业既可富民，也

能富财政。各级政府和财政部门一是加大对农业的投入，增加对农业基础设施和农用物资生产以及农业科技等的投资，引导和保护农民对农业投入的积极性。二是改善农村经济发展条件，解决农村通路、通电、通信和人畜饮水问题，加强农村社会化服务体系建设，为财源建设创造良好的发展环境。三是大力发展农业产业化，使农产品在农业领域连续增值，这是目前农村经济发展新的经济增长点。抓好国有企业，培育骨干财源。组建一批以国有大中型企业为龙头，以资本为纽带，以体制创新为基础的跨地区、跨行业、跨所有制和跨国经营的大企业集团，发展适销对路的名优产品，使其成为支撑陕西省财政的支柱。力争形成3~5个产值过100亿元，积累上10亿元，在全国居前几名的企业集团，以及一批产值在10亿元左右、积累1000万元的企业集团。采取改组、联合、兼并、租赁、股份制、出售、破产等多种形式，放开搞活国有中小企业。用三年左右的时间使陕西省大多数国有大中型亏损企业摆脱困境，进而建立现代企业制度，小企业全部放开搞活。大力发展非公有制经济，培育新的经济增长点。非公有制经济是陕西的一条短腿。结合贯彻省委、省政府两个《决定》，落实与之相配套的财税政策，通过政策引导，鼓励和支持非公有制企业参与国有经济的结构调整和资产重组，发展高科技企业，使陕西省非公有制经济有一个大发展。

（本文写作于1998年6月，被评为1998年度陕西省财政系统优秀调研成果三等奖，被收入《大转折的历史脚步》一书）

农业大县如何步入振兴财政之路

——来自陕西省大荔县财政情况的调查

为进一步了解掌握县（区）级财政状况，研究探索在实现两个根本性转变进程中，振兴县乡财政的政策措施，我们对东府农业大县——大荔县的财政情况进行调查，形成了一些不成熟的看法和认识。

大荔县财政非常困难，财政收入的增长远远满足不了正常财政支出的需要，人均财力处于渭南全市最低水平。在调查中我们了解到，目前大荔县财政供养的各类人员达到1.7万人，按渭南市财政局规定的口径计算，1993年人均财力为2515元，1994年为2580元，1995年为3312元。财力缺口大，赤字、欠账、挂账不断增加，截至1995年底，全县累计财政赤字1503万元，各种支出欠账1600万元（其中工资性欠账1200万元），粮食亏损挂账3600万元。财政处于举步维艰的地步，与财政上解大县形成较大反差。

一、制约大荔县财政的主要因素

通过调查，我们认为大荔县财政困难的原因是多方面造成的，主要有：

（1）工业基础薄弱，产业结构单一，财政增长缺乏后劲，这是大荔县财政困难的最主要原因。近年来，大荔县财政收入增长很快，年增收在1000万元左右。据县财政局负责同志介绍，收入的高速增长，有一部分是政策性因素形成的，如农业税主粮计税价格的提高和分税制税率的提高等。大荔县工业基础薄弱，国有企业整体效益差。全县28户国有企业中有20户亏损，亏损面达到71%，资产负债率高达81.55%，国有企业提供的地方财政收入仅占全县地方财政收入的6%左右。农业“四税”收入占全县地方财政收入的比重逐年上升，1995年为56.26%，1996年预计在60%以上。

（2）资金投入不足，严重制约经济的发展。从一定意义上讲，没有投入就没有产出。据大荔县财政志记载，大荔县1949—1990年经济建设支出占总支出的13.13%。在“三五”“四五”期间，由于兴办了一些县办工业企业，经济建设支出分别占总支出的28.89%、29.40%。1981年以后，由于财力不足，每年用于经济建设的费用只有百万元左右，比重相应下降，“六五”占6.06%，“七五”占5.48%。1995年经济建设支出三四百万元，占总支出的7%左右。低投入带来的后果是经济规模小，发展慢，以致形成“投入少—发展慢—再投入少—发展更慢”的恶性循环。

（3）财政供养人员有增无减，也是制约大荔县财政发展的重要因素。大荔县以传统的种植业为主，县域经济基础薄弱，国有企业少且效益不高，乡镇企业发展缓慢，就业门路窄小，企业单位的人员不愿在企业再干，想办法托门路往行政事业单位调，复转军人、大中专毕业生也不愿去企业工作，大部分人员挤向吃“皇粮”的行政事业单位。虽然机构改革精简压缩人员增长，但效果不十分理想。加之近年来政策性增支口子较多，各项支出标准提高以及工资套改等因素，使本已十分困难的大荔县财政支出压力越来越大，处于勉强维持“吃饭”境地。

（4）财政上解比例大，对财政发展也有一定的影响。自实行包干财政体制以来，大荔县一直是财政上解地区。1980—1984年每年上解600万元左右。1985年体制改革时，核定大荔县的上解比例为31.91%，增收上解20%，一直五年不变。1994年分税制改革之前，大荔县上解比例稍做调整，定为总额上解37.88%；增收上解10%，基数补助220万元。从1995年起，根据中、省体制改革精神，渭南市对各县（市）实行了“核定财力，增量分成”的体制。以1993年的决算财力和财政供养人数为基数。大荔县的人均财力为渭南市最低水平，仅为2515元。

二、对振兴大荔县财政的思考

财政振兴有赖于经济发展，经济的快速发展是财政振兴的物质基础。根据大荔农业县情的实际，我们认为必须紧紧围绕实现两个根本性转变的要求，依托农业资源优势，强农重工，因地制宜培育县级主导产业，坚持可持续发展战略，走农业产业化之路。同时，要结合大荔县财政供养人员多的实际，坚持精简机构，压缩分流人员，减轻财政负担，促进农业大县早日步入振兴财政之路。

（1）依托农业资源优势，强农重工，发展主导产业。在市场经济条件下，每个县（市）都要有各自的主导产业，尤其是经济基础薄弱的地方。大荔县的优势在于农业资源丰富，如何把资源优势转化为经济优势是一个大问题。农业大县不能老停留在卖原料、卖初级产品上，要利用科学技术在农产品的深加工和增值上大做文章，大力发展加工工业，实现农产品的加工转化增值。要组建起外联国内外市场，内联基地农户的销售企业和企业集团。要立足农业资源优势，壮大优势产业，集中人力、物力、财力打歼灭战，实施重点突破，形成几个对县级财政有支撑作用的企业或集团。同时也要加强与发达地区的联合，主动出击，以己之长换人之长，以人之长补己之短，加快资源开发步伐。

（2）坚持可持续发展战略，走农业产业化之路。一些县（市）的经验表明，农业既能富民，也能富财政。要打破狭隘的种植农业概念，树立大农业思想，全面推行农业产业化。农业是弱质产业，风险较大。农民既要承担自然风险，又要承担市场风险，必须走产业化之路。要注意抓好四个环节：①在坚持家庭联产承包经营的基础上，切实抓好以粮食为重点的种植业，实行区域化种植、集约化经营，确保粮、棉、油等基本农产品的稳定增长。②要努力扩大经济作物种植面积，打破传统农业陈旧落后的种植局面，有条件的地方要把发展畜牧业当作一项快捷的富民产业来抓。③搞好农业社会化服务体系建设，切实为农民服好务，建立和完善农产品市场，以市场需求引导农业生产。④以公司＋科技＋农户的形式，把分散的千家万户联系起来，把多年形成的自给半自给的农业和农村经济逐步引上市场轨道，促进农业资源的综合开发利用。

（3）精简压缩机构和人员，切实减轻财政负担。如果不精简压缩吃“皇粮”人员，县级财政的困难局面就很难改变。建议把县级机构改革的自主权下放给县，允许各县根据经济和社会发展的需要设置机构，不一定要“左右看齐，上下对口”。管住干部“进口”，控制进员的数量和质量，遏制干部队伍膨胀局面；坚决放开“出口”，积极探索干部分流渠道。要加大支出改革力度，明晰财政负担范围，净化支出内容，从严控制财政支出。

（4）进一步完善财政体制，加快转移支付步伐。对于因体制原因造成县与县之间的财力不平衡，要尽快研究解决。特别对目前省、地、县三级财政体制中不合理、不完善的地方，要进行深入调查，分别对不同地方实行分类指导，不能再搞一刀切。在争取中央增加对我省转移支付的同时，要着手研究设计省对下财政转移支付制度，并尽早付诸实施，重点缓解贫困地县财政困难问题。

（5）全方位解决经济建设投入不足的问题。有关方面要切实转变对农业生产的旧观念，不能只看到农业的基础地位，而忽视在市场经济条件下农村经济的新变化，要树立农业富财政的思想。财政部门的财源建设资金，金融部门的信贷资金，对有丰富资源的农业县的农产品深加工项目应当有所倾斜，这既符合市场经济的效益原则，也符合稳定农业基础地位的基本方针。同时，农业县也要拓宽视野，多方筹措资金，除争取财政、金融部门积极扶持外，还要注意发挥社会资金的作用，采取多种形式引进发达地区资金，形成技术、劳务、资金综合投入的新机制，要引导农村社会资金投向，想办法把农民手中的闲散资金聚集起来，更好地发挥这部分资金在经济建设中的作用。

（本调研得到大荔县财政局的大力协助，完成于1996年8月，原载于《陕西经济研究》1996年第4期）

增加农民收入是开拓我国农村市场的关键

从发展的观点来看，中国最大的市场无疑是在农村，8亿多农村人口消费结构升级对经济增长的拉动，将是持久和不可估量的。目前，农民收入增长缓慢已成为扩大内需和拉动经济增长的重要制约因素，如何增加农民收入，减轻农民负担已成为开拓我国农村市场的关键。

一、农民收入增长缓慢是制约农村消费市场的主要原因

我国农村人口占总人口的63.91%，开拓农村市场是扩大内需的重点。“九五”以来，我国农村消费品零售总额占全社会消费零售总额的比重一直在40%以下，并呈逐年下降态势，导致农村消费市场持续萎缩。近年来，我国农民收入状况呈现以下特点：

一是农民收入增长缓慢，增幅连续四年下降。从1996年开始，我国农民人均纯收入绝对额增长缓慢，尤其是以粮食生产为主的地区农民收入甚至有所下降。据统计，1997—2000年，我国农民人均纯收入增幅分别比上年下降了4.3个百分点、0.3个百分点、0.5个百分点和1.7个百分点。如果考虑物价因素，农民人均纯收入下降幅度就更大。

二是农民与城镇居民的收入差距进一步扩大。目前，农村居民消费水平只相当于城镇居民20世纪80年代中期的水平。1997—2000年，城镇居民人均可支配收入与农民人均纯收入之比由2.47：1扩大到2.8：1，接近1994年2.84：1的历史最高值。

三是地区差距扩大。东部经济发达地区和城市郊区的农民收入保持增长态势，中西部地区农民收入增长缓慢甚至减收。1980—1998年，东、中、西部农村居民收入分别增长了12倍、9.9倍和8倍，由于西部地区原本基数就小，使得其与东部地区差距进一步拉大。

四是非农产业收入在农民收入中占有相当比重。1997年农民人均收入增量为164元，其中来自非农产业的收入占 54.5%；1998年农民人均收入增量为72元，非农收入增加100元，是收入增量的139%；1999 年农民人均收入增量为48元，非农收入增加101元，是收入增量的210%。

二、农民收入增长缓慢的客观原因

（一）农产品价格持续低迷是农民收入增长缓慢的重要原因

当前我国农业和农村经济进入了一个新的发展阶段。农产品供给出现了阶段性、结构性和地区性过剩，农产品“卖难”，对农民收入特别是中西部地区、粮棉主产区的农民收入影响很大，1998年比1997年减少了2.3%，1999年比1998年减少了4.5%，2000年继续延续了这一趋势。

（二）乡镇企业效益不佳，吸纳农村剩余劳动力的能力明显降低

1996年以来，乡镇企业的增长速度下降，乡镇企业工资增长率大幅度下降。1995年乡镇企业人均工资增长率为36.3%，到1999年逐年下降到4.1%，乡镇企业吸纳农村剩余劳动力的能力明显降低，农民来自乡镇企业的收入增长相应受到限制。

（三）农民外出务工越来越困难，农民来自非农产业的收入增速减缓

随着国有企业改革深化，城镇下岗职工人数增多、市场疲软，消费需求不振，影响农村劳动力的就业和转移。许多城市存在歧视农民工现象，不适当地对其进行了多种限制，在一定程度上剥夺了农村剩余劳动力在城市就业的正当权利。

（四）农民负担过重

农民负担过重主要表现在两个方面：一方面是重，超出了农民实际承受能力。一些地方超标准收取存提留乡统筹费，虚报农民收入，变相加重农民负担；一些地方提留统筹费虽然基本控制在农民上年人均纯收入的5%以内，但绝对额增长很快，与农民收入增长缓慢形成强烈反差，不少地方农民的实际负担在10%以上，个别地方甚至超过20%。另一方面是乱，收取方式不规范。面向农民的收费、集资、罚款和摊派名

目繁多，有部门或地方文件依据的行政事业性收费就有 60 多项。有些正常的负担项目，由于收取办法很不规范，往往变成平均摊派，层层加码。农民负担明显偏高，远远超出了农民承受能力，有些农民因为不堪重负，被迫减少对土地的投入，甚至弃耕撂荒。

（五）城乡分割的二元体制客观上阻碍了农民收入增长和农村市场开拓

一是人为制造了城乡居民在收入、负担和公共服务水平方面的差距。从城乡居民收入和享受的公共服务水平看，城市明显大于乡村；从负担水平看，农民交完农业税后，再交“三提五统”，还要自筹资金用于农村基础设施建设，负担远远高于城市居民。二是阻碍了生产要素在城乡之间的自由流动，农民进城打工受到限制，农村企业在贷款、用人、申请出口资格、享受国家优惠政策等方面，都不能与城市企业享受同等待遇。最后是农村基础设施建设远远落后于城市，消费环境很差，客观上制约着农民消费能力的发挥，也限制了农村消费品市场的扩大。

三、增加农民收入的对策和思路

现阶段从根本上解决农民增收困难的问题，要有新的思路。其根本途径是要适应农业发展新阶段的要求，对农业和农村经济结构进行战略性调整，开辟农民就业和增收的新途径、新领域。

大力调整农业和农村产业结构。一是在稳定农产品总量、确保供给的前提下，因地制宜，大力发展多种经营，提高畜牧业、渔业在农业内部结构中的比重。二是着力优化品质结构，运用高新技术改造传统农业。促进农业生产由单纯注重产量向注重质量、效益转变。三是大力发展农业产业化经营，尤其是支持龙头企业建设农产品生产、加工、出口基地，引进、开发和推广新品种、新技术，增强市场竞争力。四是加强对农业的分类指导，重点抓好特色农业和畜牧业的发展，并充分利用西部大开发的机遇，积极参与各项工程建设。

促进乡镇企业调整结构，为其融资创造条件。乡镇企业必须加大结构调整力度，努力形成自己的产业特色和产品优势，在当前农产品价格较低的情况下，要大力发展农产品加工业，把发展农产品加工业作为再次创业的突破口。将乡镇企业的发展与小城镇建设有机结合起来，引导乡镇企业、个体私营经济适当向小城镇集中，最大限度地取得聚集效应，并以此来增加非农产业在农村经济中的比重。同时，国家应放宽对乡镇企业的贷款限制，继续采取低息贷款等优惠政策，鼓励和扶持乡镇企业鼓励乡镇企业发展股份制和股份合作制等混合型经济；鼓励农民自带资金进城办企业为乡镇企业贷款、融资创造条件。

增加对农业和农村基础设施建设的投入，改善农村消费环境。农业是个弱质产业，在某种意义上讲，它的发展有赖于增加投入。今后，国家应结合实施积极的财政政策，不断增加对农村道路、供电、供水、通信、环保等基础设施建设的投入，以畅通农产品的销售渠道，活跃农村消费市场。

改革城乡分制体制，加快城镇化建设。世界各国的经验证明，要想富裕农民，就必须减少农民。推进城镇化，减少农村人口数量，是今后解决我国农村剩余劳动力出路的一条重要途径。要强化大中城市的承载力和辐射功能，以城市为中心，大力发展劳动密集型产业，尤其是服务型产业，以这些产业的扩张来增加劳动力就业数量，允许一部分农民进入大、中城市就业，并使一部分具备条件的农民由常年性外出务工转变成稳定性移民。

积极推进农村税费改革，切实减轻农民负担。农村税费改革是我国农村继土地改革、实行家庭联产承包责任制之后的又一项重大改革，改革试点已初见成效，试点地区农民负担明显减轻。要认真研究改革中出现的新情况、新问题，在总结试点经验的基础上，积极稳妥地推进农村税费改革，真正把这项利民、惠民的改革搞好，从根本上解决农民负担过重的问题。

深化农村金融改革，改进农村金融服务。无论是调整农业结构还是增加农民收入，都需要金融资金的支持。要充分发挥农村信用社在农村金融中的主力军和联系农民的金融纽带作用，加强对农村金融服务机构的改革和规范，积极探索建立适应农村经济发展要求的农村金融体系、经营机制、管理体制和服务方式。强化农村各种金融机构和组织之间的竞争，鼓励他们改进服务，增加对农村各项事业的信贷投放。

（本文原载于《陕西经济研究》2002年第2期）

增加农民收入与开拓农村市场

——兼论我国农村税费改革的必要性

增加农民收入，开拓农村消费市场，是关系我国国民经济发展全局的重大问题。从发展的观点来看，中国最大的市场无疑是在农村，8亿多农村人口消费结构升级对经济增长的拉动，将是持久的和不可估量的。只有农民收入和农村购买力上去了，才能实现国民经济的良性循环和城乡的协调发展。目前，农民收入增长缓慢已成为扩大内需和拉动经济增长的重要制约因素，如何增加农民收入、减轻农民负担已成为农村工作的首要任务。

一、农民收入增长缓慢是制约农村消费市场的主要原因

我国农村人口占总人口的63.91%，开拓农村市场是扩大内需的重点。“九五”时期以来，我国农村消费品零售总额占全国消费品零售总额的比重一直在40%以下，并呈逐年下降态势。1985年农村消费品零售总额占全社会消费品零售总额的比重为53%，1999年下降到38.7%。1979—1986年农民最终消费品需求增长对GDP增长的贡献率为37.09%；1987—1990年为22.86%；1991—1999年则下降到18.88%。城乡之间出现消费断层，导致农村消费市场萎缩。近年来，我国农民收入状况呈现出以下特点：

一是农民收入增长缓慢，增幅连续四年下降。从1996年开始，我国农民人均纯收入绝对额增长缓慢，尤其是以粮食生产为主的地区农民收入甚至有所下降。据统计，1997—2000年，我国农民收入人均纯收入增幅分别比上年下降了4.3个百分点、0.3个百分点、0.5个百分点和1.7个百分点。如果考虑物价因素，农民人均纯收入下降的

幅度就更大。

二是农民与城镇居民的收入差距进一步拉大。目前，农村居民消费水平只相当于城镇居民20世纪80年代中期的水平。1997—2000年，城镇居民人均可支配收入与农民人均纯收入之比由2.47：1扩大到2.8：1，接近1994年2.84：1的历史最高值。1999年，我国农民人均消费现金支出仅为1144元，有16个省份在1000元以下。

三是地区差距扩大。东部经济发达地区和城市郊区的农民收入保持了增长态势，中西部地区农民收入增长缓慢甚至减收。1980—1998年，东、中、西部农村居民收入分别增长了12倍、9.9倍和8倍；同期城镇居民收入增长了17倍、15.6倍和17.7倍，使得三大地区的城乡差分别由51%、44%和37%变化为108%、119%和185%，城乡收入分别扩大了57个百分点、75个百分点和148个百分点。虽然三大地区城乡收入差距均有所扩大，但扩大幅度中西部地区尤其是西部地区远远大于东部地区。

四是非农产业收入在农民收入中占有相当比重。1997年农民人均纯收入增量为164元，其中来自非农产业的收入占54.5%；1998年农民人均收入增量为72元，农业收入减少28元，非农收入增加100元，是收入增量的139%；1999年农民人均收入增量为48元，农业收入减少53元，非农收入增加101元，是收入增量的210%。据统计，1998年农民外出务工收入1807亿元，人均收入208元。纯农户和以农为主兼业户收入增长不多甚至下降。

二、农民收入增长缓慢的客观原因

影响农民收入增长的因素很多，既与农产品价格低迷、乡镇企业效益不佳、农民负担过重有关，也与城乡二元体制分不开。农民收入增长越来越受到国民经济增长的影响。

（一）农民增收渠道受阻

当前农民增收的渠道不多，主要是依靠销售农产品和劳务收入，但这些又遇到许多新问题。一是农产品价格持续低迷。销售农产品收入是纯农户和以农为主兼业户收入的主要来源。由于农产品供给出现了阶段性、结构性和地区性过剩，农产品价格下跌，对农民特别是中西部地区、粮食主产区的农民收入影响很大。农民从农业中获得的收入1998年比上年减少2.3%，1999年比上年减少4.5%，2000年继续延续了这一趋势。1997—1999年，粮食价格的下降使农民人均减收40元，对农民纯收入的贡献为-15%。二是乡镇企业效益不佳。1996年以来，乡镇企业的增长速度下降，乡镇企业工资增长率大幅度下降。1995年乡镇企业人均工资增长率为36.3%，到1999年逐年下降到4.1%，乡镇企业吸纳农村剩余劳动力的能力明显下降，农民来自乡镇企业的收入增长受到限制。三是农民外出务工越来越困难，农民来自非农产业的收入增速减缓。随着国有企业改革的深化，城镇下岗职工人数增多；乡镇企业效益下降，发展趋缓；市场疲软，消费需求不振，影响农村劳动力的就业和转移。加之，许多城市存在歧视农民工现象，认为农民工扰乱了当地的社会治安，出台地方性法规，不适当地对其进行了多种限制，在一定程度上剥夺了农村剩余劳动力在城市就业的正当权利。

（二）农民负担重

农民负担重主要表现在两个方面：一方面是重，超出了农民的实际承受能力。一些地方超标准收取提留统筹费，虚报农民收入，变相加重农民负担。一些地方提留统筹费虽然基本控制在农民上年人均纯收入的5%以内，但绝对额增长很快，与农民收入增长缓慢形成强烈反差。不少地方农民实际收入负担在10%以上，个别地方甚至超过20%。据农业部对100个县监测调查，2000年一些地方的农民负担是增加的，农民人均直接负担的各种税费比上年增长6%，其中收费、集资、罚款等增长21%。另一方面是乱，收取方式不规范。现在面向农民的收费、集资、罚款和摊派名目繁多。有部门或地方文件依据的行政事业性收费就有60多项。有些正常的负担项目，由于收取办法很不规范，往往变成平均摊派，层层加码。从农业税收负担水平看，2000年全国农民人均纯收入只有2253元（平均每月188元），农民要在这种收入水平上缴纳农业税、各种附加和“三提五统”。而城镇居民人均月收入超过800元才缴纳个人所得税。相比之下，农民的负担水平明显偏高，远远超出了农民的承受能力。有些农民因为不堪重负，被迫减少对土地的投入，甚至弃耕撂荒。

（三）现行城乡分割的二元体制客观上阻碍了农民收入增长和农村市场开拓

一是城乡分割体制人为制造了城乡居民在收入、负担和公共服务水平方面的差距。从城乡居民收入和享受公共服务水平看，城市明显大于乡村；从负担水平看，农民交完农业税后，再交“三提五统”，还要自筹资金用于农村基础设施建设，负担远远高于城市居民。二是阻碍了生产要素在城乡之间的自由流动，农民进城打工受到限制，农村企业在贷款、用人、申请出口资格、享受国家优惠政策等方面都不能与城市企业享受同等待遇。三是农村基础设施建设远远落后于城市，消费环境很差，客观上制约着农民消费能力的发挥，也限制了农村消费品市场的扩大。

三、农村税费改革的客观必然性

开拓农村消费市场，关键是增加农民收入。在新阶段，要从根本上解决农民增收困难的问题，就必须要有新的思路。其根本途径是要适应农业发展新阶段的要求，对农业和农村经济结构进行战略性调整，开辟农民就业和增收的新途径、新领域。但这需要一个较长的过程，不可能一蹴而就。通过调整农业产业结构增加农民收入，要受到市场供求和农民投入的制约，特别是在粮食主产区和经济欠发达地区困难更大。在这种情况下，保护农民利益、增加农民收入最直接和最现实的途径，就是对农民要多给予少索取，减轻农民负担，通过减负实现增收，让农民休养生息。减负就是增收，减负才能增收。农村税费改革就是从根本上减轻农民负担，规范农村税费制度，有效治理农村“三乱”，让农民真正摆脱负担加重的困扰，激发广大农民群众的积极性、创造性，带动农村经济和社会各项事业全面发展的一项治本之策。

农村税费改革不是权宜之计，它是我国农村继土地改革、家庭联产承包经营之后的又一次重大改革。2000年，全国在安徽全省进行试点。陕西结合实际情况，在汉阴、合阳、子洲三个不同类型的县进行试点。结果证明，中央关于进行农村税费改革的决策是完全正确的，是顺民意、安民心的德政之举，是江泽民同志“三个代表”重要思想在农村工作中的具体体现。一是农民负担大幅度减轻。减轻农民负担，是农村税费改革的首要目标，也是农村税费改革的基本出发点和落脚点。安徽全省农民总的税费负担下降了31%，陕西省三个试点县平均降幅37.95%。其中：子洲县农民人均负担由原来的24.2元降至17.7元，人均减负6.5元，降幅27%；汉阴县由原来的99.24元降至38.33元，人均减负50.91元，降幅51.29%；合阳县由原来的171.66元降至113.41元，人均减负58.25元，降幅33.9%。二是初步规范了国家、集体和个人之间的分配关系，使农村分配开始向法治化轨道迈进。农村税费改革就是要正确处理国家、集体和个人之间的利益关系，在农村形成一套科学的体现法制理念的管理机制，不仅使农民能够自觉依法履行应尽义务，扩大民主权利，而且使干部能够依法行政。把属于农民合理负担范围的“费”改为“税”，将政府与农民的利益关系通过税收体现出来，强化了国家利益，实现了“交足国家的”；实行农业税附加、农业特产税附加及“一事一议”政策，规范了“留够集体的”；依法征税，坚决遏制农村“三乱”，保护了农民利益，确保了“剩下都是农民自己的”、理顺了县乡财政分配关系。根据财权和事权相一致的原则、进一步调整和完善县乡分税制财政体制，明确划分乡镇财政收支范围，建立了“以收定支”新机制，从源头上堵住按需而征、随意加重农民负担的口子。三是加快了乡镇机构改革、农村教育布局调整等步伐，农村税费改革是一次以税费制度创新为核心的综合配套改革，不仅涉及生产关系的变革，而且还要进行上层建筑的调整，如乡镇机构改革、农村教育布局调整、农村基层政权职能和支出结构的调整等。四是改善党群干群关系，维护农村社会稳定。农村税费改革得到了广大农民群众的真心拥护和支持，成为实行改革开放、家庭联产承包责任制以来最受欢迎的惠民政策。

农村税费改革不仅涉及生产关系的改革，也涉及上层建筑的变革，涉及基层政权职能的调整，是一项涉及政治、经济、社会等多方面的综合性改革。因而，具有紧迫性、艰巨性、复杂性和长期性。必须通过试点，积累经验，稳步推进。

（本文原载于《陕西财政》2002年第1期）

财政视角下的21世纪我国农村改革和发展政策解读

农业、农村、农民问题是关系国计民生的根本性问题。党的二十大明确提出："坚持农业农村优先发展，坚持城乡融合发展，畅通城乡要素流动。加快建设农业强国，扎实推动乡村产业、人才、生态、组织振兴。"通过全面实施乡村振兴战略，推动农业全面升级、农村全面进步、农民全面发展，到2035年基本实现农业农村现代化，到2050年建成富强民主文明和谐美丽的社会主义现代化强国。进入21世纪以来，中央连续下发了19个关于"三农"的中央一号文件，其核心思想是城市支持农村、工业反哺农业，通过一系列"多予、少取、放活"的政策措施，使农民休养生息，重点强调了农民减负增收，给农民平等权利，给农村优先地位，给农业更多反哺。每年的中央一号文件虽各有侧重，但都围绕保护农民物质利益、尊重农民民主权利、加快农业现代化建设、增强农村发展活力、不断解放和发展农村生产力的改革主线，加速城乡协调发展的历史进程，共同奏响促进农业增产、农民增收、农村发展的主旋律，取得了脱贫攻坚的全面胜利，实现了农村全面小康。

在农村改革发展中，财政部门履行职能，主动作为牵头组织实施农村税费改革、农村综合改革、美丽乡村建设，积极参与了脱贫攻坚和乡村振兴等，从资金、政策、机制等方面予以全力支持保障。本文试图从财政角度，对21世纪以来我国农村改革和发展的脉络进行梳理，并进行简要分析。

一、以减轻农民负担为出发点，以取消农业税为标志的农村税费改革，理顺农村分配关系，加快公共财政向农村延伸的进程

（一）改革动因

20世纪80年代中后期，我国农民增收缓慢和农民负担过重的问题，成为党和政府面临的两个突出难题。从农民收入分析，一是农民收入增长缓慢，从1996年开始，我国农民人均纯收入绝对额增长缓慢，尤其是以粮食生产为主的地区农民收入甚至有所下降。二是农民与城镇居民收入差距进一步拉大。1997—2000年，城镇居民人均可支配收入与农民人均纯收入之比由2.47：1扩大到2.81：1，接近1994年2.84：1的历史最高值。三是地区差距扩大。东部经济发达地区和城市郊区的农民收入保持增长态势，中西部地区农民收入增长缓慢甚至减收。四是非农产业收入在农民收入中占有相当比重，纯农户和以农为主兼业户收入增长不多甚至下降。从农民负担分析，一是农民负担除农业税和附加、农业特产税、屠宰税、耕地占用税、契税、“三提五统”外，各级政府和部门出台的各种行政事业性收费，名目繁多。二是总体负担重，重复征税、过度征税、乱收错征费税，农民难以承受。三是负担极不平衡，丘陵地区、盆地周围地区农民负担尤为突出。四是征管不规范，负担尾欠问题突出，严重影响了基层政府和村级组织的运转。五是一些地方屡屡发生大规模越级上访、干群冲突和群体性事件。

针对上述问题，1998年9月30日，家宝主持召开中央农村工作领导小组会议，决定由财政部牵头，农业部、中农办参加组成农村税费改革工作小组，集中研究农村税费改革问题。2000年在安徽省进行试点，正式启动农村税费改革工作。

（二）改革内容

改革内容主要是“三个取消、一个逐步取消、两个调整、一项改革”。即取消乡统筹，取消农村教育集资等专门面向农民征收的行政事业性收费和政府性基金、集资，取消屠宰税；逐步取消统一规定的农村劳动积累工和义务工；调整农业税政策，调整农业特产税政策；改革村提留征收使用办法。试图从体制机制上解决农民在土地生产领域直接负担过重的问题。

（三）改革历程

农村税费改革历经6年时间。从2000年开始正税清费，按照减轻、规范、稳定的原则，取消乡统筹、村提留和各种专门面向农民的集资摊派及行政事业性收费。从2004年开始减免征农业税，到2006年全国取消农业税。

（四）改革成效分析

一是农民负担大大减轻，实现了“户户减负、村村受益”，结束了我国农民几千年来种田缴纳“皇粮国税”的历史，实现了农民在土地生产经营上的零税收。二是规范了农村税费制度，结束了“以农养政”的历史，实现了农村公共产品供给制度和运行机制的根本变革。通过财政转移支付基本保证了基层组织的正常运转。三是推动了乡镇机构、农村义务教育、县乡财政管理体制等改革，带动了村民自治和农村集体经济组织、农村社区的规范化管理，促进了农村基层民主政治建设。四是改善了党群干群关系，逐步形成新的农村管理方式和运行机制，为美丽乡村建设和乡村振兴提供了工作和群众基础。

二、以促进农村上层建筑变革为核心，全面推进农村综合改革，建立农村基层工作新机制，加快形成城乡经济社会发展一体化新格局

（一）改革要解决的问题

2006年全国取消农业税后，农村面临两个主要问题：一是基层行政管理体制不适应农村生产力发展的要求。取消人民公社、设立乡镇以后，乡镇政府职能转变一直没有到位。表现在政企不分、政社不分，乡镇政府仍然把主要精力放在兴办企业、招商引资上，社会管理和公共服务薄弱。如何有效地发挥乡镇政府作用，成为重大课题。二是农村公共产品供给体制不适应保障公共服务的要求，农村公共事业发展缓慢，城乡基础设施和社会事业发展的差距扩大。

（二）改革的主要内容

简单地说就是“三改革、一化解”，即以转变乡镇政府职能为重点，稳妥推进乡镇

机构改革；以落实教育经费保障机制为重点，推进农村义务教育改革；以增强基层财政保障能力为重点，推进县乡财政体制改革；以化解农村义务教育“普九”债务为突破口，全面开展清理化解乡村债务工作。

（三）改革成效分析

一是乡镇政府职能转变到促进经济发展，加强社会管理，提供公共服务，维护社会稳定上。二是教师工资上收到县，由县财政统一发放，实行“两免一补”即全部免除农村义务教育阶段学生学杂费，对贫困家庭学生免费提供教科书并补助寄宿生活费。三是积极探索“省直管县”财政体制，全面实行“乡财乡用县监管”和“村财村用乡代管”。四是乡村两级旧债得到有效化解，制止发生新的债务。

三、以村级公益事业建设一事一议财政奖补为平台，以改善农村人居环境为主要内容的美丽乡村建设，促进建立了农村公益事业建设的新机制

（一）一事一议财政奖补政策的由来

农村税费改革取消统一规定的劳动积累工和义务工，改革村提留征收使用办法，村内进行农田水利基础设施建设、修建村级道路、植树造林等集体生产公益事业实行一事一议，所需资金和劳务执行一事一议筹资筹劳有关规定，政府采取项目补助、以奖代补给予支持。其初衷是以农民自愿筹资筹劳为基础，逐步构建“政府引导激励、农民筹资筹劳、社会捐资捐助”的农村公益事业投入新机制，农民群众真正成为村级公益事业建设的主人 。

（二）主要政策

一事一议财政奖补适应范围是村内户外，筹资筹劳实行上限控制，即农民年人均筹资最高不超过40元，每劳年承担的劳务量不得超过10个标准工日（每日折资40元），一事一议财政奖补资金分配不与农民筹资筹劳挂钩，不与项目投资总额挂钩，项目建设实行普惠制与特惠制，乡镇报账制与县级报账制，定额制与限额制相结合。

（三）制度优势和成效分析

就陕西省而言，村级公益事业一事一议财政奖补从2009年先进行局部试点，2010年扩大试点，2013年升级转型到美丽乡村。一事一议财政奖补坚持群众自下而上的民主议事和政府自上而下的财政奖补相结合，打破了政府主导项目建设和自上而下决策的传统模式；坚持以农民共同需求为导向，重点解决农民最急需、最直接的民生难题；坚持以县为主，充分发挥县乡政府熟悉基层、了解基层的优势。据不完全统计，2009—2013年陕西省共实施“一事一议”财政奖补项目5.15万个，各级财政累计投入91亿元，带动村级公益事业建设总投资228亿元，累计受益人数6441万人，大大改善了农村道路、照明、绿化、卫生等人居环境。

四、以实现“两不愁三保障”为底线的脱贫攻坚和精准扶贫，确保2020年现行标准下农村贫困人口实现脱贫、贫困县全部摘帽、解决区域性整体贫困问题

（一）扶贫工作历程和意义

我国扶贫工作经历了开发式扶贫（1986—1993年）、扶贫攻坚（1994—2000年八七扶贫攻坚）、脱贫攻坚和精准扶贫（中国农村扶贫开发纲要2001—2010年，中国扶贫开发纲要2011—2020年）等阶段。党的十八大以来，以习近平总书记提出精准扶贫为起点，以党的十八届五中全会和中央扶贫开发工作会议决策部署为标志，扶贫开发进入脱贫攻坚阶段。农村贫困人口全部脱贫是全面建成小康社会，实现第一个百年奋斗目标的标志性指标。扶贫开发贵在精准、重在精准，改“大水漫灌”为“精准滴灌”，实现从输血式扶贫到造血式扶贫，从开发式扶贫到参与式扶贫。

（二）扶贫政策和脱贫标准

做到扶贫对象、项目安排、资金使用、措施到户、因村派人、脱贫成效“六个精准”，实施发展生产、教育、异地搬迁、生态补偿、社会保障兜底“五个一批”工程，有效解决扶持谁、谁来扶、怎么扶、如何退“四个关键”，最后实现贫困人口不愁吃、不愁穿，农村贫困人口义务教育、基本医疗、住房安全有保障“两不愁三保障”的脱

贫标准。

（三）成效分析

2020年如期打赢脱贫攻坚战，我国832个贫困县全部摘帽，9899万农村贫困人口实现脱贫，960多万贫困人口实现异地搬迁，历史性地解决了绝对贫困问题，提前10年完成联合国2030年可持续发展议程的减贫目标，为人类减贫事业提供了中国方案，为乡村振兴打下了坚实的基础。

五、以从根本上解决“三农”问题为核心的乡村振兴战略，坚持农业农村优先发展，到2035年基本实现农业农村现代化

（一）乡村振兴和社会主义新农村建设的关系

乡村振兴战略是“五位一体”总体布局在乡村领域的具体落实，是社会主义新农村建设的升级版。将乡村振兴战略的内容与新农村相比，内涵与外延都有很大的提升。“产业兴旺”代替了“生产发展”，突出了产业发展的重要性和第一、二、三产业的融合发展；“生活富裕”代替了“生活宽裕”，标志着农民群众的生活水平要有更大的提高；“生态宜居”代替了“村容整洁”，把生态文明建设摆在乡村建设极其重要的位置；“治理有效”替代了“管理民主”，强调治理体制与结构的改革与完善，强调治理效率和农民群众的主动参与。

（二）脱贫攻坚和乡村振兴的关系

脱贫攻坚是乡村振兴的基础和前提，乡村振兴是脱贫攻坚的巩固和深化，两者既相互独立又紧密联系。乡村振兴与脱贫攻坚是我国两大国家战略，两大战略具有基本目标的统一性和战略举措的互补性。在脱贫攻坚的基础上接续乡村振兴战略，不仅是我国高质量稳定脱贫的重要路径，更是贫困地区全面实现乡村振兴目标的重要制度保障。脱贫攻坚与乡村振兴都是围绕“三农”问题而提出的重大决策，内容和方式具有内在一致性。脱贫攻坚与乡村振兴的不同点在于，脱贫攻坚具有特殊性、局部性、紧迫性和突击性的特点，而乡村振兴则具有综合性、整体性、渐进性和持久性的特点。脱贫攻坚重点通过大规模资金、物资、人力等扶贫资源的集中投入，有效解决贫困人

口的基本生存问题，全面消除绝对贫困现象。乡村振兴更全面地强化市场化外部支持和总体性激活乡村内生动力，能够为贫困群体提供更稳定的发展基础和机会，进一步有效巩固脱贫攻坚的政策成果。

（三）全面推进乡村振兴的最终目标是实现中国式农业农村现代化

习近平总书记指出，农业农村现代化是实施乡村振兴战略的总目标。实施乡村振兴战略是关系全面建设社会主义现代化国家的全局性、历史性任务，是加快推进农业农村现代化的有效途径。要始终坚持农业农村优先发展的总方针，按照产业兴旺、生态宜居、乡风文明、治理有效、生活富裕的总要求，扎实推动乡村产业、人才、文化、生态、组织振兴，促进农业高质高效全面升级，农村宜居宜业全面进步，农民富裕富足全面发展，让农业成为有奔头的产业，让农民成为有吸引力的职业，让农村成为安居乐业的美丽家园，推动农业农村与工业城市同步实现现代化。

（本文原载于《西北大学陕西财政研究院研究简报》2023年第2期）

省属本科院校财务绩效管理探析

——以陕西省为例

随着我国高等教育进入内涵式发展的关键阶段，高校办学规模与经费投入总量持续上升，财务绩效管理水平与事业发展要求之间的差距越发突出。从目前省属本科院校财务管理反映出的问题来看，传统的“报账型”财务管理无法满足高校强化资产管理、降低运行成本、提升运行效率、有效防范财务风险等方面的现实需求。探索构建和优化省属本科院校财务绩效评价体系，不仅有助于建立高校财务管理能力与运行效率之间的协调机制，而且对提升高校财务管理水平、完善高校治理结构和建设现代大学制度，都有着非常重要的现实意义。

一、省属本科院校财务绩效评价存在的问题

（一）预算执行效率不高

从近五年的调查情况来看，一些院校预算执行呈现出进度迟缓、支出不均衡等问题。主要原因在于：一是按照新《预算法》规定，学校所有收支都应纳入预算，无预算安排的项目，不得安排支出。一些院校没有建立项目库制度，上年度安排的预算项目与本年度的实际需要存在较大差异，导致项目不能正常执行，预算执行进度迟缓。二是一些院校上半年支付进度严重不足，个别院校甚至存在年末集中支付的情况，支出不平衡、不均衡现象明显。从近年支付进度来看，每年1—6月，省属本科院校总体经费支出执行率普遍低于40%，其中资本性支出执行率更低，对学校上半年预算执行率影响较大。

（二）绩效管理理念和意识不高

预算绩效的概念已经提出多年，但省属本科院校对于预算绩效的理念和认识还主要集中在财务、审计等部门，学校业务部门普遍对绩效管理理念认识不高、绩效管理意识不强，在预算项目执行过程中，未将关注点放在如何提升项目的效率、效益、效果上。此外，一些业务部门普遍将财务绩效的提升归于财务部门，没有意识到提升财务绩效需要业务和财务的深度融合，需要财务与业务之间及时进行结果的反馈。这使得财务绩效管理的作用很难得到体现，也阻碍了以提升绩效为目标的财务管理的持续改进。

（三）财务绩效考核制度执行不严

部分省属本科院校未严格执行财务绩效考核制度，缺乏有效的奖惩措施，导致绩效考核流于形式，挫伤了各院校比拼追赶的积极性。原因在于：一是财务绩效考核制度在省属高校实施多年，但由于绩效考核标准、规则的规范性和科学性不足，且对考核指标缺乏及时修正，绩效考核的有效性降低。二是对绩效考核的结果，缺乏有效的奖惩措施，导致绩效考核流于形式。一些院校甚至对财务绩效考核的重要性产生疑虑，不利于这项制度执行的可持续性。

（四）财务人员专业素养有所欠缺

财务人员整体素质欠缺，导致其对财务绩效的认识无法达到要求，主要表现为：一是一些财务管理者对项目预算的引导作用认识不到位，在编制项目预算过程中，忽略了影响和提升财务绩效的关键要素，导致财务绩效目标与学校高质量发展目标缺乏一致性。二是部分财务人员绩效意识欠缺，不能从学校整体战略出发，无法深入理解财务绩效对学校发展的核心贡献，无法在实际工作中更有重点地执行绩效管理。三是一些财务人员专业素养有所欠缺，对高校财务绩效管理的认识还无法适应高等教育发展的现实需要。

二、省属本科院校财务绩效评价分析

国内外研究认为，借助财务绩效评价体系可以有效了解高校自身办学和效益情况，帮助国家制定完善教育政策，加强对学校的监督管理以及经费的合理分配。因此，在评价高校财务行为过程和结果的同时，要让评价指标兼顾公正性和客观性。财务绩效评价指标可细分为多种类型，包括输出类指标、输入类指标、过程类指标等。

（一）评价基本思路

在评价高校财务绩效时，一是应围绕高校资金资产使用效率、使用情况、使用安全性、高校对社会和国家作出的贡献等方面展开。同时，监督评价高校管理者管理活动。二是因为每个高校的实际情况不同，所以一个财务绩效评价体系未必适用于全部高校。鉴于此，在建设财务绩效评估系统时，必须赋予其相对可比性。三是财务绩效评价体系要从多方面考虑，包括规模不可比的制约、评价对象的个性化特征、绩效相对可比的可行性、高校财务管理的共性。四是财务绩效评价体系要有层次性，形成一个全方位的财务绩效评价体系。

（二）评价指标设计维度

高校财务运行的过程是复杂的，单一指标难以做到全面综合的绩效评价，因此构建的评价指标体系需要能多维度地反映整体绩效。高校财务绩效评价指标可从三个维度来选取：一是自我实力。凭借自我实力争取到的财务能力，是高校达到一定办学规模、服务水平和服务质量过关、获得更多经费能力的证明。二是综合实力。综合实力反映高校财务全面性和效率，主要是资产使用效率、财务运作效率以及财务支持服务质量和服务数量提高的能力。三是发展潜力。发展潜力主要反映高校资产负债情况、事业发展能力以及应对风险的承受能力等。高校要想使财务能力长期保持均衡状态，就必须客观评估自身财务发展潜力。

（三）高校财务绩效评价指标选取

高校财务绩效指标既是评价体系的内容载体，也是外化表现，能够综合、宏观地反映高校财务状况，突出反映高校的财务效果。高校财务绩效指标，必须从高校教研成果、资产效益等方面出发，通过优化指标来选取。本文通过专家访谈和模糊综合评价，划分归纳出自筹能力、财务综合实力、可持续性发展能力3个方面19个绩效评价指标。其中，自筹能力包括非财政收入占总收入的比重、非财政收入年增长率、教职工人均经费收入、生均事业支出等10个指标；财务综合实力包括总收入增长率、教学（含培训）收入增长率、科研收入增长率、年末资产总额增长率4个指标；可持续性发展能力包括年度收支比、资产负债率、负债总额占总收入的比重、应收及暂付款占流动资金的比重、校办产业资产负债率5个指标。

三、省属本科院校财务绩效结果分析

根据上述所构建的指标体系，以陕西省8所省属本科院校2017—2019年的相关数据，基于自筹能力、财务综合实力、可持续性发展能力3方面指标计算综合权重，运用三性分析法对陕西省省属本科院校财务运行进行绩效评价。

（一）省属本科院校财务绩效分析

一是自筹能力评价分析。学校非财政收入占学校总收入比重基本持平，生均事业支出涨幅较明显，体现出资源对教学及学生倾斜。负债占比波动明显，体现出样本院校融资难度较大且受不可控因素影响较大。固定资产年增长率呈下降趋势，主要原因在于规范了固定资产计提折旧的相关规定。二是财务综合实力评价分析。学校总收入增长率有下降趋势，特别是教学（含培训）收入增长率呈下行趋势，资金压力增大。科研收入增长率近三年呈上行趋势，年末资产总额增长率呈逐年连续大幅增长趋势，表明高校规范了在建工程转固定资产的财务处理流程。三是可持续性发展能力评价分析。学校年度支出的增长幅度大于收入，且差距呈逐年扩大趋势，高校的财务压力逐年增长，“开源节流”依旧是陕西省省属高校需共同面对的难题。资产负债率逐年下降，财务整体风险较小，负债总额占学校总收入的比重整体有增长趋势，表明样本院校偿债能力下降。

（二）省属本科院校财务绩效基本结论

一是在三个维度中，财务综合实力是最能反映高校财务运行、发展和综合绩效的维度，在测度各高校财务管理能力和整体水平方面，能够有效反映学校之间的差异。二是从抽取的8所样本院校来看，财务绩效总体不高，且从三年的数据来看，应收及暂付款占全部流动资金的比重、资产负债率、负债占银行存款年平均余额的比重等指标，对财务绩效影响较大。三是年末资产总额增长率、校办产业上交学校收入增长率两个指标波动较大，反映样本院校在资产管理方面存在较大风险。此外，校办产业在对高校财务绩效的贡献方面波动较大，不能成为高校发展的稳定收入来源。

四、提高省属本科院校财务绩效的相关建议

（一）借助大数据提升预算执行效率

为提高省属本科院校预算执行效率，一是需要不断完善会计信息管理系统，借助大数据加强高校财务管理质量，达到规范化、精细化、人性化的预算执行运作效果。二是大多数省属高校的信息管理系统基本包含预算、核算、内部控制等全面的财务运营基础模块，预算执行还需兼顾战略目标和绩效评价，注意提升预算执行的准确性和全面性。三是省属高校可以结合政府会计“双体系”“双基础”和“双报告”的财务核算模式特点，通过结合使用财务与非财务数据，克服短视行为，推动预算执行符合高校发展战略和实施要求。

（二）实现财务业务管理信息系统一体化

为简化工作流程、提高服务质量、完善内部控制，需要实现财务业务管理信息系统一体化，厘清财务与业务之间的关系，实施财务业务流程再造，形成业务、财务与信息的有效融合。一是实现财务部门预算、核算信息的一体化。这就要求做到预算流程优化和核算标准统一以实现自动采集生成财务数据，统一主要数据编码，实现完整数据体系的构建，如人员、合同、项目和科目等。做好核算会计和预算会计的衔接工作，真正做到预算编制、执行、决算及结果一体化。二是做好财务数据与业务数据的横向连通、共享和纵向流动、衔接。需要建立以经济活动为主线的信息化集成系统，整合全部经济业务流程，将教学业务、学生管理、后勤管理等相关活动统一在一套系统中，实现各部门平台统一、配置统一、编码统一，以及数据库的集中存放，以便统一管理维护，及时有效地为高校提供数据支持。三是构建一体化、智能化的数据系统。借助RPA等自动化处理工具，从数据中挖掘价值，实现财务的智能化创新，将分散的基础财务信息集中，实现财务工作的“工业化改造”，构建一体化、智能化的数据系统，使财务资源在利用数据进行预测、决策、控制、风险管理、绩效评价上发挥更大的作用。

（三）强化财务绩效的监督和检查

高校财务管理工作长期存在重收入轻支出、重分配轻管理、重使用轻效益的情况，

而当下出台了新《预算法》，预算管理改革和预算管理方式也在不断深入创新，高校财务绩效评价监督体系建设，需要着力结果导向、强调成本效益、加强责任约束，实现管理监督的全方位、全覆盖。一是既要不断优化财务资源配置与使用，也要着力优化资金管理水平，加强财务绩效检查监督与评价问责。二是绩效评价实施过程中，应通过运用科学的绩效监督方法和一系列指标，按照绩效管理的要求，对财务绩效进行检查，对财务运行过程及其结果进行客观、公正的制约和反馈，对绩效目标的实现程度及效果进行监督，以此找出实际绩效水平与期望水平间的差距，实现高校财务绩效评价监管体系的进一步完善。

（四）提升财务人员的绩效素养

财务人员的绩效素养是做好学校财务绩效管理的重要一环。一是财务人员特别是财务管理者只有弄清楚财务绩效的内涵，理解财务绩效关键指标的核心内容，才能去组织和引导学校的业务朝着有利于绩效提升的方向改进，才能使得财务对业务进行赋能，进而实现业财融合的正向效应。二是提升财务人员的绩效素养，有助于财务人员始终以绩效理念来指导并积极落实学校的各项收入和支出管理，以效益意识督促业务部门改进工作方式方法，实现学校财务绩效管理的持续改进。

参考文献

［1］顾效瑜 . 高校财务绩效评价体系构建［J］. 财会通讯，2018（8）：71-74.

［2］陈少杏 . 关于构建高校财务绩效评价指标体系的设想［J］. 会计之友，2008（8）：55-56.

［3］乔春华 . 高校经费绩效管理基本概念研究［J］. 会计之友，2012（7）：110-115.

［4］郑鸣，赵壁辉 . 基于非财务信息的我国高校财务绩效评价实证研究［J］. 教育科学，2008（1）：54-58.

［5］杨周复，施建军，等 . 大学财务综合评价研究［M］. 北京：中国人民大学出版社，2002：35-37.

［6］邓彦，余馥佳 . 新《预算法》下高校绩效预算管理模式探析［J］. 财会通讯，2017（5）：85-87.

［7］夏颖 . 绩效预算视角下高校科研经费“包干制”管理探析［J］. 会计之友，2020（18）：110-115.

（本文是陕西省科技厅创新能力支撑计划软科学一般项目“陕西省省属本科院校财务绩效管理研究”（课题编号：2021KRM077）的阶段性研究成果。作者：樊晓民、李国柱、梁丽云，原载于《西部财会》2022年第12期）

全面深化农村税费改革试点工作

——2004年9月在陕西省第6期市县财政局局长培训班上的讲课提纲

中央决定，全国农村税费改革分两步进行。第一步概括起来是六个字："减轻、规范、稳定。"主要是正税清费、治理"三乱"取消"三提五统"，将农民应缴纳的税费规范为农业税和农业税附加，把过重的农民负担减下来，并在此基础上保持稳定。第二步改革的任务是，在规范农村税费制度的基础上，按照完善社会主义市场经济体制的要求，取消专门面向农民征收的各项税费，建立覆盖城乡的公共财政制度，建立精干高效的基层行政管理体制和运行机制，建立农民增收减负的长效机制，实现城乡经济社会协调发展。概括起来就是"两取消、三改革"。"两取消"即从今年起全面取消农业特产税，推进减征、免征农业税改革试点，用五年时间在全国范围内全面取消农业税。"三改革"即改革乡镇机构，改革农村教育体制，改革县乡财政体制。现在，农村税费改革第一步的任务已基本完成，开始进入一个新的阶段。这是前一阶段改革的延续、拓展和深化。

一、深化农村税费改革的实践基础和良好机遇

从2000年安徽全省和其他省的部分县（市）开始试点以来，农村税费改革由点到面，2003年全国范围全面推开，取得了明显成效，为进一步深化改革奠定了坚实的实践基础。党的十六大以来，中央几次重要会议和文件都对农村税费改革做了明确阐述，进一步明晰了改革的方向和任务。

二、深化农村税费改革的全局意义

农村税费改革既关系到我国农村经济发展、农民收入增加，也直接关系到“统筹城乡发展”“城市改革和农村改革协调”“逐步改革城乡二元经济结构”“实行城乡统一税费制度”等能否实现。

（一）农村税费改革是国家分配领域的重大改革；

（二）农村税费改革是保证国民经济持续快速健康发展的有效举措；

（三）农村税费改革是全面建设小康社会的重要内容；

（四）农村税费改革是国家长治久安的重要保障。

三、深化农村税费改革的难点问题

最根本的还是相关配套改革进展缓慢，“减人”“减事”“减支”难。

（一）认识不明确、不到位；

（二）乡村可用财力减少，基层运转困难；

（三）农村义务教育投入不足，教育布局调整难度大；

（四）乡村不良债务数额巨大，化解困难；

（五）农民负担的结构性矛盾突出，均衡农村不同从业人员的负担难；

（六）村级“一事一议”很难操作，大部分地方没有开展，即使是开展的地方也是筹劳容易筹资难。

四、深化农村税费改革的任务

深化农村税费改革，是我国农村一次重大的制度创新和社会变革，涉及农村改革发展稳定的全局。对农民“多予、少取”是一个需要长期坚持的方针，缩小城乡差距是一项长期的历史性任务。财政和税收政策要体现扶持农业和农村发展。研究城乡统一税制问题，要有利于巩固改革成果，不加重农民负担，决不能再开征专门面向农民的税收。

今后的任务更加繁重、工作更加艰巨。概括起来就是：“一个加强、两个取消、三项改革、解决两个遗留问题、建立一个长效机制。”

（一）加强组织领导

国务院农村税费改革工作小组由过去的3人小组变成7人小组，并充实了办公室人员力量。省政府拟把省农村税费改革领导小组办公室设为常设机构，定编制、定人员、定任务，发挥税改办调查研究、落实政策、组织协调、提出解决问题的对策建议等职能作用，使其真正成为省委、省政府的决策服务机构。市、县农村税费改革领导机构要继续保留，并根据工作需要充实力量。

（二）取消农业特产税

从今年起，在全省范围内全面取消农业特产税，烟叶特产税适时并入工商税种。对农业税计税土地上生产的农业特产品，按照同类耕地种植粮食作物的产量核定其常年产量，依照农业税税率改征农业税。非耕地上生产的农业特产品及其他农业特产品既不征收农业特产税，也不征收农业税。

（三）降低农业税税率，2008年前全国最终取消农业税

中央确定今年黑龙江、吉林两省免征农业税，河北、内蒙古、辽宁、江苏、安徽、江西、山东、河南、湖北、湖南、四川11个粮食主产省（区）降低农业税税率3个百分点，其余省份降低1个百分点。财力状况较好的地区，可自主决定多降税率或进行免征农业税改革试点。2008年前全国最终取消农业税。

今年5月，省政府出台的《关于推进农村税费改革促进农民增收若干工作的意见》，决定在全省范围内取消除烟叶外的农业特产税，农业税税率今年全省总体上降低1个百分点，少数有条件的市、县可视地方财力情况多降或全部免征农业税。据了解，2004年延安、榆林两市和西安市的碑林、咸阳市的秦都、宝鸡市的风县共31个县（区）决定全部免征农业税，汉台区、灞桥区、渭城区决定农业税税率下调2个百分点；渭滨区决定下调3个百分点：雁塔区决定下调4个百分点；其余71个县按省政府统一部署农业税税率统一下调1个百分点。同时，西安市决定对全市人均年收入在865元以下的贫困人口免征农业税。

取消实行了几千年的农业税，会给“皇粮国税”的传统思想观念带来很大冲击，会给农村经济社会文化生活带来深刻的影响，会对基层组织的职能设置和运行方式提出新的要求，许多问题现在还很难完全看清楚，需要在实践中逐步摸清，并不断探索

解决的办法，所以这项改革还不能一下子推得很快。农村税费改革不是我们这一代人能完成的，需要几代人的努力。

（四）抓好乡镇机构、农村义务教育、县乡财政体制等配套改革

乡镇机构、农村义务教育、县乡财政体制等配套改革，是农村税费改革第二步工作的主要内容和攻坚重点。农村税费改革成果最终能否得到巩固，关键在于能否把这些相关配套改革问题解决好。

（1）继续推进乡镇机构改革。乡镇机构改革是农村税费改革成败的关键，是深化农村税费改革最艰巨的任务。要转变乡镇政府职能，把不必要的事减下来，才能把不必要的机构和人减下来，适应市场经济条件下农村经济社会管理的要求，合理界定乡镇政府职能，把主要精力转变到加强社会管理、完善公共服务和营造良好的经济发展环境上来，努力建设服务型政府。进一步精简乡镇机构和编制，严格控制机构和人员增长，今后5年内乡镇机构只能减少不能增加，乡镇人员只出不进。全省乡镇精简压缩各类人员5万人，采取多渠道进行分流安置。继续推行撤乡并镇、撤点并村。

（2）加快农村教育体制改革步伐。要巩固和完善“以县为主”的农村义务教育办学体制，以县为主并不等于减轻省、市的责任，要实行省、市、县分级管理。省、市财政要进一步加大对农村义务教育的投入力度，增强财力薄弱县政府办学的保障能力。要强化县级政府对农村义务教育的统筹规划和管理，在全县范围内统筹城乡教育资源，重点保证农村教育需要积极调整农村中小学布局，适当集中办学，精简优化教师队伍，加强中小学教职工编制管理，全面实施教师资格制度，辞退代课教师和不合格教师。

（3）调整县乡财政体制，逐步建立健全公共财政制度。要以深化农村税费改革为契机，结合调整省对下财政体制，合理划分各级政府的事权，积极调整县乡财政体制。各级财政支出要向农村倾斜，财政收入新增部分要增加对农村支出的比重。要增加农村基础设施建设和社会事业的财政投入，向农村提供更多的公共产品和服务。对乡镇因改革出现的收支缺口，由县财政予以弥补。要借鉴浙江、安徽等省的经验，探索“省直管县”财政管理体制改革试点。经济欠发达、财政收入规模较小的乡镇可以实行“乡财县管”，由县级财政保障其必要的支出。

乡镇机构、农村义务教育、县乡财政体制等配套改革，由省税改办协调组织人事、编办、财政、教育等部门拿出改革试点方案，在陕南、关中、陕北各选一个班子强、

作风正、工作实的县，从今年冬季开始同时进行试点，以探索改革路子和经验。

（五）解决两个遗留问题，即乡村债务和税费尾欠问题

清理化解乡村债务要按照“制止新债、摸清底数、明确责任、分类处理、逐步化解”的要求，先选择少数县（区）进行试点。省农业厅在调查研究的基础上抓紧制定制止新债、化解旧债的指导性意见。对农业税尾欠问题，符合减免条件的，要予以减免；应该缴纳而又有缴税能力的，要按规定程序依法收缴，不准突击清欠，不能因清欠引发不稳定。

（六）建立减轻农民负担的长效机制

要加大农村税费改革督查力度。继续完善并严格执行涉农税收价格收费“公示制”、农村订阅报刊费用“限额制”农村中小学收费“一费制”和涉及农民负担案件“责任追究制”等工作制度。规范农业税征收行为，严禁乡村干部直接收税，严禁动用专政工具强制征收。加快农业税征管计算机信息化网络建设，实施“以计算机网络为依托，以纳税申报为基础”的征管模式，努力提高工作质量和服务水平。

巩固农村税费改革成果 稳步推进农村综合改革

——2007 年 9 月在全国基层财经干部培训班上的讲课提纲

2006 年全国范围内取消农业税，标志着我国农村改革进入以乡镇机构、农村义务教育和县乡财政管理体制改革为主要内容的综合改革阶段。农村综合改革是新中国成立以来继农村土地改革、家庭承包经营、农村税费改革之后的农村第四次重大改革。这项改革能否取得突破，直接关系到农村税费改革成果能否巩固；农民负担能否跳出“黄宗羲定律”，摆脱“加重—减轻—再加重”的恶性循环；社会主义新农村建设能否顺利推进。下面，以陕西省的情况为例，就农村综合改革问题谈三点认识和体会。

一、农村税费改革通过正税清费、取消农业税等措施，大大减轻了农民负担

（一）农村税费改革的历史背景和主要内容

农村税费改革是农村改革的重要内容，是减轻农民负担的有效措施。即通过调整和规范国家、集体与农民的利益关系，充分保障农民的经营自主权和财产所有权，巩固家庭承包经营制度，健全农村市场经济的微观基础。同时，促进农村基层政权按照发展社会主义市场经济的要求，转变职能，精简乡镇机构和人员，推进村民自治，完善农村管理体制，使农村上层建筑更好地适应变化了的经济基础。

中央提出农村税费改革的直接原因有以下三点：

一是农民负担重。我国农民负担的项目包括农业税收、村提留乡统筹和有关规费以及义务工和劳动积累工。农民负担重表现在：一重，即农民总体负担重、经济欠发

达地区农民负担重、纯农户负担重。二乱，就是税费制度不规范，“头税”轻、二税重、三税四税无底洞。特别是三个点，“上面给一点、地方配一点、农民拿一点”使农民害怕。农民负担重有历史的、行政体制的、财政体制等多种原因。

二是农民收入增加缓慢。从1996年开始，我国农民人均纯收入增幅分别比上年下降了 4.3个百分点、0.3个百分点、0.5个百分点和1.7个百分点。城乡居民收入差距进一步拉大。1997—2000 年，城镇居民人均纯收入与农民人均纯收入之比由 2.47：1扩大到2.8：1，接近 1994 年2.84：1的历史最高值。

三是农村存在不稳定隐患。农民负担重，收费行为不规范很容易激化矛盾，影响干群关系。

农村税费改革的基本思路是把农民承担的村提留乡统筹改为农业税及其附加，属于农民合理负担范围内的费改为税。

以陕西省为例：

1. 农村税费改革的指导思想——减轻、规范、稳定

减轻，就是要合理确定农民的税赋水平，从根本上治理对农民的各种乱收费，切实减轻农民负担。这是改革的第一位目标，是农民接受不接受、拥护不拥护改革的关键所在。规范，就是从制度上规范国家、集体和农民之间的分配关系、分配方式。这是将农村分配关系纳入法治化轨道，从根本上遏制向农民乱收费的制度保障。稳定，就是在减轻和规范的基础上使农民的税赋水平在一个较长时期内保持不变。

2. 农村税费改革的主要内容——“三个取消、一个逐步取消、两个调整、一项改革”

· 取消乡统筹费。取消现行按农民人均纯收入的一定比例征收的乡村两级办学经费、计划生育费、优抚费、民兵训练费、修建乡村道路费。

· 取消农村教育集资等专门面向农民征收的行政事业性收费、政府性基金和涉及农民的集资项目。

· 取消屠宰税。停止征收在生产环节征收的屠宰税，原来随屠宰税附征的其他项目一律取消。

· 逐步取消统一规定的劳动积累工和义务工。劳动积累工主要用于农田水利基本建设和植树造林。义务工主要用于防汛、公路建设、农村中小学危房改造。

· 调整农业税政策。

· 调整农业特产税政策。

· 改革村提留征收使用办法。村干部报酬、五保户供养、办公经费，除原由集体经营收入开支的仍然保留外，凡由农民上缴村提留开支的，采用新的农业税和农业特产税附加方式统一收取。

（二）农村税费改革试点的历史进程

农村税费改革是减轻农民负担工作从单项治理到综合治理、从工作推动到体制创新的重要里程碑。早在1998年10月，国务院就专门成立了由财政部牵头，农业部、中农办参加的农村税费改革工作小组，开始集中研究农村税费改革方案。2000年3月中央决定率先在安徽全省和其他省份的部分县进行试点，积累经验。2001年江苏省根据自身财力条件在全省进行自费改革。2002年在总结安徽、江苏等地试点经验的基础上，按照“积极稳妥量力而行、分步实施”的原则，将试点范围扩大到 16 个省份，浙江、上海当年也进行了自费改革。2003 年鉴于各方面条件已经成熟，在全国所有省区市全面推开。2004年开始在全国降低农业税税率，选择黑龙江、吉林进行全部免除农业税的试点，并取消除烟叶外的农业特产税。同时对种粮农民实行直接补贴、对部分地区农民进行良种补贴和购置农机具补贴。2005年全面取消牧业税的同时加快降低农业税税率的步伐，并鼓励有条件的省区市自主进行免征农业税的试点。2006年在全国彻底取消农业税，标志着在中国历史上实行了长达2600年的这个古老税种从此退出历史舞台，具有划时代意义。陕西的情况和全国大致相同。2000年先在汉阴、合阳、子洲3 个县进行农村税费改革试点。2002年，作为全国16个扩大改革试点的省份之一，在全省范围内推行以“三个取消、一个逐步取消、两项调整、一项改革”为主要内容的农村税费改革试点大幅度减轻了农民负担。2003年，按照国务院“总结经验、完善政策、巩固成果、规范运作、抓好配套、积极推进，努力实现‘三个确保’的目标”要求，在全省选择部分县、部分品目进行取消农业特产税改征农业税试点为全面取消农业特产税奠定基础。2004年，按照中央一号文件的要求，在全省取消除烟叶外的农业特产税，农业税税率总体上降低 1 个百分点，有条件的市、县视地方财力情况多降或全部免征农业税。在实际执行中，延安、榆林两市和碑林区、秦都区、凤县等31 个县（区）全部免征了农业税，其他县（区）的农业税税率至少降低了1个百分点。2005 年，省委、省政府经过反复研究决定在全省范围内免征农业税，比中央原定的时间提前3年实现了全省农民农业税收零负担。

（三）农村税费改革的成效

一是农民负担得到大幅度减轻，进一步理顺了农村分配关系；

二是大大改善了党群干群关系；

三是为全面深化农村改革提供了契机，奠定了基础。

二、农村综合改革是农村税费改革的延续和深化，为新农村建设提供体制保障、财力支持、动力源泉

（一）农村综合改革与农村税费改革的关系

农业税的取消，仅仅是免除了农民在土地生产经营中的直接税，造成农民负担重的一些深层次问题没有根本解决。一是一些地方乱收费有所抬头并有新的表现。农村乱收费的主体开始由基层政府转向职能部门，收费的名目开始由行政事业性收费转向经营服务性收费，收费的对象开始由农民转向中小学生。在农民建房、外出务工、计划生育以及殡葬等方面乱收费仍然比较严重，生产性收费名目多、标准高、不规范，一些村级组织也向农民乱收费、乱集资。二是一些地方基层政府和村级组织运转困难，农村公益事业投入缺乏稳定的资金渠道。由于长期实行城乡分割的二元体制，农村公共事业发展缓慢，城乡基础设施和社会事业发展差距扩大。农村税费改革后，公共财政如何有效覆盖农村是一个迫切需要研究解决的问题。三是乡村债务量大面广，成因复杂，化解困难，已成为农村工作的一个难点和热点。四是乡镇政府职能转变滞后，有的乡村干部感到改革后工作缺乏“抓手”这些问题不解决，农民负担就有可能反弹，农村税费改革的成果就很难巩固。

1. 农村税费改革为农村综合改革奠定了坚实基础

农村税费改革通过正税清费，取消了专门面向农民征收的各种税费，规范了农村税费制度，理顺了农村分配关系，大幅减轻了农民负担。在农村税费改革的带动下，中央和地方先后出台了多项支农惠农政策，农村其他改革也取得了重大进展，农村改革发展迎来了前所未有的良好局面。

2. 农村综合改革是农村税费改革的延续和深化

取消农业税之前，农村税费改革主要是围绕正税清费和减轻农民负担进行的，同时配套推进乡镇机构、农村义务教育和县乡财政管理体制改革。随着农业税的取消，农村税费制度自身的改革任务基本完成，但制约农村改革与发展的深层次矛盾和问题进一步凸显，不利于农村税费改革成果的巩固发展，乡镇机构、农村义务教育和县乡财政管理体制改革被推上前台，成为农村综合改革的重点，农村改革进入全面推进农村综合改革的新阶段。

3. 农村综合改革是巩固农村税费改革成果的重要途径

农村税费改革取得了重要的阶段性成效，农民负担大大减轻。但多数地方县乡财力紧张，农村基层政府和村级组织运转困难，农村公益事业发展缺乏资金，乡镇机构多、人员多、“食之者众、生之者寡”等问题还未完全解决，而且一些地方乱收费有所抬头并呈现新的迹象。这些问题既有历史遗留问题，也有改革中出现的新情况。如果不及时推进农村综合改革，农村“三乱”势必死灰复燃。

（二）农村综合改革与社会主义新农村建设的关系

1. 农村综合改革为社会主义新农村建设提供体制保障

统筹城乡发展，逐步解决城乡分割的二元体制，推进社会主义新农村建设，既是一个发展的过程，也是一个不断改革的过程，面临的矛盾和新问题归根结底是城乡二元结构未打破，农村体制机制不健全，内在发展活力不强，农村公共事业发展缓慢，反映了适应社会主义市场经济发展要求的体制机制还未完全形成。通过农村综合改革，不断调整不适应生产力发展的农村生产关系和上层建筑的某些方面与环节，激发农村自身活力，活跃农村经济有效化解农村矛盾，逐步改变城乡二元结构，为新农村建设提供制度保障。

2. 农村综合改革为社会主义新农村建设提供财力支持

建设社会主义新农村是全社会的共同认识和共同行动。推进社会主义新农村建设，要坚持“多予少取放活”的方针，大力加强农村基础设施建设，发展农村社会事业。这都需要国家的政策主导，同时给予必要的财力支持。通过农村综合改革，扩大公共财政覆盖农村的范围，加快建立“以工促农、以城带乡”的长效机制，促进城乡资源的合理配置，引导社会资金投向农村，逐步形成政府投入引导、农民投工投劳、社会广泛参与的多元化投入新机制，为新农村建设提供必要的财力支持。

3. 农村综合改革为社会主义新农村建设提供动力源泉

新农村建设的主体是亿万农民，还要靠广大基层干部来组织实施，需要坚持以人为本，激发他们的积极性、主动性、创造性。这是新农村建设不竭的动力源泉。通过农村综合改革，转变基层政府职能，加强社会管理，搞好公共服务，完善基层民主，健全乡村治理结构，建立农村工作新机制，着力解决农民最关心、最迫切的问题，让农民得到实实在在的好处，充分调动广大农民和基层干部的建设热情，为新农村提供强大的动力源泉。

（三）农村综合改革的目标和主要任务

我国改革是从农村开始的。近 30 年来，我国农村改革迈出了三大步。第一步，实行以家庭承包经营为核心的农村经营体制改革，实现了耕者有其“权”。即生产经营自主权，土地承包和依法流转权、产品处置权、自由择业权、民主决策权。第二步，实行以农村税费改革为核心的国民收入分配关系改革，实现了耕者有其“利”。著名的“大包干三原则”是“交够国家的留够集体的，剩下都是农民自己的”。主要做了两件事：一是从 2000年开始的正税清费，按照减轻、规范、稳定的原则，取消乡统筹村提留和各种面向农民的集资摊派及行政事业性收费；二是从2004 年开始的减免征农业税，到 2006 年在全国范围彻底取消农业税。第三步，实行以促进农村上层建筑变革为核心的农村综合改革。试图解决两个主要问题：一是基层行政管理体制不适应农村生产力发展的要求，乡镇政府职能转变一直没有到位；二是农村公共产品供给体制不适应公共服务的要求，公共财政的阳光如何覆盖农村。

农村综合改革的目标和主要任务是：按照巩固农村税费改革成果和完善社会主义市场经济体制的要求，推进乡镇机构、农村义务教育和县乡财政管理体制改革，建立精干高效的农村行政管理体制和运行机制、覆盖城乡的公共财政制度、政府保障的农村义务教育体制，促进农民减负增收和农村公益事业发展，全面推动社会主义新农村建设。力争“十一五”或更长一点的时间基本完成乡镇机构、农村义务教育和县乡财政管理体制这三项改革任务。把这三项改革作为农村综合改革的主要任务，主要基于以下三点考虑：一是抓好这三项改革有利于从根本上巩固农村税费改革成果。农村税费改革对乡镇机构、农村义务教育和县乡财政管理体制影响最大，这三项改革进展如何直接决定农村税费改革成果能否巩固；二是这三项改革都涉及农村经济体制和上层建筑的一些关键问题；三是改革的内容相对集中一些，有利于重点突破，带动农村的各项改革。乡镇机构、农村义务教育和县乡财政管理体制是政府作用在农村的集中体现，问题较为集中，做好这三项改革有利于带动相关农村改革，促进农村全面发展。

三、以“三改一化解”为重点，稳步推进农村综合改革

（一）以转变政府职能为重点，稳妥推进乡镇机构改革

乡镇政府是我国政权结构中的基础层级。乡镇机构改革是巩固农村税费改革的一项根本措施，是农村综合改革的关键环节。改革开放 30 年来，我国已先后进行过三次乡镇机构改革。这次乡镇机构改革的目标是：转变政府职能，整合事业站所，精简机构人员，提高行政效率，建立行为规范、运转协调、公正透明廉洁高效的基层行政体制和运行机制。

乡镇机构改革的核心是转变政府职能。乡镇政府存在职能越位、错位和缺位的情况。目前比较一致的看法是乡镇政府有四个方面的职能，即促进经济发展、加强社会管理、提供公共服务、维护社会稳定。当前要重点强化三个方面的职能：

（1）为农村经济发展创造环境，包括稳定农村基本经营制度，维护农民的主体地位和权益，加强对农村市场的监管，组织农村基础设施建设，完善农业社会化服务体系。

（2）为农民提供更多的公共服务，加快农村教育、卫生、文化、体育、环境保护等社会事业发展。

（3）为农村构建和谐社会创造条件，加强社会管理中的薄弱环节，开展农村扶贫和社会救助，化解农村社会矛盾，保持农村社会稳定，合理调整乡镇政府机构，改革和整合乡镇事业站所，精简富余人员，是乡镇机构改革的重要内容。事业单位整合关键是合理区分公益性事业和经营性事业，实行分类管理。公益性的，要强化服务功能，经费主要由财政保障；经营性的，要强化自我发展能力，逐步走向市场。整合现有的事业站所，提高资源利用效率，做到既减轻农民负担，又增强为农民服务能力。按照

中央“农村综合改革要在试点基础上全面推进，有条件的地方要在全省范围内开展试点，暂不具备条件的省份要进一步扩大市、县试点范围”的要求，陕西省委、省政府决定，省政府重点抓好安康市和岐山、洛川县试点，各市都要确定一个县、各县都要确定一个乡镇进行乡镇机构改革试点。

2005 年 7月，陕西省委办公厅、陕西省政府办公厅印发了《关于开展乡镇机构改革试点工作的意见》，2006 年 10月，省编办下发了《关于开展乡镇机构改革试点工作意见的补充通知》。总的思路是“拆庙养和尚”，严守中央提出的机构编制只减不增和确保社会稳定这两条“底线”，力争做到短期财政支出不再增加，中期财政支出明显减少，长远财政支出彻底减负。

乡镇一般设“三办一所”，即党政办公室、经济发展办公室、社会管理办公室和财政所。党政办公室主要承担党委、人大、政府以及青年团、妇联的各项日常工作，负责党团组织建设、党风廉政建设和精神文明建设，抓好国防教育、兵役、民兵等工作，组织协调各项中心工作。经济发展办公室主要承担工业、农业林业、水利和第三产业发展规划、经济结构调整、农业基础设施建设、防汛抗旱、动植物防疫等工作，协调与经济发展相关工作。社会管理办公室主要承担人口和计划生育、村镇规划建设、民政优抚、民族宗教、社会治安综合治理、安全、信访和维护社会稳定、劳动和社会保障、科教文卫等工作，协调与社会事务相关工作。各办公室主任由乡镇领导兼任，并根据办公室的职责任务设相应的职位。财政所主要承担财政性资金管理、各项农民补贴核定兑付、农村社会保障资金及村级资金的专户存储核拨、基金会清欠、国有资产管理、耕地占用税、契税征收等乡镇也可不设办公室，设党务秘书、组织宣传干事、纪检干事、妇女干事、青年干事、政务秘书、民政助理员、农业助理员计划生育助理员、综合治理助理员、文教卫生助理员、建设助理员、武装部长等岗位，按岗位配备人员。

乡镇机关行政编制，按照人口、面积、财政收入三个因素将乡镇分别分为一、二、三类，按类别核定行政编制总额（包括财政所），一类乡镇不超过 30名，二类乡镇不超过26名，三类乡镇不超过23名，由县上分配到乡镇。最大的乡镇不能超过40名，最小的乡镇不能少于15名。乡镇领导实行交叉任职，职数控制在6名（书记兼人大主席，副书记兼乡镇长，副书记兼纪委书记，副乡镇长2名，人大副主席1名）。辖区人口超过5万人的，可增配1名副镇长。

安康市按照公益性职能与经营性职能分开、保证公益性、放开经营性的原则，乡镇统一设置农业综合服务站、人口和计划生育服务站、社会保障服务站、文化综合服务站、畜牧兽医站5个事业单位。财政全额拨款，由乡镇政府领导和管理，县区主管部门业务指导岐山县设置党政办公室，具体负责党委、政府、人大文秘工作，财务报账和机关后勤服务。其余工作设组织纪检、青工妇宣传统战干事和民政、农村工作、计划生育、综合治理、文教卫生、镇村建设、计划统计、交通安全助征员等 11 个岗位。

关于分流人员的安置，安康市的做法是设置过渡性机构农村工作服务中心，负责未上岗人员的再就业和分流工作，承担农业信息服务、流通服务、劳务中介服务工作和乡镇各种临时性突击性工作。安康全市4254名未上岗人员中，提前退休499人、提前离岗1105人、自谋职业612人、离职学习78人、辞去公职7人，其余563人全部进入农村服务中心。市上准备从分流人员中通过考试考核，选拔500名协警，加强社会稳定工作。

从陕西省的试点情况来看，乡镇机构改革仅完成了机构编制精简和人员定岗分流等阶段性工作，转变乡镇政府职能的任务仍很艰巨。乡镇机构改革后，乡镇公务员空编较多。这次乡镇机构改革，由于严格了竞争上岗的条件、提高了对工作岗位的要求、增加了岗位工作的难度等原因，不少乡镇都出现了空编现象，有岗无人上，特别是一些对专业技术要求高的岗位空编较多，反映乡镇干部队伍结构不合理、专业技术人员缺乏的问题。如白河县核定乡镇行政事业编制779名，实际上岗585人，空编 194 名，岐山县核定乡镇行政编制386名，实际上岗338人，缺编48名。这些空出来的编制，为今后引进人才、提高乡镇干部的技术服务能力留下了空间，但不同程度地影响了乡镇机关工作的正常开展，也为乡镇人员的增长埋下了隐患。乡镇干部素质有待进一步提高，需要加强干部培训。乡镇机构改革成本较高，县乡财政负担较重乡镇机构改革短期内增加了县、乡（镇）的财政负担，既有改革工作形成的支出，又有改革后清退临时人员、培训乡镇干部的支出需要，还有分流人员生活费发放等增加的支出，基层财政负担明显加重。这些都是改革的即期成本，必须支付。

（二）以落实教育经费保障机制为重点，推进农村义务教育改革

农村义务教育改革的核心是建立起政府投入办学、各级责任明确、财政分级负担、经费稳定增长的农村义务教育经费保障机制。关键是各级政府要确保按照规定落实自

己应当承担的费用目的是要让每一个农村孩子都有学上、上得起学，并上好的学校。农村税费改革以来，农村义务教育管理体制发生了显著变化：一是经费保障制度实现了历史性的突破。农村办学经费从改革前由国家和农民共同负担变为由各级政府承担，并逐步建立了以县为主的农村义务教育管理体制。二是教师工资上收到县，由县财政统一发放，有效解决了教师工资的拖欠问题。三是从2001年开始对义务教育阶段贫困家庭学生实施“两免一补”（免书本费和杂费，补助寄宿生生活费）；从2004年秋季开始，在全国义务教育阶段学校推行“一费制”。四是今年陕西省通过国家“普九和双基达标验收”。五是批准成立了陕西省学生资助管理中心。下一步农村义务教育体制改革的重点如下：（1）全面推行农村义务教育经费保障机制改革。农村义务教育经费保障“约法三章”，不准减少本级政府对农村义务教育应承担的经费投入；不准挪用学校公用经费发放教师津贴；不准再乱收费加重学生的经济负担。（2）要加快教育系统自身改革。一是深化教育人事制度改革，严格教师资格制度，创新教师补充机制，提高农村教师素质。二是合理配置城乡教育资源。建立城乡教师交流制度，鼓励和引导城镇教师到乡村执教，建设农村中小学现代远程教育体系，逐步缩小城乡之间义务教育发展差距。三是继续做好农村中小学布局调整工作。按照方便学生上学、不增加学生经济负担、保证教育质量的原则，调整学校布局，改善办学条件，加强教学管理，努力提高教育资源利用效率。（3）化解“普九”债务。据教育部统计，全国义务教育债务500亿元，高校债务2500亿元。今年6月，国务院综改办在重庆召开了部分省清理化解农村义务教育“普九”债务工作座谈会，决定以“普九”债务为突破口，为化解乡村债务积累经验，并将清理化解“普九”债务作为2007年农村综合改革的一项重要工作。从今年起计划用3年左右的时间，基本完成“普九”债务的化解工作，并建立起化解乡村债务和制止发生新的农村义务教育债务的稳定机制。

（三）以增强基层财政保障能力为重点，推进县乡财政体制改革

县乡财政体制改革，主要解决两个问题：一是解决财政分配的公平性和有效性问题；二是解决县乡财政困难、保证基层运转，防止基层通过乱收费弥补财政不足。

1. 积极探索“省管县”财政管理体制改革和强权扩县改革试点

“省管县”改革，陕西酝酿的时间比较长，但真正实施是从2007年开始。全省选择了13 个生态任务重、财政经济特别困难的县和 2个财政经济状况较好的县进行试

点。主要内容是“六到县”“五不变”。“六到县”，即体制确定到县、各项转移支付到县、专项补助资金分配下达到县、财政结算到县、资金调度到县、工作安排到县。“五不变”，即行政管理体制不变、县级自我发展与加强管理的责任不变、市级既得利益不变、市对县补助不变、债权债务不变。

强权扩县——关于扩大部分县（区）经济管理权限的决定（陕政发［2007］25号）。全省也确定了15 个县进行试点，主要内容包括计划项目、资金、税收、用地和矿权、证照、价格等7个方面。

2. 全面推行“乡财乡用县监管”

这项工作已在全省全面推开，今年计划在30多个县进行县乡连网。“乡财乡用县监管”的核心是以乡镇为独立核算主体，实行县乡“预算共编、账户统设、资金统调、集中收付、采购统办、票据统管”的管理方式，由县级财政部门直接管理并监督乡镇财政收支。

3. 全面实行“村财村用乡代管”

取消农业税后，农村税费改革转移支付资金已成为维持村级组织正常运转的主要资金来源。村级组织收入渠道单一、运转经费保障水平较低，支出压力大。“村财村用乡代管”具体业务由乡镇财政所或乡镇农村财务服务中心承担。2002年，省财政在计算农村税费改革转移支付补助时，以县为单位，对村均农业“两税”附加不足1万元的补足1万元，省财政拿出1.3亿元。2004年和2005年，省财政在计算取消农业特产税、免征农业税转移支付补助时，对各地减少的农业“两税”附加进行补助，并明确这部分补助资金为村级运转补助。考虑陕西省村均1万元的运转经费确实较低的实际，2005年和2006年省财政在反复调研、认真测算的基础上，又拿出专项资金将原来的村均1万元运转经费分两次提高到1.4万元。从2005年10月开始，我们利用半年多的时间，对陕南、陕北、关中16个县（区）村级组织运转的现状、存在问题进行重点调研，提出了解决措施。初步打算经过两年的努力，使村级组织运转补助标准达到 2.5万元，基本解决村级运转困难问题。

（四）以坚决控制新债为重点，积极稳妥化解陈旧债务

乡村债务是过去长期形成的历史遗留问题。随着税费改革的深化和政府行为的规

范，乡村原有的一些还债渠道被堵死，乡村债务问题更加凸显出来。乡村债务量大面广，成因复杂，化解困难，已成为农村工作的一个难点和热点。这个问题不解决，既影响基层政权组织的正常运转，又影响农村的经济发展和社会稳定。

化解乡村债务的基本要求是，“制止新债、摸清底数、明确责任、突出重点、分类处理，逐步化解”。一是坚决制止乡村发生新债。二是清理核查，锁定旧债。三是抓住重点，逐步化解。四是探索建立政府偿债准备金。

近年来，我们在这方面做了许多有益的探索，受到国务院领导的关注和财政部的肯定。概括起来就是“三抓、两建立”。“三抓”，一是抓试点，探索化债措施。从2002年开始，我们就与省农业厅一起联合抓了户县、宜川、汉台等10个县（区）的乡村债务清理化解试点工作。二是抓典型，推动面上工作。在全省总结推广永寿、镇巴等县的化债经验。去年8月，省政府在永寿县召开了全省化解县乡村债务专题工作会，通报表彰了10个化解乡村债务工作先进县，调动了县乡政府的化债积极性。三是抓核查，摸清债务底数。2005年和2006年，先后两次对乡镇债务和村级债务进行清理核查，锁定了债务底数。据统计，全省乡村债务总额为124.97亿元，其中：乡镇级76.85亿元，村级48.12亿元，平均每个县1.2亿元，每个乡镇440.7万元，每个村16.68万元。去年9月，省财政厅抽调40余名同志，历时近3个月时间对全省61个县（区）的“两政一教”债务逐一进行核查，逐县建立了债务台账。据核查，截至2005年底，全省“两政一教”债务总数为45.23亿元，其中：基层政权建设债务7.29亿元，基层政法部门债务7.95亿元，农村义务教育债务29.99亿元。“两建立”，一是建章立制，坚决制止发生新债。陕西省委办公厅、陕西省政府办公厅先后3次下发文件，明确提出“约法三章”和“两项制度”，要求各地一律不得对乡镇下达招商引资的指标，乡镇政府一律不得举债搞建设，乡镇政府一律不得为经济活动提供担保，实行新债责任追究制度和乡村干部离任审计制度。二是建立债务激励考核机调动县乡化债积极性。

陕西省“奖、补、罚”考核办法。省财政对县区政府化解“两政一教”政府债务，按照“化解在先，奖补在后”的基本要求，实行“一奖、一补、一罚”的考核办法，并采取销号法，即当年化解一笔，省财政奖励一笔，原有债务销号一笔。

“一奖”，即省财政按照县区政府当年化解“两政一教”的债务数额（仅限于基本建设和购置设备两项）为考核数，区分财力状况，按一定比例给予奖励，具体办法如下。

（1）对人均财力在3万元以上的县区：化解基层政权、基层政法债务的，省财政按化解额的5%予以奖励；化解农村义务教育债务的，省财政按化解额的30%予以奖励。

（2）对人均财力在2.4万~3万元的县区：化解基层政权、基层政法债务的，省财政按化解额的15%予以奖励；化解农村义务教育债务的，省财政按化解额的40%予以奖励。

（3）对人均财力在2万~2.4万元的县区：化解基层政权、基层政法债务的，省财政按化解额的20%予以奖励；化解农村义务教育债务的，省财政按化解额的50%予以奖励。

（4）对人均财力在2万元以下的县区：化解基层政权、基层政法债务的，省财政按化解额的25%予以奖励；化解农村义务教育债务的，省财政按化解额的60%予以奖励。

（5）省管县化解基层政权、基层政法债务的，省财政按化解额的30%予以奖励；化解农村义务教育债务的，省财政按化解额的75%予以奖励。

"一补"，即对以前债务控制较好和化解工作力度大，成效显著，但财力比较困难的县，省财政一次性给予补助。

"一罚"，即对在化解政府债务工作中弄虚作假、虚报瞒报骗取、套取上级奖励补助资金，以及截留挪用奖补资金的县（区）一经查实，省财政将加倍扣回奖补资金。

熟悉政策 履行职责 更好发挥乡镇财政干部作用

——2014年7月在全省乡镇财政所长综合素质干部培训班上的讲课提纲

乡镇财政直接面向广大乡村和农民群众，在巩固基层政权、落实强农惠农政策、推进城乡一体化等方面发挥着重要作用。在讲课之前我有两个定位。一是对我本人和综改办系统的定位：加强指导，搞好服务，为乡镇财政所和乡镇财政干部更好地工作提供保障和平台。二是对乡镇财政干部的定位：熟悉政策，履行职责，更好发挥乡镇财政干部作用。目的是经过上下共同努力，建立起“职责明晰、机构统一、管理规范、监督有力，运转高效”的乡镇财政管理体制和运行机制，把乡镇财政干部锻造成服务群众的联络员，资金安全的督察员、财务核算的监管员，发挥乡镇财政就地就近监管优势，确保财政性资金安全、规范、有效运行，为建设富裕、和谐、美丽陕西贡献力量。

一、在农村综合改革大背景下认识乡镇政府的职能定位

（一）农村税费改革（2002—2006年）

“三个取消”“一个逐步取消”“两项改革”：取消乡统筹，取消农村教育集资等专门面向农民征收的行政事业性收费、政府性基金和涉及农民的集资项目，取消屠宰税，逐步取消统一规定的劳动积累工和义务工，调整农业税政策，调整农业特产税政策，主要是解决农民负担重和增收难的问题，理顺农村分配关系，税轻费重、缺少规范是

税费改革前农民负担的主要特点。

（二）农村综合改革（2006—2008年）

"三项改革""两个遗留"问题：乡镇机构改革，农村义务教育体制改革，县乡财政体制改革，村级公益事业和乡村债务，主要是巩固成果，解决农村税费改革后的遗留问题。

（三）新形势下农村综合改革的新拓展（2008年至今）

（1）一事一议财政奖补和美丽乡村建设。2009年局部试点，2010年扩大试点，2011年总结经验，2012年规范管理，2013年升级转型，2014年中央财政10.8亿元，省财政1.4亿元，合计12.2亿元。

（2）探索化解乡村债务，主要是农村"普九"债务和垫交税费债务。

（3）农村综合改革示范试点——农村公共服务运行维护机制建设在11个省试点，新型农业社会化服务体系建设在8个省试点，农村产权制度改革在浙江、广东、安徽3个省试点，探索农村集体经济发展有效实现形式在浙江、宁夏2个省试点。

（4）国有农场分离办社会职能，2012年在8个省区，2013年扩大9个省区。

（5）农村公共服务标准化试点，在四川等12个省试点。

（四）深化农村综合改革的基本构想

（1）着力推进农村公益事业发展机制创新：一事一议，美丽乡村、城镇化建设试点。

（2）着力推进农村公共服务供给机制创新：服务内容、服务标准、服务平台。

（3）着力支持农村产权制度改革：土地制度改革的基本思路和财政支持土地制度改革的相关政策。

（4）着力推进乡村治理机制创新：乡镇机构职能和行政体制改革。

（五）乡镇机构改革与乡镇职能定位

乡镇机构改革是农村税费改革转入农村综合改革之后的几大任务之一，目标是建立行为规范、运转协调、公正透明、廉洁高效的基层行政体制和运行机制，思路是严控机构编制只减不增和确保社会稳定这“两条”底线，按照“拆庙养和尚”、实现短期财政支出不再增加，中期财政支出明显减少、长期财政支出彻底减负。2005年之后陕西省乡镇机构改革的三个阶段如下：

（1）2005年率先在安康市、岐山县、洛川县进行改革试点，两种模式（一是三办一所，二是设助理员岗位）。按人口、面积、财政收入3个因素将乡镇分为一、二、三类，按类别核定行政编制，分别为30人、26人、23人。

（2）2010—2012年全面推开乡镇机构改革。2万人以上的重点镇可设置党建、宣传文化、经济发展、社会管理、公用事业管理5个办公室；1万~2万人的乡镇设3个办公室；1万人以下的乡镇不设机构，设综合性岗位。撤并乡镇山区县精简25%、平原县精简30%，原则上不再保留乡的建制。全省撤并乡镇330个，撤乡设镇210个，撤乡镇设街道办事处19个，撤乡并镇后全省共有镇1224个，街道办事处194个，总体撤并比例为21%。实行财政奖励政策，每撤并1个乡镇省财政奖励25万元，建立乡镇干部岗位津贴。

（3）2014年镇村综合改革的主要内容：陕办字〔2014〕30号，乡镇调整工作于2014年底前结束。与我们关系密切的内容如下。

调整行政区划：关中地区不再保留2.5万人且面积100平方千米以下的乡镇，陕北地区不再保留2万人且面积150平方千米以下的乡镇，陕南地区不再保留1.5万人且面积100平方千米以下的乡镇。

完善乡镇机构设置：一般设“五办三站（中心）”，“五办”即党政办公室、经济发展（市场监管）办公室、社会事务管理办公室、维护稳定办公室、宣传科教文卫办公室；“三站（中心）”即经济综合服务站、社会保障服务站、公用事业服务站。办公室可整合财政所、司法所的职能和机构，采取一套人马、多块牌子的方式，充实完善有关职能。

逐步建立乡镇财政体制：在省级重点示范镇和文化旅游名镇建立一级财政体制。其他乡镇也要加快推进，成熟一个，建立一个。

撤销县政府驻地镇建制：改设街道办事处，工作重心转向城区管理和公共服务。可根据辖区人口规模，设立若干城镇社区，配备专职工作人员，实现网络化管理。

引申3点思考：

（1）乡镇政府的职能。乡镇政府的职能定位是乡镇机构改革的重点，经历了认识过程，形成四点共识。即促进经济发展，增加农民收入；提供公共服务，着力改善民生；加强社会管理，维护农村稳定；推动基层民主，促进农村和谐。

乡镇政府是否有发展经济的职能？强调要强化乡镇发展经济和公共服务职能。

（2）乡镇政府作为县级政府的派出机构，在城乡一体化和城镇化的大背景下，其作为一级政府的作用日益显现出来。由三级政府向四级政府转化——中央、省、县、镇。

（3）街道办事处的主要职责：强化公共服务，加强社会管理，优化发展环境，加强社区组织建设。

二、以充实职能和加强资金监管为重点的乡镇财政建设

免征农业税后，我们一直在关注乡镇财政建设的有关问题，2005年选择白水县尧禾镇、印台区红土镇进行典型调查，2006年对“乡财乡用县监管”试点情况，2008年对乡镇财政职能，2009年对乡镇财政机构队伍，2010年对包括体制、机构干部队伍、职能和资金监管等5个方面进行系统调研，最终形成1个总报告和6个分报告。省政府办公厅2006年转发了《省税改办省财政厅关于全面推进乡财乡用县监管试点工作意见的通知》，2011年下发了《关于深化重点示范镇财政管理体制改革的意见》，2012年省财政厅、省编办、省公务员局联合下发了关于加强乡镇财政队伍的意见。这3个文件构成了我省乡镇财政管理的制度体系。

（一）乡镇财政职能的三个“转变”

免征农业税后，乡镇财政职能发生了根本“转变”，即收支管理型—支出管理型，预算管理型—核算管理型，维持保障型—服务发展型，“收钱”的职能淡化，“管钱”的职能强化，“发钱”的职能凸显，具体表现为“三强三弱”。

1. 发放各类惠农政策资金的职责不断强化

随着国家惠农支农政策的全面实施，对农村的转移支付资金和各类补贴越来越多。这些资金的发放涉及面广，种类繁多，政策性和时效性强。以商洛市为例，惠农补贴的发放形式由最初进村入户发放现金到现在实行“一折通”发放，资金项目由初始的10多项增加到现在的40多项，资金数量由开始的2.3 亿元增加到6.5亿元，全市得到惠农补贴的农户达到54万多户。随着改革深入，乡镇财政所发放国家惠农政策资金的

职责将不断强化。

2. 会计核算职能日益增强

实施“乡财乡用县监管”后，许多乡镇都成立了农村财务服务中心，与财政所合署办公，由财政所人员担任会计，负责乡镇预算单位经费管理和村级资金管理以及转移支付资金、新农村建设方面的专项资金管理，全权代理乡村账务，集中时间对外办公，定期进行账务公开，通过代管方式发挥监督作用。咸阳、宝鸡、商洛、渭南等市的乡镇直属部门财务已全部纳入财政所管理，实行会计集中核算。全省大多数县区推行了“村财村用乡代管”，对村级组织运转资金和村集体资金实行代理记账。

3. 支出管理职能明显加强

随着公共财政体制的逐步完善和城乡统筹政策措施的落实，通过乡镇财政下达的新农村建设、救灾、涉农补贴等资金逐年增加，乡镇财政承担的基础管理和资金兑付工作量明显加大，支出管理职能越来越强。同时，乡镇财政还担负着对村级资金的监管任务。

4. 组织收入职能明显减弱

具体表现为：一是税源大幅减少。取消农业税后，多数地方乡镇财政固定税收收入大幅减少，仅剩下契税和耕地占用税两个税种，且税源有限。二是非税收入产生的可用财力少。乡镇非税收入中，社会抚养费占较大比重，有的占80％左右。而乡镇要足额征收社会抚养费需依靠村级组织的协助，要支付一定的费用或奖励，扣除征收成本后乡镇剩余很少。三是组织协调难度大。由于乡镇税务所按片设置，征管人员少，加之税务人员经费实行垂直管理，增加了乡镇财政所的协调难度。四是乡镇组织财政收入的积极性减小。实行“乡财乡用县监管”后，乡镇政府的调控能力削弱，一般都是“有多少钱办多少事”，涵养和培植财源的积极性不高。

5. 预算管理职能严重削弱

实行“乡财乡用县监管”后，县财政统揽了乡镇干部职工工资发放、组织财政收入、代为编制预算、专项资金项目储备申报和分配下达等业务，乡镇财政只承担财政供养人员管理、工资申报、公用经费、补助资金的报账核算和涉农专项资金的兑现落实等具体业务，收支管理工作单纯、业务局限性强、范围狭窄，缺乏统筹调控余地。

以商洛市为例，目前各县普遍将所辖各乡镇政府分别作为独立的预算单位，除洛南县将公用和专项经费直接预算到乡镇各单位外，其余县区只预算到乡镇，再由乡镇分解到各单位。乡镇财政实际上等于县财政的一个预算单位，成为县财政的报账单位和“出纳员”。

6. 财政监督职能相对薄弱

由于缺乏有效的监管机制、强有力的惩戒手段和相应的监管能力，乡镇财政对非财政渠道下达的涉农资金监管难，对非税收入的征收监管难，对乡村的资产监管难，对报账单位的资金使用监管难，乡镇财政所对报账单位开支的真实性无法掌握，仅能审查票据是否违规，对专项资金发生转移用途、截留挪用和使用不规范时，乡镇财政“看得见、管不着”。

（二）乡财乡用县监管

乡财乡用县监管，简称乡财县管，核心是以乡镇为独立核算主体，实行县乡预算共编、账户统设、资金统调、集中收支、采购统办、票据统管的管理方式，由县级财政部直接管理并监管乡镇财政收支。

所做的主要工作：借助金财工程初步实现县乡连网，2008年在铜川召开全省现场会；转变农税征管机构职能，铜川、宝鸡等成立农村财务管理局；建设乡镇财政综合服务大厅，涉农补贴一折通、一卡通；标准化乡镇财政所建设。

（三）乡镇财政职能

乡镇财政职能，包括资金监管、会计核算、公共服务保障、预算编制、资产与债权债务管理、协调组织收入。

（1）资金监管职能。管理乡镇范围内提供公共产品所支出的各类财政性资金和其他公益事业资金；逐步把乡村取得的集体经济收入纳入监管范围；监督管理项目资金，参与政府投资项目的论证、实施和绩效评估工作；办理政府集中采购和财政资金的集中支付工作。

（2）会计核算职能。组织开展乡镇财政、事业单位及其他相关组织的会计核算和档案工作。负责“村财村用乡代管”审核记账工作。

（3）公共服务保障职能。负责涉农补贴资金发放和相关管理工作，做好综合协调和公共服务工作，不断提高乡镇范围内公共产品和公共服务的供给水平，促进农村经济和社会建设事业全面发展。

（4）预算编制职能。参与或负责乡镇财政预（决）算编制、管理与执行，加强预算监督，保证乡镇政权和村级组织的正常运转。

（5）资产与债权债务管理职能。管理乡镇单位国有资产，对资产购置、登记、处置进行管理。对乡镇及村级债权债务实施监督管理，采取多种方式化解乡村债务，杜绝产生新的债务。

（6）协调组织收入职能。涵养税源，协调组织辖区内的税收收入，负责乡镇有关规费、政府性基金、租金等非税收入的征收管理，做好契税和耕地占用税征收管理业务的移交和善后工作。

这6项职能具体到不同的地区不同镇，可能重点不同。

（四）乡镇财政体制

财政体制是确定各级政府间财政分配关系的根本制度，是政府实施宏观调控的重要手段。在合理划分县乡事权和财权的基础上，综合考虑乡镇经济发展水平、税源基础、财政困难程度等因素，进一步调整和完善县乡财政体制，区分不同类型，实行不同的乡镇财政体制。

乡镇财政体制的三种模式如下。

模式一：分税制。

（1）基本内容：分级管理、支出定责、收入分享、权责统一。①分级管理：县与乡镇财政收支实行分级管理，可设立财政分局。②支出定责：合理划分县与乡镇财政支出责任，分级负担，各负其责。明确界定县与乡镇政府的支出责任，行政管理费分别由各本级负担，县派出机构经费由县财政负责；根据有关政策要求，乡镇教师工资、公共卫生、计划生育、社会保障、乡道路建设等支出以县财政为主；乡镇财政自行安排经济发展、城镇建设、社区服务支出，并按规定分担乡镇卫生、文化及其他事业发展支出等。③收入分享：收入划分着眼于加快县域经济发展、促进小城镇建设和乡镇政府职能转变。乡镇财政收入分为固定收入、共享收入和上级返还收入。具体如何划分收入由县级政府根据本地实际情况来确定。④权责统一：在合理划分县与乡镇收支范围基础上，合理调整县与乡镇财力分配关系，按照财力与支出责任相统一的原则，确保各级政府有相对稳定的财力来保证其职能的顺利实现。

（2）适用范围：经济比较发达，财政收入规模大，乡镇自有财力较强，除满足乡镇正常经费开支和社会事业基本支出外，有一定数量的资金可用于自身经济发展、城镇建设，有较强的城镇化发展潜力，通过自主发展和自我积累，能够成长为对周边区域具有较强吸附和辐射带动作用的乡镇。如神木县大柳塔镇、岐山县蔡家坡镇、南郑县大河坎镇、延川县永坪镇等可实行此种模式。

模式二：统收统支加激励体制。

（1）基本内容：收支统管、核定收支、超收奖励、节支留用。①收支统管：县级政府作为县乡财政主体，对适用范围内的乡镇财政收支实行统一管理，乡镇作为县财政的预算单位，主要负责收入征收和乡镇财务管理；乡镇财政收入由国税、地税、财政部门负责按属地原则组织征收，集中上缴县金库，不再设立乡镇金库；乡镇开支由县财政统一审核，统一拨付。②核定收支：县财政对乡镇收支进行分户核算；乡镇机关事业单位职工、离退休人员的个人经费支出，由县财政根据标准核定，直接拨付，在适用范围内实行统一政策；乡镇机关和公益事业单位运转经费支出，由县财政按规定标准核定，包干使用；乡镇计划生育、公共卫生、乡村道路、村级组织运转和社会保障性支出，由县财政根据政策规定统一核定；农业生产、农田水利等经济社会发展支出，根据有关政策，由县财政视财力情况统筹安排，列入财政预算，努力实现各乡镇间大致均等的社会服务水平。③超收奖励：县财政根据乡镇经济发展实际，以2008—2010年三年平均收入数来核定乡镇收入基数，一定三年不变，对其辖区内组织的收入超过核定基数的乡镇，超收全留，用于乡镇增加公用经费或事业发展支出，以调动乡镇政府发展经济和协调组织收入的积极性。④节支留用：对乡镇核定支出后，乡镇通过培植财源、优化结构、厉行节约节省下来的财力留给乡镇自主支配使用。

（2）适用范围：经济发展水平和非农产业聚集度较高，有主体税源，通过努力短期内能够成为区域经济发展中心，财政收入有一定规模，可用财力除满足乡镇正常经费、社会事业基本支出外还略有结余，可用于经济发展和城镇建设的乡镇。如按照《陕西省加快县域城镇化发展纲要》确定的重点镇可实行此种模式。

模式三：统收统支体制。

（1）基本内容：收支统管、账户统设、资金统调、集中收付，乡镇作为县财政的一级预算单位，其财政收入和基本支出由县级财政部门直接管理和安排，保证工资和正常运转经费支出需要，强化县级财政对乡镇财政的指导和监管。

（2）适用范围：经济发展水平低，没有主体税源，财政收入规模小，可用财力满足不了乡镇正常经费和社会事业基本支出的乡镇。全省绝大多数乡镇都适用此种模式。

乡镇财政机构管理的模式：派出机构模式、双重管理模式、乡镇机构模式。

（五）乡镇财政队伍建设

2012年12月《陕西省财政厅 陕西省机构编制委员会办公室 陕西省公务员局关于加强乡镇财政队伍建设的意见》（窗体底端陕财办农改〔2012〕1号）主要内容：

（1）加强对乡镇财政工作的指导（明确了预算、综改的分工）。

（2）明确了乡镇财政所建设上实行以县财政局管理为主的体制。

（3）不能少于三人。

乡镇财政机构管理的模式：派出机构模式、双重管理模式、乡镇机构模式。

三、以一事一议和美丽乡村建设为主要内容的村级公益事业建设

（一）三点五化的总体思路

县上有重点、乡镇有亮点、村上有看点；道路硬化、巷道亮化、卫生净化、环境美化、村庄绿化。

（二）一事一议的主要政策

（1）一事一议财政奖补范围：村内户外。

（2）筹资筹劳政策：农民年人均收入最高不超过40元，每劳年承担的劳务量不得超过10个标准工日（每工日折资40元）。

（3）财政奖补政策、中央财政奖补政策，2009年1/3，2010年40%，2011年50%。

中央：1/3、35%、40%。

最新变化，一事一议财政奖补资金分配不与农民筹资筹劳挂钩，不与项目投资总额挂钩。

（4）普惠制与特惠制，乡镇报账制与县级报账制，定额制与限额制。

普惠制与特惠制：村级申报、乡镇初审、县级审批、市级备案。

乡级申请、县级初审、市级审批、省级备案。

乡镇报账制与县级报账制：普惠制项目实行乡镇报账，特惠制项目实行县级报账。

定额制与限额制

（5）一事一议的制度优势：一是坚持群众自下而上的民主议事和政府自上而下的财政奖补相结合，打破了政府主导项目建设和自上而下决策的传统模式，农民群众真正成为村级公益事业建设的主人。二是坚持以农民共同需求为导向，重点解决农民最急需、最直接的民生难题。三是坚持以县为主，充分发挥县乡政府熟悉基层、了解基层的优势。

（三）由一事一议到美丽乡村的转型升级

（1）美丽乡村的坚实基础：机制基础、工作基础、制度基础、资金基础、群众基础。

（2）美丽乡村建设的目标：宜居、宜业、宜游，简单地说就是田园村庄，更加突出生态文明。去年省政府选择眉县、耀州、乾县、汉阴、白水5个县区进行试点，每县1000万元；今年在21个镇进行改善村庄人居环境加快推进美丽乡村建设试点，每镇1000万元。

（3）美丽乡村建设要处理好以下几个关系：

①处理好政府规划引导与农民主体地位的关系。

②处理好政府资金与社会资金的关系。

③处理好政府财政奖补与农民筹资筹劳的关系。筹资筹劳体现农民的主人翁和责任意识。政府财政奖补是建立在农民自愿筹资筹劳基础上的，坚持先筹后补，不筹不补。

④处理好一事一议财政奖补项目与美丽乡村建设的关系。普惠制、特惠制、美丽乡村建设都是一事一议财政奖补的项目。通俗地讲，普惠制属于雪中送炭，特惠制属于锦上添花，美丽乡村是放大了的“特惠制”。不是所有的乡村都能建成美丽乡村。就财政奖补制度设计而言，要把一事一议财政奖补资金的基数部分用于改善农民的基本生活条件和人居环境，增量部分重点用于美丽乡村建设，以普惠保基本，以特惠保重

点，妥善解决好普遍受益与重点投入、锦上添花与雪中送炭的关系。

⑤处理好一般指导与差异化指导的关系。关中地区村内巷道已基本解决，更多地提升到亮化、绿化、美化项目，而陕南、陕北山区许多村吃水行路都很困难，需要在最基本的生活设施上下功夫。关中地区在保证一定“普惠制”的前提下，把重点放在重点示范镇和美丽乡村建设上；陕南、陕北在重点解决群众吃水行路、移民搬迁的基础上，选择极少数自然条件相对较好、群众意愿迫切的村进行美丽乡村试点。

四、以加大投入和加强管理为主要内容的村级组织运转及村级财务管理

（一）村财村用乡代管

由乡镇财政所或农村财务服务中心代理记账代为账务。目前村财主要来源是财政转移支付资金、村集体资金和其他，财政转移支付资金主要用于村干部报酬和村级公用经费。

（二）省财政投入情况

截至目前，省财政通过转移支付用于村级组织运转的资金为73301万元。具体情况是：2002年农村税费改革时，省财政在计算农村税费改革转移支付补助时，以县为单位，对村均农业“两税”附加不足1万元的补足了1万元；2005—2007年，省财政在十分困难的情况下每年都安排一定的资金用于提高村级组织运转标准，其中2005年由1万元提高到1.2万元，村均增加2000元；2006年由1.2万元提高到1.4万元，村均增加2000元；2007年由1.4万元直接提高到2万元，村均增加6000元；2009年我省再次将村级组织运转补助标准由2万元提高到2.5万元，使村级组织运转补助标准达到村均增加5000元。

2.5万元的来历——2006年调研结论：

村干部平均6人，每人每年3000元，计1.8万元。

村级公用经费每年6000元，包括办公费、水电费、宣传费、差旅费、会议费、报纸杂志订阅费。

省政府负担80%即2万元。

市县负担20%即0.5万元。

（三）中办发〔2009〕21号文件精神

中共中央办公厅、国务院办公厅2009年5月22日联合下发《关于完善村级组织运转经费保障机制促进村级组织建设的意见》。

（1）合理界定村级组织运转经费保障范围。要将村干部报酬、村办公经费和其他必要支出作为保障重点。村干部报酬是指对在任的村“两委”班子主要成员给予的固定补贴，一般按每个行政村3～5人核定，具体由各地区按照行政村规模等因素确定；村办公经费主要指必要的办公用品费、水电费、报纸杂志征订费等维持村级组织正常运转所必需的开支。其他必要支出主要指村内治安、卫生防疫、垃圾收集等社区管理和服务支出。对组干部的误工补贴和离任村干部待遇等，由各地区结合本地实际情况确定。农村五保供养作为社会保障制度的重要内容，其经费纳入县乡财政预算专项保障，不再列为村级组织运转经费保障范围。

（2）明确村级组织运转经费保障责任。县乡政府要认真落实村级组织运转经费补助责任，中央财政要把村级组织运转财政补助经费纳入县级基本财力保障范围，通过安排奖补资金等措施，支持、引导地方做好村级组织运转经费保障工作，逐步提高村级组织运转经费保障能力，各级农村综合改革部门要加强对村级组织运转经费落实情况的监督检查。对没有落实保障责任的地方，中央财政将视情况相应扣减其奖补资金。今后，凡委托村级组织开展工作需要出钱出物的，有关部门要相应安排工作经费，不得向村级组织转嫁负担。对集体经济较发达、村级收入较雄厚的村级组织，财政是否给予其运转经费补助由各地区确定。

（3）合理确定村级组织运转经费保障标准。各地区要结合本地实际确定村级组织运转经费最低保障标准。村干部报酬水平原则上以县为单位，综合考虑当地经济发展水平、农民人均纯收入、农村劳动力平均收入水平及村干部工作业绩等因素核定。村干部报酬可采取基本报酬加业绩考核奖励报酬方式发放。基本报酬以不低于当地农村劳动力平均收入水平确定，业绩考核奖励报酬由乡镇党委、政府根据村干部年度业绩考核情况和村民会议、村民代表会议评议结果确定。村办公经费和其他必要支出的具体标准应综合考虑行政村规模和经济社会发展状况等因素确定。

（4）加强对村级组织运转经费的监督管理。各地区要制定科学合理的村级组织运转财政补助资金管理办法，创新管理方式，确保村级组织运转经费来源稳定、使用规范。县乡政府要将村级补助经费列入年度预算，加强对村级组织运转经费补助资金的监督管理，推行“村财乡代管”、村会计委托代理制等管理方式，坚持村民民主理财，全面提高村级财务管理水平并定期公示，确保村级经费规范使用。村干部报酬要及时足额发放，村办公经费和其他必要支出应实行报账制。严格执行村级报纸杂志订阅限额制，积极探索县级集中订阅、财政直接支付等有效做法，严禁向村级组织摊派订阅报纸杂志。加强村级财务管理，认真实行村民民主议事、民主理财制度，村级组织运转经费的使用由村民会议或村民代表会议审议决定，接受群众监督。建立严格的村级组织运转经费监督检查制度，加强财政、审计监督，确保村级组织运转经费安全有效使用，防止截留挪用。

（四）陕办发〔2012〕23号文件精神

2012年11月，陕西省委办公厅、陕西省政府办公厅转发了省委组织部、省民政厅、省财政厅、省人社厅4部门联合制定的《关于建立健全村干部补贴制度的意见》，明确了落实村干部补贴的有关政策标准、实际操作程序和办法，决定从2013年起执行新标准。

一是按照村的大小确定领取补贴的村干部范围。西安、宝鸡、咸阳、铜川、渭南、延安、榆林和杨凌示范区8市（区）不满3000人的行政村为小村，3000人以上的村为大村；汉中、安康、商洛3市不满1500人的行政村为小村，1500人以上的村为大村。大、小村领取补贴的村干部范围包括村党支部书记、村委会主任等在内的最多5人和3人。

二是统一村干部补贴结构及标准。村干部补贴由基本补贴和绩效补贴两部分构成，基本补贴占60%，绩效补贴占40%。村干部补贴纳入公共财政预算，村干部基本补贴由省财政全额承担，绩效补贴由市、县财政承担，具体分担比例由各市自行拟定。村党支部书记和村委会主任的年补贴为所在县（市、区）上年农民人均纯收入的2倍，标准一定三年不变；其他村干部补贴为村党支部书记的80%。村党支部书记、村委会“一肩挑的”，按所在县（市、区）上年农民人均纯收入的2.5倍给予补贴。原实际执行标准高于以上规定的，不得降低；原执行标准低于以上规定的，应按新标准落实。具体比例按各市财力情况由省财政厅掌握。

三是明确了离职村干部的补贴政策。60周岁以上正常离职的村党支部书记、村委会主任实行养老保险加任职补贴政策，按每年加发5元补贴计算，任职补贴所需资金由省和市、县财政各承担50%。享受离职补贴的村干部相关数据，由县级组织部门和民政部门负责。

存在的问题：一是各县只算后来增加的村级组织运转资金，而不算税改时的1万元基数；二是组干部报酬；三是村民监督委员会主任报酬。

（五）陕办字〔2014〕30号文件有关精神

调整村级规模：原则上关中地区撤并1500人以下的村，撤并比例不低于现有数的34%；陕北地区撤并800人以下的村，撤并比例不低于陕北现有村数的45%；陕南地区撤并1000人以下的村，撤并比例不低于陕南现有村数的25%。

推进新型农村社区建设：乡镇撤并后，以撤销后的乡镇驻地村为基础，建立新型农村社区，设立社区服务中心，承担社会公共服务和村（居）民自治服务职能。在条件成熟的大村或中心村、移民搬迁集中安置点设立新型农村社区，扩大公共服务覆盖面。关中地区新型农村社区人口应在3000人以上，陕南、陕北应在2000人以上。

时间要求：村规模调整工作于2016年底前结束。

五、对乡镇财政所长的几点希望

第一，要结合自身实际加强学习。需要学习的内容很多，缺什么学什么。学习的渠道也很多，可以是讲座，可以是交流，也可以是培训。要继续学习理解省政府出台的一系列一事一议管理办法与制度，要继续学习省政府推广的横山县“六字工作法”、凤翔县“项目投资评估”、眉县“三位一体”、汉阴县的项目管护办法，要继续学习省政府重点工作的调研成果，如基层财政建设、村级组织运转、一事一议政策解读、美丽乡村建设思考等。

第二，要向纵深思考问题。①普惠制与特惠制。省政府每年普惠制资金按80%切块下达，特惠制资金按20%切块下达。普惠制主要保公平，特惠制主要讲效率。②综改办在乡镇财政日常管理上的职能划分，主要把握好5个方面的问题，职能定位、机构设置、队伍建设、制度建设、人员培训。乡镇财政所应保留，乡财乡用县监管是一种管理方式，不是体制，现阶段应坚持。③农村综合改革下一步搞什么。主要围绕农村公共服务、社会化管理开展工作。④政府和农民在美丽乡村建设中的责任。政府是主导，农民是主体。在规划方面，政府不能将规划强加给农民，应体现农民的意愿；在项目建设方面，农民是主体，政府的主要责任是全程参与和监督；在资金方面，政府是补助，农民是主体，筹资筹劳是基础；在管护方面，要以乡村为主。

第三，要因地制宜地落实政策。一事一议的制度优势更多地体现在普惠制上，针对一事一议财政奖补资金分配方式的变化，应思考如何实行定额制与限额制，更好地落实乡镇报账制与县级报账制。原则上，普惠制项目实行乡镇报账制，特惠制及美丽乡村项目实行县级报账制。

新常态 新理念 新举措

——2016年5月给陕西省财政厅行政处全体党员讲党课提纲

一、关于新常态

新常态，新就是“有异于旧质”，常态就是时常发生的状态。新常态就是不同于以往的、相对稳定的状态，这是一种趋势性、不可逆的发展状态。习近平总书记第一次提出“新常态”是在2014年5月考察河南的行程中，他说：“中国发展仍处于重要战略机遇期，我们要增强信心，从当前我国经济发展的阶段性特征出发，适应新常态，保持战略上的平常心态。”在把“新常态”作为执政新理念关键词提出6个月后，习近平总书记2014年11月9日首次系统阐述了“新常态”。他表示：“新常态将给中国带来新的发展机遇。”“新常态”理念的提出，意味着中国经济要摆脱“旧常态”。旧常态，是指一段时期增长速度偏高、经济偏热、经济增长不可持续的因素累积，并带来环境污染加剧、社会矛盾增加以及国际压力变大的严峻挑战，也是党的十八大以前长期改革滞后形成的“体制病”和宏观失衡“综合病”。据不完全统计，党的十八大以来，习近平总书记在公开讲话和发表的文章中，“新常态”被提及了160余次。

“新常态”3个特点：

一是从高速增长转为中高速增长；二是经济结构不断优化升级，第三产业消费需求逐步成为主体，城乡区域差距逐步缩小，居民收入占比上升，发展成果惠及更广大民众；三是从要素驱动、投资驱动转向创新驱动。

“新常态”4个机遇：

第一，新常态下，中国经济增速虽然放缓，实际增量依然可观。经过30多年的高速增长，中国的经济体量已经今非昔比。2013年中国经济的增量相当于1994年全年的经济总量，可以在全世界排到第17位。即使是7%左右的增长，无论是速度还是体量，在全球也是名列前茅的。

第二，新常态下，中国经济增长更趋平稳，增长动力更为多元。有人担心，中国经济增速会不会进一步回落，能不能爬坡过坎？风险确实有，但没有那么可怕。中国经济的强韧性是防范风险的最有力支撑。我们创新宏观调控的思路和方式，以目前确定的战略和所拥有的政策储备，我们有信心、有能力应对各种可能出现的风险。我们正在协同推进新型工业化、城镇化、信息化、农业现代化，这有利于化解各种成长的烦恼。中国经济更多依赖国内消费需求拉动，避免依赖出口的外部风险。

第三，新常态下，中国经济结构优化升级，发展前景更加稳定。今年前三个季度，中国最终消费对经济增长的贡献率为48.5%，超过了投资。服务业增加值占比46.7%，继续超过第二产业。高新技术产业和装备制造业增速分别为12.3%和11.1%，明显高于工业平均增速。单位国内生产总值能耗下降4.6%。这些数据表明，中国经济结构正在发生深刻变化，质量更好、结构更优。

第四，新常态下，中国政府大力简政放权，市场活力进一步释放。简言之，就是要放开政府这只看得见的手，用好市场这只看不见的手。例如，改革了企业登记制度，前三个季度全国新登记注册市场主体920万户，新增企业数量较去年增长了60%以上。

新常态的影响：不仅是经济新常态，政治、文化、生活都在新常态。政治上，反腐风暴；国际上，“一带一路”、亚洲基础设施投资银行、金砖银行；财政上，收入减缓、支出压力更大；个人生活上，与人交往趋于理性、人情味趋淡；文化上，更强调传统和道德。

如何适应新常态：三严三实。即严以修身、严以用权、严以律己，谋事要实、创业要实、做人要实。具体到个人就是要讲政治、讲规矩、讲纪律，谋事要实、创业要实、做人要实。

避免新常态的三个误区：①新常态不是一个事件，不要用好或坏来判断；②新常态不是一个筐子，不要什么都往里面装；③新常态不是一个避风港，挡箭牌。

对于经济发展新常态，不仅需要适应和把握，更需要将其向健康的方面引领。

二、关于新理念

党的十八届五中全会坚持以人民为中心的发展思想，鲜明提出了“创新、协调、绿色、开放、共享”的发展理念。树立新发展理念，首先要解决发展为什么人、由谁享有发展成果这个根本问题。

创新是引领发展的第一动力。树立创新发展理念，就必须把创新摆在国家发展全局的核心位置，不断推进理论创新、制度创新、科技创新、文化创新等各个方面创新，让创新贯穿党和国家一切工作，让创新在全社会蔚然成风。

协调是持续健康发展的内在要求。树立协调发展理念，就必须牢牢把握中国特色社会主义事业总体布局，正确处理发展中的重大关系，重点促进城乡区域协调发展，促进经济社会协调发展，促进新型工业化、信息化、城镇化、农业现代化同步发展，在增强国家硬实力的同时，注重提升国家软实力，不断增强发展整体性。

绿色是解决人与自然和谐共生问题，树立绿色发展理念，就必须坚持节约资源和保护环境的基本国策，坚持可持续发展，形成绿色发展方式和生活方式，协同推进人民富裕、国家富强、中国美丽。

开放是国家繁荣发展的必由之路。树立开放发展理念，就必须顺应我国经济深度融入世界经济的趋势，奉行互利共赢的开发战略，提高我国在全球经济治理中的制度性话语权，构建广泛的利益共同体。

共享是中国特色社会主义的本质要求，包括全民共享、全面共享、共建共享、渐进共享。让广大人民群众共享政策发展成果，才能真正体现社会主义制度的优越性。

三、关于新举措——供给侧结构性改革

改革是对旧有的生产关系、上层建筑作局部或根本性的调整，改革是社会发展的强大动力。改革与革命的区别，革命是实现社会变革的历史过程，有暴力和正义的色彩，它是阶级矛盾和社会矛盾激化的产物，一个阶级推翻另一个阶级的暴力行动，政治的最高行动。而改革是在现有的政治体制内实行变革。

第一，供给、需求、价格是经济学最重要的概念。

第二，需求是指有支付能力的需求，总需求由投资、净出口、消费“三驾马车”组成。①理论基础，凯恩斯的有效需求不足（生产过剩）。②政策措施，最典型的例子是政府投入4万亿元。③执行结果，正面上经济高速增长，成为世界第二大经济体；负面上产能过剩、房地产泡沫、供给和需求脱节，如小汽车、苹果手机、马桶等。

第三，供给侧结构性改革。①调整供给结构，使供给更符合需求。供给结构偏重

失衡，供给过度依赖资源。②降低企业成本，也就是供给质量和效率。供给质量偏低，供给成本逐渐增高。③更注重持续增长，创新驱动，科技的作用。④新的计划经济。不唯GDP和增长速度，效率和公平并重。

第四，供给侧结构性改革的五大任务。①去产能。加大各种门槛准入、制度建设和执法力度；处置“僵尸企业”，该“断奶”的就“断奶”，该断贷的就断贷，坚决拔掉“输液管”和“呼吸机”。②去杠杆。要在宏观上放水漫灌，在微观上有序打破刚性兑付。③去库存。要加大户籍制度改革力度，建立健全农民工进城的财税、土地等配套制度。④降成本。就是要把整体税收负担降下来，把不合理的收费取消，把行政审批减下来。⑤补短板。就是要注重脱贫攻坚的难度，扎实推进科技创新和生态文明建设，完善基础设施建设，完善“钱从哪里来，投到哪里去”的体制机制。

供给侧结构性改革必须用五大发展理念来引领。把新的发展理念体现到政策制定、工作安排和任务落实的各个方面。

研究篇

资政兴财
岁月如歌

随笔篇

学思践悟
年华似水

评说篇

耕笔不辍
文如其人

关于对新时代的学习和认识

习近平总书记在党的十九大报告中提出习近平新时代中国特色社会主义思想。经过学习和思考，我对新时代的科学内涵、定位、要求有了更深层次的认识。新时代是指在新的历史条件下继续夺取中国特色社会主义伟大胜利的时代，是决胜全面建成小康社会、进而全面建成社会主义现代化强国的时代，是全国各族人民团结奋斗、不断创造美好生活、逐步实现全体人民共同富裕的时代，是全体中华儿女勠力同心、奋力实现中华民族伟大复兴中国梦的时代，是我国日益走近世界舞台中央不断为人类做出更大贡献的时代。我们一定要认真学习准确理解“新时代”的科学内涵和科学定位，用习近平新时代中国特色社会主义思想武装头脑、指导实践、推动工作。

一、新时代孕育新思想

新思想就是习近平新时代中国特色社会主义思想。它是党的十九大报告提出的重大理论创新成果，是对马克思列宁主义、毛泽东思想、邓小平理论、“三个代表”重要思想、科学发展观的继承和发展，是马克思主义中国化最新成果，是全党全国人民的行动指南和思想武器。习近平新时代中国特色社会主义思想是对党的十八大以来习近平同志治国理政新理念新思想新战略的高度概括，是党和人民实践经验和集体智慧的结晶。报告提出了习近平新时代中国特色社会主义思想的“8个明确”和“14条坚持”，两者相互统一，共同构成习近平新时代中国特色社会主义思想框架。

二、新时代开启新征程

“新时代”的科学定位，是我们为实现中华民族伟大复兴的中国梦不懈奋斗的进军号和宣言书。报告浓缩5年来中国共产党治国理政的经验和启示，描绘了从现在到2020年乃至21世纪中叶的宏伟蓝图：一是中共十九大到二十大的5年正处在实现“两个一百年”奋斗目标的历史交汇期，第一个百年奋斗目标要实现，第二个百年奋斗目标要开篇。2018年是改革开放40周年，2019年是中华人民共和国成立70周年，2020年要全面建成小康社会，2021年是中国共产党成立100周年，这些重要的时间节点，是我们工作的坐标。二是从2020年到2035年，基本实现社会主义现代化，从2035年到21世纪中叶，把我国建成社会主义现代化强国。就是说，把基本实现社会主义现代化比原来的设计、规划提前了15年，到21世纪中叶要建成社会主义现代化强国。

三、新时代带来新变化

新变化就是我国社会主要矛盾的变化。进入新时代，我国社会主要矛盾已经转化为人民日益增长的美好生活需要和不平衡不充分的发展之间的矛盾。在此之前，我国社会的主要矛盾是人民日益增长的物质文化需求同落后的社会生产之间的矛盾，这一表述自1981年党的十一届六中全会写进《关于建国以来党的若干历史问题》，随后被党的十二大确认后，历届党代会报告中都遵循这一表述，党的十八大报告中亦是如此。党的十九大报告中这一表述的变化主要有以下两方面原因：

一方面，如今的中国已经是全球屈指可数的一个全产业链的国家，在相当多的领域中具有较强的竞争力，全球价值链的位次已不断上移，高科技高附加值产品从无到有，部分已经处于领先地位，如高铁，社会生产力得到了全面提高，落后的社会生产不再是中国社会的一个普遍现象。

另一方面，随着社会生产力水平的提高，发展增长的差异性和不平衡性影响人民获得感的提升。随着物质生活不断提升改善，中国人民对美好生活的追求就不能简单地表述为对物质文化的需求，而是一种全方位对“幸福感”的体验和价值需求。这种体验和需求来自住房、教育、医疗、环境、交通、精神文化等各方面的综合提升。

还有，我们必须看到，中国的GDP贡献主要仍来自东南沿海，中西部、民族地区、革命老区、部分农村地区和部门行业虽然发展迅速，但原有基数低，导致城乡之间、地区之间、行业之间的差距仍然巨大，成为全面实现小康社会、全面实现现代化一个明显短板。

四、新时代要求新姿态

习近平新时代中国特色社会主义思想闪耀着真理的力量和时代的光芒，是我们不忘初心、牢记使命、砥砺前行的指路明灯。站在新的历史起点上，我们要认真学习、深刻领会全面贯彻党的十九大精神，行政处党支部把学习贯彻党的十九大精神作为当前和今后一个时期首要的政治任务，把学习党的十九大精神焕发出的政治热情投入落实财政厅党组“争一流、创先进、出经验”的部署和“扑下身子抓落实，撸起袖子加油干”的要求中，投入争创“一流处室、一流支部、一流队伍、一流服务”的“争四”目标中。

（一）在学深悟透上下功夫

我们要原原本本学报告、带着问题研报告、认真思考悟报告，切实把党的十九大精神学深悟透。把党的十九大精神学习情况纳入“双月述职评比”活动中，在比、学、赶、超中加深对党的十九大精神的理解。

（二）在学习与工作结合上下功夫

习近平总书记率新常委班子庄严承诺：新时代要有新气象，更要有新作为！对于我们而言，就是按照习近平总书记新时代要有新作为的指示，积极落实好财政厅党组的要求，谋划好本职工作。在今年后几个月，以新时代新要求，高标准高质量地完成好后续工作，及时对今年的工作拾遗补阙强措施，并提早谋划明年的工作。

（三）在学习成果转化上下功夫

我们要将学习党的十九大学习成果转化为实现“一流处室、一流支部、一流队伍、一流服务”的“争四”目标的强大动力，转化为提高行政财务管理的实际工作能力，转化为全面从严治党，加强干部队伍建设的自觉行动，转为化“不忘初心、牢记使命”不可撼动的理性信念。

（本文是作者在担任陕西省财政厅行政处处长时，于2017年10月学习党的十九大报告学习心得体会，在陕西省财政厅党支部书记会上作交流）

坚持以人民为中心
加快推进中国式农业农村现代化

加快推进农业农村现代化是中国式现代化的重要组成部分，是实现农业大国向农业强国跨越的基础和支撑。党的二十大报告提出："全面建设社会主义现代化国家，最艰巨最繁重的任务在农村，最广泛最深厚的基础在农村。"没有农业农村的现代化就没有国家的现代化。我们要按照党中央部署，坚持以人民为中心，全面推进乡村振兴，加快推进农业农村现代化，不断夯实中国式现代化的农业农村基础。

一、坚持以人民为中心，实现人民对美好生活的向往，是我国农业农村现代化建设的出发点和落脚点

党和国家历来十分重视农业、农村、农民问题。进入21世纪以来，党中央把解决"三农"问题作为全党工作的重中之重，一以贯之统筹城乡发展，制定了一系列"多予、少取、放活"和工业反哺农业、城市支持农村的政策措施。

针对农民收入增长缓慢、农民负担重的问题，2001年在全国实施了以减轻农民负担为出发点、以取消农业税为标志的农村税费改革，理顺了农村分配关系，结束了我国农民几千年来种田缴纳"皇粮国税"的历史。针对城乡居民收入差距持续扩大、城乡社会事业发展存在巨大反差、农村基础设施建设严重滞后等问题，2006年在全国实施了以"生产发展、生活富裕、乡风文明、村容整洁、管理民主"的社会主义新农村建设，进一步解放和发展农村生产力，加快了农村城镇化建设步伐。针对农村贫困面大、贫困人口多、农村发展滞后等问题，2015年在全国实施了以实现"两不愁、三保障"目标和"六个精准""五个一批"为核心要求的精准扶贫精准脱贫方略，完成了消除绝对贫困的历史性艰巨任务。从2004年以来，中央连续下发了19个指导"三农"

工作的中央一号文件。每年的中央一号文件虽各有侧重，但都围绕给农民平等权利，给农村优先地位，给农业更多反哺这一主题，准确把握保护农民物质利益、尊重农民民主权利、不断解放和发展社会生产力的改革主线，加速了城乡协调发展的历史进程，共同奏响了繁荣农村经济、促进农业增产、农民增收的主旋律。

党的十八大以来的10年，是我国农村改革和发展最快、农民得实惠最多的10年，打赢了人类历史上规模最大的脱贫攻坚战，全国832个贫困县全部摘帽，9899万农村贫困人口实现脱贫，960多万贫困人口实现异地搬迁，历史性地解决了绝对贫困问题，完成脱贫攻坚、全面建成小康社会的历史任务，人民群众获得感、幸福感、安全感更加充实、更有保障、更可持续，共同富裕取得新成效。这些成就的取得得益于深入贯彻习近平以人民为中心的发展思想，坚持一切为了人民、一切依靠人民，在高质量发展中促进共同富裕，让社会主义制度的优越性得到更加充分的体现。

二、由传统农业大国向农业强国转变，是我国实现农业农村现代化的必由之路

加快建设农业强国，是全面建设社会主义现代化国家的基础支撑，是全面推进乡村振兴的战略任务。它既是农业发展方式的创新，也是农业发展进程的提速，既体现了农业发展量的突破和质的跃升，又彰显了打破常规的后发优势和赶超态势。

我国是人口大国、农业大国。有着5000余年的农耕文化历史，耕地面积广大，占世界耕地面积的7%；农村人口占比高，农村人口占全国总人口的36.11%；农业基础设施薄弱，农业机械化程度低。这是我国农业农村的国情实际。党的二十大报告对新时代新征程“三农”工作作出了工作部署，提出“全面推进乡村振兴”“基本实现新型工业化、信息化、城镇化、农业现代化”等方针，为新时代新征程“三农”工作指明方向。从“中国要强，农业必须强”的深刻论断，到“加快推进农业农村现代化”的战略部署，再到“加快建设农业农村强国”的奋进号角，体现了党中央对“三农”工作一以贯之的高度重视。实现由农业大国向农业强国转变，是全面建成社会主义现代化强国、实现第二个百年奋斗目标的必由之路，它意味着要实现农业农村发展从数量到质量、从规模到效益、从生产力到竞争力的全面跨越。

著名“三农”学者魏后凯把现代农业强国的标志归纳为“四强一高”，即农业供给保障能力强、农业竞争力强、农业科技创新能力强、农业可持续发展后劲强和农业

发展水平高。无论从国内现实国情出发，还是从国际农业强国发展进程来看，要实现由“大”到“强”的转变，就必须要把农业现代化的一般规律与中国农村改革经验紧密结合起来，立足新发展阶段、贯彻新发展理念、构建新发展格局、推动高质量发展，以实现人民对美好生活的向往、促进全体人民共同富裕作为农业农村现代化的出发点和落脚点，坚持走中国特色社会主义农业现代化道路，全方位夯实国家粮食安全根基，牢牢守住18亿亩（1亩≈667平方米，15亩＝1公顷，全书同）耕地红线，确保中国人的饭碗牢牢端在自己手中，全面构建现代农业产业体系，推进农村一、二、三产业融合发展，坚持节约资源和保护资源相结合，系统推进农业绿色发展全过程转型，深入实施科教兴农战略，增强农业的综合生产力和竞争力，分地区分阶段分重点梯次推进，补齐补强农业农村发展这条短板弱板，加快建设供给保障有力、绿色高质高效、产业链条完备、竞争优势明显的农业强国，力争到2035年基本实现农业农村现代化，到2050年基本实现农业强国的目标。

三、全面推进乡村振兴的最终目标是实现中国式农业农村现代化

习近平总书记指出，农业农村现代化是实施乡村振兴战略的总目标。农业农村现代化既是一个历史性概念，也是一个世界性概念。农业农村现代化包括农业生产手段机械化、农业生产技术科学化、农业经营方式产业化、农业服务社会化、农业基础设施现代化、农村城镇化，农民生活富裕化。

实施乡村振兴战略是关系全面建设社会主义现代化国家的全局性、历史性任务，是加快推进农业农村现代化的有效途径。要始终坚持农业农村优先发展的总方针，按照产业兴旺、生态宜居、乡风文明、治理有效、生活富裕的总要求，建立健全城乡融合发展体制机制和政策体系，扎实推动乡村产业、人才、文化、生态、组织振兴，促进农业高质高效全面升级，农村宜居宜业全面进步，农民富裕富足全面发展，让农业成为有奔头的产业，让农民成为有吸引力的职业，让农村成为安居乐业的美丽家园，推动农业农村与工业城市同步实现现代化，开启城乡融合发展和现代化新局面。

从可持续发展的观点看，农业农村现代化既是人类改造自然和征服自然能力的反映，同时也是人与自然和谐发展程度的反映。农业农村现代化对我国经济增长具有重要意义，农业是潜在的经济增长点，农村是潜在的消费增长点，也是我国不应该放弃

的比较优势产业。农业农村现代化是消除城乡发展不平衡和乡村发展不充分，实现城乡一体化发展的过程。实现农业农村现代化，既要包括“物”的现代化——现代化的农业农村，也要包括人的现代化——现代化的农民。要把农业现代化与农村现代化一体设计、一并推进。持续巩固脱贫攻坚成果与乡村振兴的有效衔接，把产业发展放在更加突出的位置，依托农业农村资源，发展乡村二、三产业，延长产业链，促进农村一、二、三产业融合发展。建立健全城乡融合发展体制机制和政策体系，加快县域城乡融合发展。实施乡村建设行动，建设宜居宜业和美丽乡村。拓宽乡村发展空间，带动农民就地就近就业增收。

总之，全面实施乡村振兴、加快建设农业强国、实现农业农村现代化，是一项三位一体的系统工程，三者之间相辅相成，互相促进，要有全局思维、系统思维、协调推进，踔厉奋发、勇毅前行，为全面建设社会主义现代化国家、全面推进中华民族伟大复兴而团结奋斗。

（本文被陕西省社会科学联合会列入学习宣传贯彻党的二十大精神《陕西省哲学社会科学研究专项》，项目编号2023HZ0418，原文载于西北大学陕西财政研究院研究简报2022年第29期）

坚持人民至上：中国式现代化的出发点和落脚点

习近平总书记在党的二十大报告中指出："从现在起，中国共产党的中心任务就是团结带领全国各族人民全面建成社会主义现代化强国、实现第二个百年奋斗目标，以中国式现代化全面推进中华民族伟大复兴。"中国式现代化以人口规模巨大、全体人民共同富裕、物质文明和精神文明相协调、人与自然和谐共生、走和平发展道路为鲜明特征，它与西方现代化的本质区别在于坚持人民至上，坚持发展为了人民、发展依靠人民、发展成果由人民共享，坚定不移走全体人民共同富裕道路。把实现人民对美好生活的向往作为现代化建设的出发点和落脚点，是马克思主义中国化、时代化的内在要求，是中国式现代化的鲜明特质。

（一）坚持人民至上是马克思主义最鲜明的品格

人民主体地位观是历史唯物主义的理论基石，是马克思主义的实质和核心。人民至上贯穿马克思主义哲学、政治经济学和科学社会主义三大组成部分。马克思把毕生精力投入全人类解放，实现共产主义宏伟目标的伟大事业中。实现共产主义的过程，实际上就是无产阶级和人民大众追求自身解放，实现人的全面而又自由发展的过程。习近平总书记在纪念马克思200周年诞辰大会上的讲话指出："马克思主义第一次站在人民的立场探索人类自由解放的道路，以科学的理论为最终建立一个没有压迫、没有剥削、人人平等、人人自由的理想社会指明了方向。"马克思主义首先是人民的，它第一次创立了人民实现自身解放的思想体系，指出人民群众是推动社会历史发展的决定性力量。马克思主义科学性在于它创造性地揭示了人类社会发展规律，为整个人类指明了从必然王国向自由王国飞跃的途径，为人民指明了实现自由和解放的道路。其实践性在于它能够指引人民投入改造世界的行动，为人民认识世界、改造世界提供了强大的精神力量。其发展性在于它始终站在时代最前沿，回应时代发展面临的新问题、人类社会面临的新挑战。所以，坚持人民至上，是马克思主义最鲜明的品格。

（二）坚持人民至上是中国共产党百年奋斗的宝贵经验和价值追求

一切为了人民，一切依靠人民，从群众中来，到群众中去，是中国共产党人民性的集中体现。中国共产党自1921年成立以来，始终把为中国人民谋幸福、为中华民族谋复兴作为自己的初心使命，始终坚持共产主义理想和社会主义信念。无论是在新民主主义革命时期，还是社会主义革命和建设时期，党团结和带领全国各族人民为争取民族独立、人民解放和实现国家富强、人民幸福而不懈奋斗，夺取了新民主主义革命的伟大胜利，完成社会主义革命，推进社会主义建设，进行改革开放和社会主义现代化建设，从根本上改变了中国人民的前途命运，探索出一条符合中国实际的中国特色社会主义道路。特别是进入21世纪以来，党中央提出“全面建成小康社会”“全面建设社会主义现代化国家”的宏伟蓝图，中国特色社会主义进入新时代，中华民族实现了从站起来、富起来到强起来的伟大飞跃。中国共产党的百年奋斗历程反复证明，党的根基在人民，血脉在人民，力量在人民，人民是党执政兴国的最大底气。

（三）坚持人民至上是中国式现代化的主体定位和目标定位

中国式现代化建设要充分发挥人民群众的积极性、主动性和创造性，人民是现代化建设的主体。唯物史观认为，人民是社会历史的主体和发展的根本动力，人民的生产实践活动构成经济社会的基础。人口规模巨大、发展底子薄的典型特征是我国现代化建设的现实逻辑起点，超14亿人口是推动中国式现代化建设的根本力量。作为中国式现代化建设的实践主体，人民群众是社会物质财富和精神财富的创造者。习近平总书记在纪念毛泽东同志120周年诞辰座谈会上的讲话指出，“坚持人民主体地位，充分调动人民积极性，始终是我们党立于不败之地的强大根基”。改革开放以来，党深刻总结中华人民共和国成立以来正反两方面经验，围绕什么是社会主义、怎么建设社会主义，实现什么样的发展、怎样发展，建设什么样的社会主义现代化强国、怎样建设社会主义现代化强国等重大问题，进行了科学探索并付诸实践。从“工业化”到“四个现代化”，从“小康水平”到“全面建成小康社会”，再到“全面建设社会主义现代化国家”，无不是以人民为中心。从价值取向来看，坚持以人民为中心的发展思想体现了中国式现代化建设的目标定位。“人民对美好生活的向往，就是我们的奋斗目标”。中国式现代化是全体人民共同富裕的现代化，以不断促进人的全面发展，不断提高人民福祉为目标，其实质是中国共产党人初心使命的时代化彰显。我们推动经济社会发展，归根到底就是不断满足人民群众对美好生活的需要。

（四）坚持人民至上，让现代化成果更多更公平惠及全体人民

共同富裕是中国特色社会主义的本质要求，是中国式现代化建设的出发点和落脚点。中国共产党始终带领人民为创造美好生活、实现共同富裕而不懈奋斗。实现全体人民共同富裕，不是所有人都同时富裕，也不是所有地区同时达到一个富裕水准，不同人群实现富裕的程度有高有低，时间上也会有先有后，不同地区富裕程度还会存在一定差异，不可能齐头并进。实现全体人民共同富裕，必须在新时代中国特色社会主义伟大实践中坚持党的领导、贯彻新发展理念、秉持命运与共的价值立场和彰显文明进步的典范意义。要坚持以人民为中心的发展思想，在高质量发展中“做大蛋糕”，促进共同富裕，积极主动地解决地区差异、城乡差异、收入分配差距，提高发展的平衡性、协调性、包容性。在共同奋斗中促进共同富裕，鼓励辛勤劳动、合法经营、敢于创业的致富带头人。坚持人民至上，通过优化分配“分好蛋糕”，正确处理效率和公平的关系，构建初次分配、再分配、第三次分配协调配套的基础性制度安排，建立科学的公共政策体系，让发展成果更多更公平惠及全体人民。坚持可持续发展，把保障和改善民生建立在经济发展和财力可持续的基础上，重点加强基础性、普惠性、兜底性民生保障建设，不断满足人民群众多样性、个性化、多层次、多维度的物质生活和精神文化需求，促进人的全面发展。

中国式现代化的实质是追求均衡发展的现代化，是系统把握全局整体性、全体共享性与全面长期性的现代化，是契合了历史发展客观规律要求与人民主体选择意愿的现代化。坚持人民至上是中国式现代化的理论逻辑起点，是马克思主义世界观和方法论中国化的鲜活体现，是实现中国式现代化具体实践的出发点和落脚点。

（本文是作者2022年12月学习党的二十大报告的学习体会，原载于陕西创新人才发展研究院2022年12月1日公众号）

继承和弘扬延安精神

“巍巍宝塔山，滚滚延河水”。延安，这个举世闻名的中国革命圣地，1935—1948年，党中央和毛泽东同志在这里领导、指挥了抗日战争和人民解放战争，奠定了中华人民共和国的基石，孕育了伟大的“延安精神”。5月14、15日我有幸参加了厅直机关党委组织的支部书记延安革命传统教育专题培训，聆听了两场专题课堂讲授、三次现场专题授课、五次现场讲解，重温入党誓词和为人民服务对延安精神的丰富内涵、历史作用和时代价值，以及怎样继承和弘扬延安精神有了更深的感悟和认识，对今后做好本职工作有着积极促进作用。

一、对延安精神的认识和体会

延安精神是以中国共产党为核心的中华民族的优秀分子，在抗日战争和解放战争时期，为争取民族独立和人民解放事业，在延安极其艰苦的环境下，所体现出的理想信念、精神风貌、思想品德、工作与生活作风的精华和结晶。

(一)坚定的共产主义信念和正确的政治方向是延安精神的灵魂

它概括了延安时期共产党人的奋斗目标和向往追求，是延安精神长盛不衰的源泉。坚定的共产主义信念和正确的政治方向可以培养高尚的情操，产生巨大的精神力量，最终取得了新民主主义革命的伟大胜利，建立了人民当家作主的中华人民共和国。坚定正确的政治方向是事业成功的基本保证。大到一个国家、一个民族，小到每个人，如果没有正确的理想追求，没有坚定的信念支撑，势必会走向消沉。延安时期生活那么艰苦，环境那么恶劣，为什么还能有那么多热血青年向往，并且不怕苦累，不怕牺牲，从四面八方奔向延安？正是由于革命先辈有坚定的共产主义信念和正确的政治方向。

（二）自力更生、艰苦奋斗的创业精神是延安精神的主要标志

自力更生、艰苦奋斗是我们党战胜困难、克敌制胜、求得生存和发展的重要法宝。一个没有艰苦奋斗精神作支撑的民族是难以自立自强的，一个没有艰苦奋斗精神作支撑的国家是难以发展进步的，一个没有艰苦奋斗精神作支撑的政党是难以兴旺发达的，我党是靠艰苦奋斗起家的，我党和人民的事业是靠艰苦奋斗不断发展壮大的。艰苦奋斗是工作作风，也是思想作风，艰苦奋斗是我们党的优良传统和政治本色，是凝聚党心民心，激励全党和全国人民为实现国家富强、民族振兴共同奋斗的强大精神力量，是一条极其宝贵的历史经验。

（三）全心全意为人民服务是延安精神的本质和核心

在延安时期我们党所形成的毫不利己、专门利人和全心全意为人民服务的崇高品质和高尚情操，激励着一代又一代人。中国共产党是一个来自人民、培根人民、服务人民的马克思主义政党。它没有自己的特殊利益，是中国人民根本利益的忠实代表。如为人民利益而牺牲的张思德和全心全意为人民服务的雷锋，在他们身上闪耀着延安精神的光辉，体现着共产党人为人民服务的精神。

（四）解放思想、实事求是、理论联系实际、不断开拓创新是延安精神的精髓

延安时期我们党就把实事求是作为党的思想路线，实践证明，只有解放思想才能达到实事求是，只有实事求是才能解放思想。延安时期是我们党科学总结了正反两方面的经验，成功地推进马克思主义中国化，在理论上实现了第一次历史性飞跃。在延安时期的特定历史背景下，党中央创造性地总结了“统一战线、武装斗争、党的建设”三大法宝，为党夺取全国胜利铺平了道路。在党的建设上，经过延安整风运动，创新出理论联系实际、密切联系群众、批评与自我批评的三大优良作风，为夺取全国胜利提供了政治保证。

二、继承和弘扬延安精神

伟大的时代需要伟大的精神。斯诺在《西行漫记》中曾说，延安在革命年代中留下的一切，“是人类历史本身的丰富而灿烂的精华”。无论过去、现在和将来，延安精

神都是我们共产党人和中华民族取之不尽、用之不竭的宝贵精神财富。继承和弘扬延安精神，不能停留在口头上，必须真学真信真懂真用，存之于心、见之于行。

（一）坚定信念，竭尽忠诚

信念是方向，方向正，航向就正。作为一名党员干部，必须坚定正确的政治方向，必须以忠诚为本，对党无限忠诚，对人民无限忠诚，对事业无限忠诚。自觉把个人的人生追求和价值取向，服从和服务于党的性质和宗旨，服从和服务于为人民的事业，在思想上政治上行动上始终与党保持高度一致，任何时候都不为风险所惧，不被干扰所惑。

（二）求真务实，开拓创新

求真务实就不唯书、不唯上、只唯实，要重实际、说实话、务实事、求实效，在实际工作中坚决反对形式主义，反对虚报浮夸，反对掩盖问题；开拓创新，就要有敢为人先，勇破陈规，求新求异，不断进取的精神，注重提高理论思维能力，树立好的精神状态，善于吸取和总结群众的创新成果。

（三）积小为大，服务一生

全心全意为人民服务贵在真心实意，张思德同志干一行、精一行，用心用力，就是最好最大的为人民服务。“人一生工作的旺盛期也就三四十年，而大的挑战并不多。”所以，全心全意为人民服务，更多的是需要像张思德同志一样，立足小岗位，善小而为，积小成大，就是大服务。强化“公仆”大意识，始终对人民群众饱含真情实感，关心群众疾苦，倾听群众意见，集中群众智慧，为群众排忧解难办实事。

（四）干净干事，公道正派

温家宝曾说，“公平正义比太阳还要有光辉”。不廉不公是执政的最大死敌。我们一定要从保证党长期执政、永久执政的高度，审视过去，直面未来，迎接挑战。从现在起，进一步筑牢拒腐防变的思想道德防线，坚持无私无欲，坦荡磊落，坦白做人，干净做事。

（本文是作者2011年5月参加陕西省财政厅组织的党支部书记延安革命传统教育专题培训的学习体会）

让理想信念在为民初心中坚固，在使命担当中彰显

理想信念是共产党人的安身立命之根，是共产党人的精神支柱，是共产党人的精神之钙。一代一代的共产党人正是因为有了坚定的理想信念，才会前赴后继，英勇奋战，为国捐躯；才会站稳脚跟，明辨方向，忠于职守；才会淡泊名利，深藏功名，默默前行。习近平总书记指出，“中国共产党人的理想信念建立在对马克思主义的深刻理解之上，建立在对历史规律的深刻把握之上”，强调“衡量干部是否有理想信念，关键看是否对党忠诚”。通过集中学习和研讨，我对坚定理想信念更加清醒和明确，理想信念意识更加牢固。理想信念是根，更是魂，它是为民初心的前提，更是强化担当的基础。没有这个根，为民初心虚无缥缈，而没有使命担当，理想信念和为民初心将是空中楼阁。

一、坚定理想信念，必须加强学习

政治上的坚定源于理论上的清醒，理论上的成熟是政治上成熟的基础。要加强政治理论学习，在真学真信实做实干中坚定理想信念。首先，要突出重点学习。把学习贯彻习近平新时代中国特色社会主义思想作为主线和重点，深刻理解其核心要义、精神实质、丰富内涵、实践要求，核心内容是“八个明确”和“十四个坚持”，掌握贯穿其中的马克思主义立场、观点、方法，真正把马克思主义这个看家本领学精悟透用好。深刻把握其中的大智慧、大思路、大战略，进一步增强对这一重要思想的政治认同、思想认同、情感认同，学出对党的忠诚，学出对理想和信念的坚定。其次，要提高理论功底。坚持读原著、学原文、悟原理，多读马克思主义经典著作和中国特色社会主义理论体系经典文献，多读党史、国史和中华传统文化知识，读懂原文原意、梳理逻辑框架、思考科学原理、掌握理论要义，使自己成为理论的清醒者和坚定者，对

党忠诚、自身干净、勇于担当，始终在政治立场、政治方向、政治原则、政治道路上同党中央保持高度一致。最后，要结合工作实际，切实找准工作中的短板，提出切实可行的解决问题的措施和办法。带领省校财务处的全体同志在以下四个方面下功夫，即在完善制度上下功夫，在预算编制和执行上下功夫，在加强财务管理上下功夫，在提高服务质量上下功夫。

二、坚定理想信念，必须牢记宗旨

中国共产党从成立之日起，就把为中国人民谋幸福、为中华民族谋复兴的重任扛在肩上。从中国共产党成立之初的几十人的小党到现在成为世界上第一大党；从艰苦卓绝的革命斗争，到中国特色社会主义进入新时代；从全心全意为人民服务，到今天的以人民为中心；从毛泽东同志在七届二中全会论述“两个务必”，到习近平总书记在党的十九大报告中阐述不忘初心、牢记使命；从毛泽东同志的“进京赶考”，到习近平总书记的“时代是出卷人，我们是答卷人，人民是阅卷人”。贯穿始终的一条红线，就是不忘初心，为人民服务。

党的十八大以来，以习近平同志为核心的党中央在全党连续开展了四场大规模的主题教育，分别是党的群众路线教育实践活动、“三严三实”专题教育、“两学一做”学习教育、“不忘初心、牢记使命”主题教育。四场主题教育我都参加了，感到每次都深入人心，思想受触动，灵魂受洗礼。其共同点在于事业发展永无止境、共产党人的初心永不改变。开展“不忘初心、牢记使命”主题教育，就是教育引导党员干部牢记党的性质和宗旨，始终把政治建设这个“灵魂”和“根基”牢牢抓在手上，强化宗旨意识，全心全意为人民服务。把不忘初心的标尺立起来，把牢记使命的责任扛起来，把党员的先锋形象树起来。

习近平总书记指出，“人民对美好生活的需求就是我们的奋斗目标”。当下，我们牢记宗旨，不忘初心，就是要坚持优先发展教育，坚持立德树人这一根本任务，坚持把教师队伍建设作为基础工作，坚持以人民为中心发展教育。具体到我的工作中，就是要为学校理好财，为师生服好务，为学校高质量发展提供财力支撑与财务服务。

三、坚定理想信念，必须敢于担当

担当是一种精神，一种能力，更是一种素质。干部敢于担当作为，既是政治品格，也是从政本分。学懂弄通做实，落脚点在做实。敢于担当，最重要的是要做到习近平总书记要求的“五个敢于”，面对大是大非敢于亮剑，面对矛盾敢于迎难而上，面对危机敢于挺身而出，面对失误敢于承担责任，面对歪风邪气敢于坚决斗争。

作为一名党员领导干部，一是要有强烈的事业心和责任感。始终保持奋发有为的精神状态和敢于担当的昂扬锐气，以不见成效不收兵、不达目的不罢休的气魄，从自己做起，从点滴做起，在真抓实干上下功夫。校党委定下来的事情要雷厉风行、抓紧实施；学校部署的工作要加强督查、一抓到底；重点任务要身先士卒、靠前指挥，一步一个脚印地把各项工作落到实处，做到敢担当、善担当、大担当，在难题面前敢抓，在矛盾面前敢管，在风险面前敢闯。二是要敢于直面困难。干事创业难免遇到这样或那样的矛盾和困难，但个人的能力就是在不断解决矛盾、克服困难中提高的。在困难和挑战面前，要拿出敢打硬仗、敢啃硬骨头的魄力和勇气，迎难而上，寻求突破。三是要善于解决问题。要解决问题，要搞好调查研究，要大兴调查研究之风，把群众的所想、所急、所盼，变成自己的所干、所为、所成。四是要勇于承担责任。对党员干部而言，勇于担责，首先是勇于接受任务，服从组织安排，遇事不推诿，不搪塞，不回避。对于工作中出现的差错，要敢于承担责任。同时，要定期总结工作经验，分析反省每项工作的得失，从实践中锤炼综合素质，完善自我，不断提升勇于担当作为的能力和水平。

四、坚定理想信念，必须从严要求

要认真学习贯彻《中国共产党廉洁自律准则》《中国共产党纪律处分条例》等规章制度，带头执行和维护党的政治纪律、组织纪律、廉洁纪律、群众纪律、工作纪律、生活纪律，用规矩和纪律匡正自己言行。坚决抵制各种不正之风，以身作则，言行一致，做到自重、自省、自警、自励，筑牢拒腐防变的思想防线，永葆共产党员的清廉本色。

（本文写于2020年12月，“不忘初心、牢记使命”主题教育的学习心得体会）

坚决拥护“两个确立”
坚决做到“两个维护”

按照学校党委的安排，我5月11—13日参加了由省委教育工委主办的全省高校领导干部学习贯彻党的十九届六中全会精神专题研讨班。大家集中观看了刘国中书记在全省市厅级主要领导干部学习贯彻党的十九届六中全会精神专题研讨班上的辅导讲话视频，听取了陕西科技大学校长李志健等5位同志的学习交流发言，参加了年轻教授、博士和机关副处级20多名同志的分组学习和研讨。总的感觉，此次专题研讨班深入学习党的十九届六中全会精神，深刻把握党的十九届六中全会的精神实质、核心要义和实践要求，取得圆满成功，收获颇丰。

党的十九届六中全会，全面回顾了党走过的百年奋斗历程，总结党的百年奋斗重大成就和“十个坚持”的宝贵历史经验，着重阐释了党的十八大以来以习近平同志为核心的党中央统筹把握中华民族伟大复兴战略全局和世界百年未有之大变局，对实现第二个百年奋斗目标提出明确要求。党的十九届六中全会通过的《中共中央关于党的百年奋斗重大成就和历史经验的决议》(以下简称《决议》)，是一篇闪耀着真理光芒、在党的历史上具有重要里程碑意义的马克思主义纲领性文献，是新时代共产党人牢记初心使命、坚持和发展中国特色社会主义的政治宣言，是以史为鉴、开创未来，实现中华民族伟大复兴的行动指南。

《决议》强调，党确立习近平同志党中央的核心、全党的核心地位，确立习近平新时代中国特色社会主义思想的指导地位，反映了全党全军全国各族人民共同心愿，对新时代党和国家事业发展，对推进中华民族伟大历史进程具有决定性意义。党郑重提出“两个确立”是总结百年奋斗特别是新时代伟大实践得出的最大政治成果，我们要深刻认识其含义和内涵，深刻认识“两个确立”和“两个维护”的关系，更加自觉做到“两个维护”。“两个确立”是理论发展的必然逻辑，是实践发展的必然结论，是历史发展的必然选择，是党的建设的必然要求，要把“两个确立”内化于心，落实于行，增强历史自信，增强团结统一，增强斗争精神，以更加昂扬的姿态奋进新征程，建功新时代。“两个确立”要求我们不断提高政治判断力、政治领悟力、政治执行力，始终坚持党的领导，始终坚定不移地向党中央看齐，向党的核心看齐，拥护“两个确立”，捍卫“两个确立”，忠诚“两个确立”，自觉做习近平新时代中国特色社会主义思想的坚定信仰者和忠实实践者，坚持学深悟透，学用结合，深刻领会习近平新时代中国特色社会主义思想的时代背景、科学体系、精神实质。

深刻认识“两个确立”的内涵和政治意义。“党确立习近平同志党中央的核心、全党的核心地位，确立习近平新时代中国特色社会主义思想的指导地位，反映了全党全军全国各族人民共同心愿，对新时代党和国家事业发展、对推进中华民族伟大复兴历史进程具有决定性意义”，这一重要论断，是本次全会的重大政治成果，是深刻总结党的百年奋斗重大成就和历史经验特别是新时代伟大实践得出的重大历史结论，是体现全党共同意志、反映人民共同心声的重大政治判断。理论创新是我们党的优良传统和宝贵经验。我们党的历史就是一部不断推进马克思主义中国化的历史，就是一部不断推进理论创新、进行理论创造的历史。本次全会提出“一个国家、一个政党，领导核心至关重要”的重要论断，并明确习近平同志为党中央、全党的核心，正式提出“以习近平同志为核心的党中央”。确立党的领导核心，具有唯一性（不可替代性）、权威性、人民性（公认的）、时代性、全面性、实践性（指导性）的特征，是推进中国特色社会主义伟大事业的迫切需要，是坚持和加强党的全面领导的根本保证。“两个确立”体现了时代的呼唤、回应了实践的要求、凝聚了民心的期望。

深刻认识“两个确立”和“两个维护”的关系。坚强的领导核心和科学的理论指导，是关乎党和国家前途命运、党和人民事业成败的根本问题，只有坚定捍卫“两个确立”，才能拥有推进民族复兴伟业的坚强力量，才能引领中国特色社会主义伟大实践，才能把全党团结形成“一块坚硬的钢铁”。“两个确立”与“两个维护”是相辅相成、相互联系、相互贯通的有机整体。“两个确立”是“两个维护”的政治前提和思想基础，“两个维护”是“两个确立”的政治责任和实践要求，做到“两个维护”就是坚持“两个确立”，坚持“两个确立”根本是做到“两个维护”。贯彻落实全会精神，最根本的就是要深刻领悟“两个确立”的决定性意义，更加坚定自觉地做到“两个维护”，时刻同以习近平同志为核心的党中央保持高度一致，确保全党步调一致向前进。

在思想上政治上行动上，坚决做到“两个维护”。深刻领会“两个确立”、坚决做到“两个维护”，不能仅停留在口头表态上，要体现到贯彻习近平总书记要求、党中央决策部署的具体行动上，体现到贯彻习近平新时代中国特色社会主义思想的实际效果上。做到“两个维护”，要联系实际、落实落地。“两个维护”不是抽象的而是具体的，不是口头的而是行动的，不是有条件的而是无条件的，不是片面的而是全面的，不是一时一地的而是随时随地的。党员干部要把做到“两个维护”体现在坚决贯彻落实党中央决策部署的行动上，开展任何工作就要首先自觉同党的基本理论、基本路线、基本方略对标对表，同党中央决策部署对标对表，做到党中央提倡的坚决响应、党中央决定的坚决照办、党中央禁止的坚决杜绝，确保习近平总书记重要指示批示件件落实、党中央决策部署项项落地。把做到“两个维护”体现在履职尽责、做好本职工作的实效上，做到守土有责、守土负责、守土尽责，不断有新进步、新气象、新作为。把做到“两个维护”体现在日常工作和生活言行上，面对歪理邪说敢于批驳，面对大是大非敢于亮剑，面对歪风邪气敢于斗争，自觉在思想上政治上行动上同以习近平同志为核心的党中央保持高度一致。

（本文是作者学习党的十九届六中全会精神专题研讨班学习体会，写于2022年5月13日）

崇尚建党精神 不忘初心使命

习近平总书记在庆祝中国共产党成立100周年大会上，深刻诠释了中国共产党的建党精神，这就是“坚持真理、坚守理想，践行初心、担当使命，不怕牺牲、英勇斗争，对党忠诚、不负人民”，鲜明指出“这是中国共产党的精神之源”。伟大建党精神体现在中国共产党的百年奋斗中，它与党的宗旨和人民的命运紧密相连。

一、伟大建党精神的鲜明特征

担当性是伟大建党精神的鲜亮底色。中国共产党诞生前，帝国主义列强持续侵略中国，中华大地陷入一盘散沙、生灵涂炭的状态，中共一大召开时，中国共产党一方面面临着复杂严峻的革命形势，另一方面肩负着支撑全民族救亡图存希望的历史重任。中国共产党的先驱们坚定理想信念，以大无畏精神创立了中国共产党，由此播下了中国革命新的火种。中国共产党一经诞生就开始沿着为中国人民谋幸福、为中华民族谋复兴的初心和使命而奋斗。国难当头、民族危亡的动荡环境决定了中国共产党必须担当起特殊的历史使命，中国共产党毅然决然把特殊的历史使命担当起来，并且一以贯之，取得了伟大成就。伟大建党精神是中国共产党坚定追求真理和理想、矢志践行初心和使命的真实写照，充分彰显了中国共产党坚强有力、持之以恒的担当品格，担当性是伟大建党精神一以贯之的鲜亮底色。

创造性是伟大建党精神的核心属性。近代中国战火不断、社会停滞不前。许多有识之士都进行了不同形式的尝试和可歌可泣的斗争，但这些尝试和斗争最终都走向失败，历史在黑暗中迂回。中国共产党的成立，使得中国的革命面貌焕然一新，中国共产党改变了中国革命的方向和中国人民的命运，从此，中国人民踏上了争取民族独立、人民解放的光明道路。在中国共产党成立后，中国共产党人无畏艰险、奋勇前行，在风雨如晦、动荡不安的环境下为中国人民开辟了一条真正符合时代要求、代表人民利益的正确道路，推动中国革命实现了从弱到强的发展壮大，最终实现了革命斗争的完全胜利，开启了奋力实现国家富强和人民幸福远大图景的壮丽征程。伟大建党精神始终散发着创造性的光辉，伟大建党精神创造性特征就在于中国共产党人临危不惧、勇往直前，敢于创造惊天动地的伟大事业，推动中华大地发生翻天覆地的历史巨变。

人民性是伟大建党精神的一条主线。中国共产党旗帜鲜明坚持人民利益高于一切。中国共产党根植于人民群众的深厚土壤，在成立之时就将人民群众放在最高位置，把“人民”二字镌刻在自身的奋斗旗帜中。习近平总书记指出：“一个政党，一个政权，其前途命运取决于人心向背。”中国共产党把为民造福作为最大的价值，把人民群众赋予的责任扛在肩上。党性和人民性是高度统一的，伟大建党精神以“对党忠诚、不负人民”为重要精神内核，深刻印证着中国共产党一心为了人民的崇高追求，充分体现了中国共产党对“人民至上”价值立场的恪守。伟大建党精神是党和人民同呼吸、共命运的生动反映，其生成有着广泛的群众基础，人民性是贯穿伟大建党精神的一条特征主线。

二、伟大建党精神的时代价值

习近平总书记深刻指出，人无精神则不立，国无精神则不强。唯有精神上站得住、站得稳，一个民族才能在历史洪流中屹立不倒、挺立潮头。伟大建党精神激励人心、永放光芒，作为中国共产党所创造的独特精神财富，伟大建党精神具有深邃的时代洞穿力，其永恒的时代价值必将随着社会的发展不断凸显。

伟大建党精神是中国共产党与生俱来的红色基因，承载着中国共产党的初心和使命。正所谓确立初心和使命容易，矢志不渝践行初心和使命难，一个政党的伟大之处在于无论时代如何变化、社会如何发展，总能坚守初心和使命。不忘初心、牢记使命是马克思主义政党的永恒时代课题，要回答好这个时代课题，必须大力传承弘扬伟大建党精神，在伟大建党精神中找寻“中国共产党是什么、干什么、从哪里来、到哪里去”这个基本问题的答案，从伟大建党精神中汲取沿着党的初心和使命向前奋斗的不竭动力，不断提升党的领导和执政水平，确保中国共产党永不变质、永不变色，巩固中国共产党的长期执政地位。

伟大建党精神是中国人民坚定文化自信的精神支撑。伟大建党精神是中国共产党的先驱们用汗水和鲜血创造形成的具有中国风格、气派和特色的先进文化。伟大建党精神中所包含的“坚持真理、坚守理想，践行初心、担当使命，不怕牺牲、英勇斗争，对党忠诚、不负人民”等重要内涵品质，是中国共产党的先驱们昂扬精神面貌的生动体现，体现了革命前辈在内忧外患的近代中国社会环境下始终保持忠诚为民、勇于担当、不怕牺牲、革命理想高于天等理想信念和价值追求。伟大建党精神是中华民族精神宝库不可或缺的精神财富，它构成了中国人民坚定文化自信的重要依据和特有的精神底气。在新时代，传承弘扬好伟大建党精神能够为坚定文化自信提供重要精神支撑，为推动社会主义文化强国建设积蓄强大精神力量。

伟大建党精神是鼓舞广大党员干部投身伟大斗争的精神武器。早期中国共产党人前仆后继、舍生忘死，毅然决然点燃了中国革命的火种，屹立在革命潮流的最前头，在无数次的革命斗争中，中国共产党的先驱们鼓足敢于斗争的勇气，积极投身革命斗争实践，做到了敢于斗争、善于斗争，谱写了可歌可泣、浩气长存的壮丽诗篇。习近平总书记提出：“发展中国特色社会主义是一项长期的艰巨的历史任务，必须准备进行具有许多新的历史特点的伟大斗争。”新时代有着新机遇，也有着新斗争，特别是伴随着世界进入百年未有之大变局，国际政治经济格局加速演变，各种风险挑战的不断增多、交织叠加，新时代的伟大斗争更为艰巨、更具有挑战性。进行伟大斗争，广大党员干部必须大力传承伟大建党精神，厚植不怕牺牲、英勇斗争的斗争品格，做到敢闯敢试、真干真为、善作善成，真正把各种复杂局面转变为开启新未来的机遇。

伟大建党精神见证了中国共产党百年来的巨变，广大党员干部群众要以伟大建党精神为信仰之钙，赓续好红色精神血脉，保持更加昂扬向上的精神状态，牢记初心使命，坚定理想信念，践行党的宗旨，一张蓝图绘到底，向着实现第二个百年奋斗目标奋勇进军，在全面建设社会主义现代化国家新征程中作出更大贡献。

（本文是作者学习习近平总书记在庆祝建党100周年大会讲话的学习体会）

在实践探索中做好做实农村综合改革

全国范围内取消农业税后，农村综合改革任务由最初提出的“三改一化解”到现在的“四改一化解一建设”，工作面更宽，范围更广，任务更明确。但相对于农村税费改革阶段来说，工作更虚了，难度更大了，困难更多了。这几年，我们在国务院综改办的大力支持和精心指导下，结合陕西省实际，围绕如何抓住机遇，凝练工作重点进行了大胆实践和有益探索，提出了“1365”的工作思路，即围绕一条主线，解决三个薄弱环节，发挥六项职能，努力实现五个新。

“围绕一条主线”，就是以贯彻落实科学发展观为主线，坚持以人为本，统筹城乡发展，积极推进乡镇机构、农村义务教育和县乡财政管理体制改革，调整不适应生产力发展的农村生产关系和上层建筑的某些环节，建立精干高效的农村行政管理体制和运行机制、覆盖城乡的公共财政制度、政府保障的农村义务教育体制，促进农民减负增收和农村公益事业发展，增强农村发展的活力。

“解决三个薄弱环节”，就是要着力解决影响农村综合改革工作的思想认识、机构人员、政策调研三个薄弱环节。思想认识问题既涉及各级党政领导、社会各界，又涉及财政部门及具体从事这项工作同志的自身。对基层来说，财政部门领导的认识问题尤为突出。解决的途径主要通过建立农村综合改革信息联络员、信息工作考评两项制度和农村综合改革工作简报、农村综合改革信息网、《西部财会》专栏三个平台，进一步加强宣传力度，努力形成有利于农村综合改革的良好舆论氛围。机构人员问题，陕西有三种模式，即单设综改办、成立农村财务管理局，与农税局合署办公。全省11个地市中有7个机构常设，一半以上的县有专门机构。从2002年起，省综改办每年抓两、三个题目进行调研，一方面出政策，另一方面争取资金，大部分调研成果转化为指导工作的意见。

“发挥六项职能”，就是要充分发挥“政策性、综合性、协调性、典型性、实践性、服务性”的职能作用，解决综改办“干什么”的问题。政策性，就是要求具体从事这项工作的同志要学习政策、研究政策、执行政策，同时还要结合实际制定政策。综合性，就是农村综合改革是一项全局性、综合性的工作，不能等同于一般的业务处室，也不能等同于简单的收支。协调性，就是我们所搞的所有改革工作，涉及上下左右的协调，需要许多部门的支持和配合，单靠综改办一家是不行的。就财政部门内部而言，也需要相关处室的配合，需要各位领导的支持。典型性，就是注意发现典型，通过以点带面来促进工作的开展。每一项改革举措都要先局部试点再全面推开。实践性，就是综改工作的重点应该在基层，而不应在办公室。所以，要多调研、多了解实际情况，在实践中发现问题，在实践中寻求解决问题的办法。服务性，就是突出“服务”两个字，要为领导服务、为处室服务、为基层服务。政策性、综合性、协调性、典型性、服务性是近年来我们在工作实践中对综改工作的定位。

“努力实现五个新”，就是要努力实现工作部署有新思路，改革试点有新进展，指导协调有新举措，政策调研有新突破，干部作风有新面貌。

（本文是作者2009年5月17日在全国综改办主任座谈会上的发言稿，引起较大反响）

与农民朋友拉家常

2005年2月1日，省财政厅上官吉庆副厅长带领厅农业处、农综处、税改办、干部培训中心、机关党委5个支部的30多名党员，深入宝鸡市陈仓区新街镇官村开展以服务“三农”为主要内容的保持共产党员先进性教育主题活动。晚上，农业处王会权处长找到我说：“你当过大学老师，明天你就代表我们一行给农民朋友宣讲一下中央一号文件吧。”我感到好像不容推辞，就欣然接受了任务。王会权处长走后，我一个人在房间默默思考，明天到底要讲些什么。从哪里讲起？如何既让农民朋友容易理解，又能把主要政策讲清楚？好在我在大学教过几年书，对讲课一点儿也不陌生，没用多长时间，整个宣传思路就构思出来了。现实录如下：

农民朋友们：

大家好！我们今天来到这里，就好像回到了久别的故土，看到你们就像见到我的父老乡亲，倍感亲切，想和你们拉拉家常，说说心里话，借此也给大伙儿讲讲中央一号文件的主要内容。

猴年马上就要过去了，大家想一想去年的负担是不是比往年减轻了，粮食是不是比往年增产了，收入是不是比往年增加了，日子是不是比往年好过了。这么好的成绩，是全国上下齐心努力、各方面大力支持的结果，是政策好、人努力、粮价高、天帮忙等多种有利因素共同作用的结果。从根本上说，得益于党中央、国务院坚持科学发展观，统筹城乡发展，采取一系列支农、惠农、强农的政策措施，是各级党委政府贯彻中央一号文件的结果。

再过几天就要过年了。在万家团圆热热闹闹过春节时，亲朋好友坐在一起又要开始谋划盘算来年的生产生活了。告诉大伙一个好消息，今年中央又下发了一号文件，重点是提高农业综合生产能力。在继续贯彻落实已经出台政策的基础上，又出台了一些新的政策，即两减免、五补贴、一增加，通俗地说就是“251”政策。

两减免，就是减免农业特产税、减免农业税，这预示着我们祖祖辈辈交了几千年的皇粮国税即将终结，这是我们做梦也没有想到的。党中央和省政府下了很大决心，要实现农民税收的零负担，农民现在只交纳“一事一议”筹资，经营服务型收费（用水用电的费用）。

五补贴，一是对种粮农民实行直接补贴政策，全省有32个县，也包括咱们陈仓区，省政府要拿1.4亿元。二是实施小麦良种补贴，对农民购买统工小麦、小麦良种实行补贴。去年省政府安排1600万元先在扶风等12个县、周至等20个县部分乡镇实行。今年加大补贴力度，安排3600万元补贴范围扩大到32个粮食直补县，2006年将安排4500万元，补贴范围将扩大到全省所有地区。三是实行春播地膜玉米补贴。省财政从土地出让金中拿出3500万元，对种植春耕地膜玉米的农户实行地亩补贴，每亩补贴10元。四是对农户购买大型农机具和秸秆粉碎机、揉搓机实行补贴。补贴标准原则上不超过补贴机具价格的30%。大中型农机具单台补贴标准不超过1万元，其他农机具的单台补助不超过3000元，由农机部门按照“公开、公平、公正和农民受益”的原则向农民进行兑现。五是对奶牛良种繁育实行补贴。从2005年起，对奶牛良种繁育进行补贴，重点是对单产在8000公斤以上的良种奶牛核心群进行补贴，以稳定质量、提高单产、增加我省奶牛的竞争力和效益。一增加，就是建立稳固增长的支农资金渠道。省财政新增财力和固定资产投资向“三农”倾斜。财政新增教育、卫生、文化支出主要用于农村。

农民朋友们，党的政策很好，关键是我们要趁势好好干，尽快使自己富起来。春节到了，我代表我们来的所有人给大家拜个早年，祝各位身体健康，全家幸福，日子越过越好，明年有时间我们再来看望大家。

（2005年2月2日整理于宝鸡市陈仓区）

感恩节

1998年11月，在美国考察时，有幸目睹了美国人过感恩节的场景，出于好奇，我对有关感恩节的事进行了深入的了解。

原来，感恩节是由清教徒和印第安人而来的。1620年，清教徒坐上“五月花”号，从英国渡过大西洋来到美国，第一个冬天就有很多清教徒死了，还有很多人生病了，他们处在饥寒交迫之中。这时，印第安人给清教徒送来了生活必需品，还教他们打猎、捕鱼和种植玉米等。在印第安人的帮助下，他们终于获得了丰收。清教徒就请了印第安朋友跟他们一起分享这个美好的收成，印第安人也带来了火鸡和鹿，他们在1821年11月的最后一个星期四举行祝贺，后人就把每年11月的最后一个星期四定为感恩节。

有人也许会问为什么一定要在感恩节才感恩，难道平时就无恩可感吗？因为平时的感恩因着生活过程和际遇，是个别性，没有仪式张扬或者庆祝，一个正常的人岂有无恩可感之理，或者有人感恩在默默无言的内心中。

中华民族自古以来就重视感恩图报，在家庭对儿孙的教诲中，千戒万戒切勿忘恩负义。有一则成语叫结草衔环，内容是两个感恩的故事，衔环是指汉朝的杨宝，九岁那一年在华阴山北，见一黄雀被乌鸦斗倒坠于树下，蚂蚁围困着欲蛀其身，杨宝带黄雀回家治疗，后来黄雀康复后便飞去，某日衔着四个环来送给杨宝，禽鸟不会说话，杨宝亦不知其意。是夜梦见一黄童告诉杨宝说，白环四枚乃洁净之意，谓杨家四世后代可登基贵位，后来果然灵验，这就是黄雀感恩图报。至于结草是指晋国大夫魏武子，有妾貌美无比，魏武子初病时吩咐儿子魏颗说，倘若病不能起，妾氏可由她改嫁。不久病渐重，临终之前又吩咐儿子说，倘若病死，将妾氏殉葬，魏武子死后，魏颗并未按照他的吩咐去做，而是将妾改嫁。有人问其何以不把她殉葬，魏颗说，父初病之时头脑还清醒，临终时头脑纷乱，所以取其清醒时之吩咐。后来魏颗被人追杀，在千钧一发之际，忽然有一条草绳把敌人绊倒，魏颗反败为胜。是夜梦见一老者说，结草绳者是改嫁女之父，生时受恩今日死亦结草以图报。

以上两个故事已经是2000年前的事了，是真是假难以考证，反正都是讲感恩的事，故事记载在《左传》，可以查考，不过我们认为更大的意义在于上帝赐给世界上不同肤色、不同文化的人，使大家共享和平，共同追求理想。

爱惜光阴为未来担责任，等闲岁月在既往承恩，这就是感恩节对我的最大启示。

（写于1998年11月，原载于《铜川财政》1999年第1期）

静以修身　俭以养德

“静以修身，俭以养德”，这是诸葛亮《诫子书》中的名句。意思是说，一个有道德修养的人，必须依靠静思反省来修养身心，依靠俭朴节约来培养高尚的品德。古人尚且如此，现代人更应如此。

“静以修身”，意在通过安宁的情绪和沉静、内敛式反思来涵养心性。“非淡泊无以明志，非宁静无以致远”就是这个道理。作为党员领导干部，“当政之道在于兴一方，施政之本在于洁自身”，修身养性，善莫大焉。静说起来容易做起来难。何之为静，何以能静？我个人认为，静就是要做到静思、静学、静心。一是静思。古人云“吾日三省吾身”。新形势下的党员领导干部同样要“一日三省”，始终坚持自重、自省、自警、自励，始终保持为民、清廉、务实的本色，时常冷静地思考自己每天所做的工作，检点得失，查漏拾遗。只有不断地自我反思，不断地修正错误、缺点，不断地校正前进方向，自己的思想作风、能力水平、工作成效才能得到不断提高。二是静学。“见博则不迷，听聪则不惑”，学习是领导者智慧、水平、能力和政绩的源泉。当今时代，科技进步日新月异，知识更新不断加快，国际形势不断变化，国内改革发展稳定和党的建设面临的新情况新问题层出不穷。在这种情况下，领导干部如果不抓紧学习、不抓好学习，不在学习和工作中不断提高自己，就难以完成肩负的责任。因此，对领导干部来说，学习就是工作，就是必须承担的责任和使命。把学习的过程转换成增强党性观念、加强党性修养，积累丰富知识、提高工作能力的过程，树立终身学习的观念，少点娱乐，少点应酬，多读书充电，增加知识积累，提高能力层次。三是静心。党员领导干部不仅要有一颗平静的心，而且还需要“净心”，“身心愉悦以和谐”。对待地位，对待荣誉，淡泊守志，心胸开阔，做到为人处世常留一份宁静给自己，履职从政多存一点淡泊在心底，要常修为政之德、常思贪欲之害、常弃律己之心，真正做到在任何时候、任何情况下，都能守得住清贫，耐得住寂寞，禁得起诱惑，顶得住歪风，管得住自己，把做好自己的本职工作当作快乐生活的一部分，也就是只有心态干净了，自己的手才能干净，才能干干净净做人做事。如果我们的党员领导干部都能认识到调整心绪、冷静独处、深刻反思的重要性，把静思、静学、静心作为每日必修之功课，在其位、谋其事、司其职，那么，党员领导干部在人民群众心目中的形象将进一步提高，党风和社会风气将进一步好转。

“俭以养德”，是指每个人以俭朴生活来培养自己的品德修养。节俭同奢侈是对立的。节俭是中华民族的传统美德，朱子曰：“一粥一饭当思来之不易，半丝半缕恒念物力维艰”，古人视勤俭节约为做人的基本要求。节约与贫富无关，其意义不仅是物质上的克勤克俭，更多的体现为一种高尚的品格、可贵的精神和积极奋发的人生境界。即使在物质文明高度发达的西方国家，绝大多数人也是秉承朴素持家、勤俭兴业的。我们党历来提倡勤俭节约，在20世纪60年代国家困难时期，毛泽东虽为国家主席，但生活依然非常节俭。吃，一碗红烧肉要算加菜；穿，粗布衣服缀补丁。现在党中央提出，把我国建设成一个节约型社会，其用意就是在全社会提倡厉行节约，每个人都把节俭养成一种自觉的行为习惯和道德追求。

古人云：“历览前贤国与家，成由勤俭破由奢”，“俭则寡欲，君子寡欲则不役于物，可以直道而行；小人寡欲则能谨身节用，远罪丰家”，“由俭入奢易，由奢入俭难”，“淫侈之俗，日日以长，是天下之大贼也”。现代社会和每个公民尤其是党员领导干部都要弘扬节俭美德，根除浪费陋习，多予少取，服务人民。节俭首先应从领导干部做起，我们有少数党员领导干部吃饭讲究档次，休闲讲究层次，交往讲究等次；经常出没高档宾馆，接受高档服务，饱食终日，无所用心；下基层前呼后拥，把群众的冷暖疾苦置之度外。既损害了领导干部的形象，更败坏了党风。讲究物欲的满足，必将消磨人的意志，侵袭人的思想，瓦解人的作风，最终成为腐败的温床。对党员领导干部来说，提倡节俭并非仅是少吃一顿饭、少花一分钱，而要在做决策、办事情时，更注重科学性、更讲究合理性，尊重客观规律，减少和避免人为的浪费。节俭应从个人生活习惯做起。每个人都要养成崇尚节俭的良好习惯。要“以勤俭节约为荣，以铺张浪费为耻”。不要以为“花公家的钱，不关自己的事”，“家大业大、浪费点没啥”，须不知，奢侈浪费会导致腐败堕落，贻误斗志。节俭应从自我做起。节俭是全社会的事，更是我们每一个人的事，要从自我做起，从小事做起，自觉身体力行参与节约，反对浪费，处处精打细算，时时注意节约。节俭应从小事做起。无论是机关、学校、企业，还是其他社会组织和个人，都应从小处着眼，从节约一滴水、一度电、一张纸等小事做起。“勿以节小而不为，勿以奢小而为之”，杜绝“长明灯”“长流水”等浪费行为、积跬步至千里，积小流成江海，量变的积累汇成质变的飞跃。

把“静以修身，俭以养德”作为自己人生的座右铭，从我做起，从现在做起。

研究篇

资政兴财
岁月如歌

随笔篇

学思践悟
年华似水

评说篇

耕笔不辍
文如其人

为“三农”鼓与呼

——写在《我所亲历的农村税费改革》出版之际

《我所亲历的农村税费改革》初稿完成以后，我分别征询了部分老领导、老同事、老朋友的意见。然后，我用一个月的时间又仔细翻阅了自己7年来所记的10多本工作笔记、30多篇调查报告以及积累的上百万字材料资料。看着这些，我仿佛又回到了那如火如荼的改革中，思绪万千、感慨良多，感觉有许多话要说、要写，可真正动笔时又不知从何写起。无论用什么样的文字也无法表达我对“三农”工作的感情与热爱，难以表达对曾关心、帮助、指导我工作的老领导、老同事、老朋友的感激之情。回想起从2001年以来，我在省税改办工作的2500多个日日夜夜，我和我的同事们在省委、省政府和省财政厅的坚强领导下，多次上北京汇报，争取中央政策和资金上的支持；下县乡，了解基层情况，探讨如何完善改革政策；访农户，宣传党的惠民方针政策；伏案头，拟定政策制度和相关办法；细算账，核实相关基础数据和转移支付资金。我们付出的是艰辛的劳动和辛勤的汗水，但收获的是农民兄弟的喜悦和我们在工作中得到的快乐。作为一个亲力亲为农村税费改革的普通一员，我觉得能为农民兄弟做点实事、好事，为农村改革出点微薄之力，心里感到莫大的欣慰。

（一）

从2000年开始进行的农村税费改革试点，通过实施“三取消、两调整、一改革”政策措施，建立起以规范、稳定的农业税及其附加和“一事一议”筹资筹劳为基本框架的农村赋税制度，扭转了长期以来农民负担过重的局面，进一步理顺了农村分配关系。其伟大意义绝不亚于土地改革和家庭承包经营体制改革。2000年陕西省先在汉阴、合阳、子洲3个县进行农村税费改革试点，积累经验。2001年继续抓好3县试点工作，为全面进行试点作精心准备。2002年作为全国16个扩大改革试点的省份之一，陕西在全省范围内推行了以“三个取消、一个逐步取消、两项调整、一项改革”为主要内容的农村税费改革试点，大幅度减轻了农民负担。2003年，按照国务院“总结经验、完善政策、巩固成果、规范运作、抓好配套、积极推进，努力实现‘三个确保’的目标”要求，在全省选择部分县、部分品目进行取消农业特产税改征农业税试点，为全面取消农业特产税奠定基础。2004年，按照中央一号文件的要求，在全省取消除烟叶外的农业特产税，农业税税率总体上降低1个百分点，有条件的市、县视地方财力情况多降或全部免征农业税。2005年，省委、省政府经过反复研究，决定在全省范围内免征农业税，比中央原定的时间提前了3年，实现了全省农民农业税收的零负担，基本实现了“减轻、规范、稳定”和“三个确保”的目标，达到改革的预期目的。

总结陕西省农村税费改革试点工作，之所以进展得比较顺利，并取得重大成果，主要归结于四个始终坚持，即始终坚持把减轻农民负担作为改革的第一位的目标，把维护农民的物质利益和民主权利，保护和调动广大农民群众的积极性作为基本出发点；始终坚持尊重实践、尊重群众，从实际出发，与时俱进地不断完善改革政策；始终坚持加强对农村税费改革的领导，省委把握改革的大方向、大原则、大政策，依靠地方党政和有关部门协调配合；始终坚持处理好改革发展稳定的关系，兼顾各方面的利益和对改革的承受能力，确保农村税费改革顺利平稳地推进。

（二）

作为农村税费改革的亲力亲为者，我对这场改革取得的显著成效有更深切的感受和体会，亲眼目睹了农民群众因负担减轻而脸上露出的笑容，基层组织因财力充裕而带来工作效率的提高，农村社会经济因巨大变革而发生的新变化。

（1）农民负担大大减轻，从改革中得到了真正的实惠

从2000年农村税费改革试点工作一开始，党中央就明确提出，减轻农民负担是这次改革的第一位目标。农民负担能否真正减轻，这是农民接受不接受、拥护不拥护改革的关键所在，是这次农村税费改革的核心问题。江泽民同志指出：“减轻还是加重农民负担，绝不是少拿多拿几个钱的问题，而是保护还是挫伤农民积极性的问题，是促进还是阻碍农村生产力的问题，是增强还是丧失农民群众信任和拥护的问题。”朱镕

基同志讲得更为直接：“要改就要减轻农民负担，换汤不换药，还不如不改。”温家宝同志2006年9月在全国农村综合改革工作会议上说：“农村税费改革六年来，我们主要做了两件事。一件是从2000年开始的正税清费，按照减轻、规范、稳定的原则，取消乡统筹、村提留和各种专门面向农民的集资摊派及行政事业性收费。一件是从2004年开始的减免征农业税，到今年在全国范围内彻底取消农业税。这两件事每年为农民减轻负担1200多亿元。”对此，农民朋友感受最深。2006年我在陕北调研时，一位农民朋友对我说：“现在种地不纳税了，上学不缴费了，看病也不太贵了，农民对党的惠农政策很满意，日子比过去好多了。”这真正说出了农民的心里话。

（2）夯实了基层政府财力，为农村从传统税制向现代税制的过渡奠定基础

农村税费改革从开始的“治乱减负”到形成比较规范的农业税及其附加，再到逐步免征以至最终取消农业税，这就终结了传统农业社会遗留的赋税制度，消除了在现在社会中不应由农民承担的不合理赋税的制度性缺陷，结束了“以农养政”的历史，实现了农村公共产品供给制度和运行机制的根本性变革。可以说，农村税费改革缓解了不少以农业为主的县级财政困难的局面。时任陕西省主管农业工作的副省长王寿森，在全省不同的大会上都反复对基层的同志阐明这个观点。2005年8月7日，他在全省农村税费改革试点工作会议结束时的讲话中说：“有些县提出税费改革后地方财政收入减少，要求再增加转移支付资金。其实，这个问题涉及财政收入和可用财力两个概念。财政收入是‘面子’，可用财力是‘里子’。农村税费改革通过取消三提五统、减免农业两税，各地地方财政收入是减少了，但通过中央、省财政转移支付补助，地方可用财力是增加了。而且，有的县税费改革后的日子比原来好过了。我让省税改办算了一笔账，改革前全省农业两税及附加、屠宰税、乡统筹村提留收入共24.36亿元，改革后中央、省财政转移支付补助27.01亿元，如果再加上市一级用于税费改革的资金，各县的可用财力不仅没有减少，反而是增加的。”在随后召开的全省化解县乡村债务专题工作会议上，他又说：“就财政角度讲，从农村税费改革开始，县级可用财力明显增加。税费改革前，全省农业税、农业特产税以及村提留、乡统筹加起来大约24亿元，而农村税费改革专项转移支付达到28亿元，增加了4亿元的财力，平均每个县400万元。第一批农村税费改革试点的子洲县，税费改革前一年的农业税收入是五六十万元，税费改革后中央、省转移支付补助300万元，加上自己收的近400万元，可用财力达到700多万元，增加了10倍。现在好多县财政收入1000多万元，可用财

力1亿多元。全省除了几个城区、郊区外，93个县2005年县级财政收入总共不到80亿元，而2007年年底，中、省给县级的一般性转移支付就达到80亿元。”

（3）维护了农村社会稳定，党群干群关系得到改善

农村税费改革前，基层干部为了完成上级部门的任务和解决乡村开支问题，一年四季挨家挨户收钱，不可避免地要和农民发生摩擦，引发干群矛盾和冲突。在整个农村税费改革的过程中，全省上下大张旗鼓地宣传改革政策，公开操作程序，加强督促检查，发现问题及时解决问题，既规范了基层干部的行政行为，又受到广大群众的支持拥护，增强了基层工作的透明度，减少了干群的摩擦和矛盾，从制度上促进了党风廉政建设。2005年5月，我们曾组织对陕西省261名村、干部310名村民的问卷调查，调查显示：干群关系逐渐融洽，干部威信有所提高，多数村民对干部工作表示认可；村组干部从催粮要款中解脱出来，工作重心开始转向发展经济和服务群众。“如果生活水平提高，你认为是否有村干部的贡献？”83.8%的村民回答有；94.2%的村民认为本村、本组干部工作称职。“你认为税改后村组干部与村民的关系怎么样？”51.6%的村民认为融洽；47.8%的村民认为一般。“与前几年相比，你认为村组干部的威信有何变化？”68.9%的农民认为提高了。以是否“为村民办事”和是否“搞以权谋私”为基本坐标将村组干部简单地划分为四个大类，即“只为村民办事，不搞以权谋私”“既为村民办事，也搞以权谋私”“不为村民办事，也不以权谋私”“不为村民办事，只搞以权谋私”，并请受访者将他们的村干部归类，79.3%认为本村干部属于“只为村民办事，不搞以权谋私”类型。私下交谈中我们明显感觉到，村民对村干部的评价较前些年有了很大提高。对于“目前村组干部主要工作是什么？”我们设计了一个多项选择，选项包括发展农村经济、调解民间纠纷、宣传政策、催粮收款、收缴水电费、划分宅基地、维护公共卫生、计划生育、救灾物资发放、协助维护社会治安、组织动员群众开展公益事业、完成上级交办的任务12项工作。从统计结果来看，村组干部最主要的8项工作依次为：发展农村经济（12.4%）、宣传政策（11.6%）、调解民间纠纷（11.4%）、计划生育工作（10.9%）、协助维护社会治安（10.8%）、完成上级交办的任务（10.5%）、组织动员群众开展公益事业（8.3%）、救灾物资发放（7.9%）。岐山县祝家庄镇小强村畜牧养殖业发展较快，家畜粪便影响村庄和家庭环境卫生，2004年在村干部的带领下，建成沼气池300座，既改善了环境卫生，又改善了农民的生活条件，受益群众达到1000人。另外，为解决村里养殖户资金困难，村干部积极与金融机构联

系，建立信用贷款，为300多户农民解决资金360多万元。在范家营村，村干部为解决群众行路难及学校教学条件差的问题，通过发动在外职工捐款、“一事一议”集资、争取上级单位支持及国债资金等方式，筹措资金60万元，对全村80%以上的村内道路及生产路进行沙化，重新修建了村小学。村民对村两委班子非常满意，98%以上的村民对村小学的教学状况感到满意。

（4）推动了上层建筑的变革，为全面深化农村综合改革提供了契机

农村税费改革通过正税清费，取消了专门面向农民征收的各种税费，规范了农村税费制度，理顺了农村分配关系，大幅减轻了农民负担。在农村税费改革的带动下，中央和地方先后出台了多项支农惠农政策，农村其他改革也取得了重大进展，农村改革发展迎来了前所未有的良好局面。农村综合改革是农村税费改革的延续和深化。取消农业税之前，农村税费改革主要围绕正税清费和减轻农民负担进行，同时配套推进乡镇机构、农村义务教育和县乡财政管理体制改革。随着农业税的取消，农村税费制度自身的改革任务基本完成，但制约农村改革与发展的深层次矛盾和问题进一步凸显，不利于农村税费改革成果的巩固发展，乡镇机构、农村义务教育和县乡财政管理体制改革被推上前台，成为农村综合改革的重点，农村改革开始进入全面推进农村综合改革的新阶段。

（三）

农村税费改革取得了举世瞩目的成效。但并不等于说改革道路就是平坦的、一帆风顺的。在这场改革战役中，从中央到地方走的是由点到面、从局部试点到全面推开的渐进式道路，不断探索、不断完善改革的思路和政策。可以说是边实施改革方案边发现问题边逐步解决问题。

（1）关于农村税费改革试点工作的难点问题

在改革之初，从中央到地方都试图把改革的实施方案做得尽善尽美，但在改革的过程中还是遇到这样或那样的问题。2003年初，按照陕西省副省长王寿森、财政厅副厅长王树汉的指示，省税改办组织对陕西省30多个县区进行调查，发现试点工作中存在八个方面的难点问题：一是合理、公平确定农业税计税土地面积的难度大；二是农业特产税任务落实难、据实征收难；三是乡村可用财力减少，基层运转困难；四是农村义务教育投入不足，教育布局调整难度大；五是乡村不良债务数额巨大，化解困难；

六是农民负担的结构性矛盾突出，均衡农村不同从业人员的负担难；七是村级“一事一议”筹资筹劳具体操作难；八是农民负担反弹的隐患依然存在。针对上述问题，我们提出了八条政策措施，得到领导的重视和肯定。有的问题在当年就得到解决，有的问题在随后几年得到解决。

（2）关于县乡财政体制改革

县乡财政体制改革，主要着眼于解决两个问题：一是解决财政分配的公平性和有效性；二是解决县乡财政困难、保证基层运转，防止基层政府通过乱收费弥补财政不足。近年来，陕西省通过调整和完善省以下财政体制，加大转移支付力度，实施“两保两挂”和“三奖一补”激励约束机制，推行“乡财乡用县监管”改革，有效缓解了县乡财政困难。2004年，先在汉阴、岐山、洛川3县进行“乡财乡用县监管”改革试点，2005年将试点范围扩大到安康全市和岐山、洛川县，同时要求其余各市都要选择1个县进行试点。2006年8月召开了全省“乡财乡用县监管”座谈会，10月省政府办公厅转发了省税改办、省财政厅关于全面推进乡财乡用县监管试点工作的意见，年底在全省范围内全面铺开。目前，这项改革已取得初步成效，加强了对乡镇财政收支的监管力度，调动了乡镇政府当家理财的积极性，规范了乡镇收支行为，确保了基层政权的正常运转，促进了控制新债、消化旧债长效机制的建立，促进了乡镇财政职能的转变。2007年在此基础上，进一步健全完善账户管理、会计核算、业务流程等相关制度，在30个县进行县乡连网试点，力争3～5年实现县乡网上申请、网上审批、网上拨款、网上记账、网上监督，提高办事效率。

（3）关于解决村级组织运转难的问题

农村税费改革后，由于取消了村提留、农业“两税”附加等，村级组织运转难的问题越来越突出，财政转移支付补助资金成为村级组织运转经费的主要来源，甚至在不少地方是唯一的来源。2002年，陕西省在计算农村税费改革转移支付补助时，以县为单位，对村均农业“两税”附加不足1万元的补足1万元。同时，要求各地按照“财力向下倾斜，缺口向上转移”的原则，积极调整县乡财政体制，对乡镇因改革出现的收支缺口，县财政要予以弥补。县、乡财政特别要注意研究村级管理费不足的问题，妥善解决村级干部补贴。2004年和2005年，省财政在计算取消农业特产税、免征农业税转移支付补助时，对各地减少的农业“两税”附加进行补助，并明确这部分补助资金为村级运转补助。考虑村均1万元的运转经费确实较低的实际，2005年、2006

年省财政在反复调研、认真测算的基础上，又拿出专项资金，将原来的村均1万元运转经费分两次提高到1.4万元。2007年省财政继续提高村级运转补助标准，每村增加6000元，使村级运转标准达到2万元。通过逐年提高村级运转补助标准，村级运转困难的问题得到部分缓解，各县特别是在基层工作的乡村干部对这项政策反映很好。

（4）关于乡村债务问题

巨大的乡村债务是当前农村普遍存在的突出问题，也是困扰农村各项改革不断深化、影响农村社会稳定、农村经济发展和农民增收的严重问题。虽然乡村债务与农村税费改革没有直接因果关系，但在农村税费改革后，这个问题越发显得突出。如果任其蔓延发展，不仅会影响农村基层政权的巩固和农村社会的稳定，而且还会扰乱国家正常的经济秩序，导致乡镇财政困难加剧和农民负担的反弹。从2002年农村税费改革一开始，社会各界就很关心乡村债务问题。但由于乡村债务量大面广，成因复杂，特别是底数不清，党中央一直没有出台明确政策。近年来，在这方面进行了许多有益的探索，受到国务院领导的关注和财政部的肯定。概括起来就是“三抓、两建立”。“三抓”，即抓试点、抓典型、抓核查。从2002年开始，我们与省农业厅一起联合抓了户县、宜川、汉台等10个县区的乡村债务清理化解试点工作，积极在全省总结推广永寿、镇巴等县的化债经验。2005年和2006年，先后两次对乡镇债务和村级债务进行清理核查，锁定了债务底数。据统计，全省乡村债务总额为124.97亿元，其中：乡镇级76.85亿元，村级48.12亿元；平均每个县1.2亿元，每个乡镇440.7万元，每个村16.68万元。“两建立”，即建章立制，坚决制止发生新债。省委办公厅、省政府办公厅先后3次下发文件，明确提出“约法三章”和“两项制度”，要求各地一律不得对乡镇下达招商引资的指标，乡镇政府一律不得举债搞建设，乡镇政府一律不得为经济活动提供担保，实行新债责任追究制度和乡村干部离任审计制度。建立债务激励考核机制，调动县乡化债积极性。在清理核查、锁定底数的基础上，省财政厅研究制定了《陕西省化解县乡“两政一教”政府债务激励考核办法》和《实施细则》，计划从2007年起用3年时间，基本解决农村义务教育债务，3~5年逐步化解乡镇政权建设和基层政法机构债务。

（四）

2006年全国范围内取消农业税，标志着我国农村改革进入一个新的阶段，即以乡镇机构、农村义务教育和县乡财政管理体制改革为主要内容的农村综合改革阶段。农村综合改革不仅涉及经济领域的改革，而且涉及政治、社会、文化等领域的改革，是一次重大的制度创新和社会变革。农村综合改革需要解决好基层政府职能转变、机构精简、富余人员出路等问题；需要调整国民收入分配格局和城乡利益关系，促进公共资源在城乡之间合理配置；需要农村干部转变旧的工作方式，处理好与农民群众的关系，善于在发展市场经济和民主政治的条件下与农民打交道。这项改革能否取得突破，直接关系到农村税费改革成果能否巩固；农民负担能否跳出"黄宗羲定律"，摆脱"加重—减轻—再加重"的恶性循环；关系到社会主义新农村建设能否顺利推进。

农业税的取消，免除了农民在土地生产经营中的直接税，造成农民负担重的一些深层次问题仍未从根本上得到解决。主要表现在以下几个方面：一是一些地方乱收费有所抬头并有新的表现。农村乱收费的主体开始由基层政府转向职能部门，收费的名目开始由行政事业性收费转向经营服务性收费，收费的对象开始由农民转向中小学生。在农民建房、外出务工、计划生育以及殡葬等方面乱收费现象仍然比较严重，生产性收费名目多、标准高、不规范，一些村级组织也向农民乱收费、乱集资。二是一些地方基层政府和村级组织运转困难，农村公益事业投入缺乏稳定的资金渠道。由于长期实行城乡分割的二元体制，农村公共事业发展缓慢，城乡基础设施和社会事业发展差距扩大。农村税费改革后，公共财政如何有效覆盖农村，是一个迫切需要研究解决的问题。三是乡村债务量大面广，成因复杂，化解困难，已成为农村工作的一个难点和热点。四是乡镇政府职能转变滞后，有的乡村干部感到改革后工作缺乏"抓手"。这说明农村综合改革是一项长期而艰巨的任务。党中央明确农村综合改革的目标和任务是，按照巩固农村税费改革成果和完善社会主义市场经济体制的要求，推进乡镇机构、农村义务教育和县乡财政管理体制改革，建立精干高效的农村行政管理体制和运行机制、覆盖城乡的公共财政制度、政府保障的农村义务教育体制，促进农民减负增收和农村公益事业发展，全面推动社会主义新农村建设。

乡镇机构、农村义务教育和县乡财政体制改革直接触及和带动整个农村改革，是推动城乡一体化、统筹城乡协调发展的重要突破口。农村综合改革还有许多问题和矛盾需要研究解决。如乡镇政府职能如何转变，分流人员如何安置，如何加快教育系统自身改革，如何解决财政分配的公平性和有效性问题，如何解决县乡财政困难、保证基层组织正常运转，如何化解乡村债务，等等。

总之，农村税费改革涉及生产关系的改革，涉及上层建筑的变革，涉及基层职权职能的调整，是一项涉及政治、经济、社会等多方面的综合性改革。它以减轻农民负担为根本出发点，历经近10年的实践探索，逐步规范了农村税费秩序，理顺了农村分配关系，促进了农村上层建筑深刻变革，公共财政覆盖农村进程明显加快，统筹城乡发展战略迈出关键性步伐，农民负担问题从治标向治本转变，给农村各个领域带来了广泛而深远的影响，有效促进了农业发展、农民增收与农村和谐稳定，为乡村振兴和农业农村现代化奠定了扎实基础。

（本文是作者为《我所亲历的农村税费改革》一书作的自序，该书2007年11月由西安出版社出版。本文曾荣获国务院农村综合改革工作小组办公室2008年举办的纪念《农村改革三十周年——我所了解的农村综合改革》征文一等奖，被收入中国财政经济出版社2009年出版的《农村综合改革实践与探索》一书，还被陕西省委党史研究室2022年收入《陕西改革开放口述史料辑（第五辑）》）

感慨　感恩　感谢

——写在《三农印记》出版之际

岁月不居，时节如流。经过一年多时间的策划、整理及校正，《三农印记》终于付梓出版。本书精选了自2001年以来，我和我的同事们从事“三农”工作所形成的课题研究、调查报告、问题探讨及感想感悟等文稿21篇，内容涉及农村税费改革、农村综合改革、村级组织运转、乡镇财政管理、美丽乡村建设、脱贫攻坚、乡村振兴、城乡统筹8个方面，它是我们辛勤劳动的结果，更是集体智慧的结晶。

结缘“三农”是偶然的，也是必然的，仿佛冥冥之中自有定数。大学非农专业、工作后也没在农业农村部门工作过的我，在2000年底组织通知我，元旦过后到新组建的陕西省农村税费改革领导小组办公室报到，参与陕西省农村税费改革试点的有关工作。自此，我与“三农”结下了不解之缘，成为一个名副其实的编外“三农”人。

日拱一卒无有尽，功不唐捐终入海。念兹在兹二十载，我和我的同事们在陕西省委、陕西省人民政府和陕西省财政厅的领导下，无数次到北京汇报工作，争取党中央对陕西的政策和资金的支持；下县乡，了解基层情况，探讨如何完善农村改革相关政策；访农户，了解农民需求，宣传党的“三农”方针和惠民政策；伏案头，拟定改革政策制度和工作方案；细算账，核实相关基础数据和资金分配；寻方法，不断完善工作思路和具体措施，走田间，督导农村改革政策措施的落实落地。

忆往昔，弄潮儿涛头立。生在农村、长在农村，对农业、农民、农村有着天然的情感。熟悉草色炊烟，天高云淡，瓜果稻香，长空落雁。无论是黄花青梅、冬枣花生，还是红柳沙棘、洋芋玉米，都令我备感亲切。这样的童年生活，给了走出农村十几年的我，一个深入了解乡情、回报乡梓、参与农村改革发展的机会。

兔走乌飞，白驹过隙。20年的岁月历历在目，这段充满激情的“三农”职业生涯必将成为我人生美好的回忆。曾几何时，我把在工作中寻找快乐，在工作中实现自我价值当作自己的座右铭，把工作的辛苦繁忙变为生活的快乐享受。辛勤的汗水、艰辛的付出，收获了免征农业税、彻底摆脱贫困后农民兄弟的喜悦。真可谓：太平气象万家欢，天堑无涯杨柳岸。

“三农”作为一个概念，由著名经济学家温铁军于1996年正式提出，之后逐渐被媒体和官方广泛使用。进入21世纪以来，党中央连续下发了19个关于“三农”问题的一号文件，其核心思想是城市支持农村、工业反哺农业，通过一系列“多予、少取、放活”的政策措施，使农民休养生息，重点强调农民增收，给农民平等权利，给农村优先地位，给农业更多反哺，加速了城乡协调发展的历史进程，取得了脱贫攻坚的全面胜利，实现了农村全面小康。我作为一名财政干部，有幸全程参与了农村税费改革、农村综合改革、“一事一议”和美丽乡村建设、脱贫攻坚和乡村振兴等一系列变革。没有调查，就没有发言权。在工作中，我和我的同事们每年都会选择1～2个难点热点问题，采取自主调研、委托调研、联合调研、配合调研等方式，深入县乡、走村入户，开展了大量的调查研究工作。试图结合陕西“三农”问题实际，从财政角度破解改革中遇到的难题，为省委、省政府决策提供真实、客观、准确的依据。聚沙成塔，积水成渊。这些年，我们形成了40多篇调研报告，积累了上百万字的资料。例如，农村税费改革试点工作中的难点及对策研究，关于村级组织运转问题的调研报告，关于新形势下乡镇财政管理的有关问题，陕西省乡村振兴与脱贫攻坚的有效衔接等，就是调研的典型之作。“千淘万漉虽辛苦，吹尽狂沙始到金。”这些调研成果以多种形式，报送国务院、财政部，陕西省委、省政府有关领导，绝大部分都得到采纳，有的得到省级以上领导的肯定与认可，有的转换为指导基层工作的政策措施。

吃水不忘挖井人，我感恩一路关心帮助过我的人。大学毕业参加工作后，无论是在高校工作，还是在政府部门工作，我都得到过无数领导、老师、朋友、同事的关心与提携、支持与帮助。特别是在我的“三农”职业生涯中，我的老领导们给予了我无微不至的关怀与鼓励，我的老同事们给予了我无私无畏的配合与支持，我的老朋友们给予了我兄弟般的协作与帮助，我的父母与家人给予了我工作上的理解与支持。他们是我“三农”路上的领航者、引路人、鼓励者、鞭策者、同行者、支持者。凡此种种，数不胜数，高山景行，一并致谢！思往事，惜流芳，志昂扬。我在2007年11月，出版《我所亲历的农村税费改革》一书时，时任陕西省副省长王寿森为书作序，时任陕西省人大常委会副主任高宜新为书题词——情系农民群众、关注农村改革，给予我鞭策。情浓处，师亦友，天地久。渭南市财政局张建民撰写了《贵在情浓、贵在探索》，柞水县财政局黄英瑞撰写了《参与农村税费改革的另一份收获——我心目中的樊晓民同志》的读后感，给予我鼓励。

昨夜如烟风雪急，今晨似火蜡梅香。仰赖于朋友和同事的再三鼓励，也出于我对“三农”工作的感情与热爱，这次我精心筛选了21篇文稿文章结集出版，取名为《三农印记》。筛选和整理文稿的过程，几载明月，屡变星霜，可以说既是我对自己“三农”工作经历的一次回顾总结，也是一次再学习再完善的机会。我感谢为本书顺利出版而付出心血的朋友和同事。“无可奈何花落去，似曾相识燕归来。”《三农印记》书稿完成后，我“三农”路上的老朋友好兄弟张克军、韩秀高分别撰写了《“三农”问题的积极探索者实践者》《亦师亦友》的书评或读后感，令我感动。对以上人员，我将铭记在心，表达最真诚的谢意。

还将拳拳心，致谢眼前人。在此过程中，得到了西安石油大学诸多同事的鼓励和支持，他们或帮校正书稿，或帮录入文字，或给予支持。还得到了西安石油大学科技处、财务处、经济管理学院的大力支持。在此，我深表感谢。此外，我还特别感谢中国金融出版社教材二部孔德蕴主任为本书出版付出的辛勤劳动。

重农固本，国之大纲。民族要复兴，乡村必振兴。2021年中央一号文件指出，要坚持把解决好“三农”问题作为全党工作重中之重，把全面推进乡村振兴作为实现中华民族伟大复兴的一项重大任务，举全党全社会之力加快农业农村现代化，让广大农民过上更加美好的生活。“三农”问题重大而复杂，任重而道远，然位卑未敢忘忧国。由于本人政策理论水平有限，加之掌握的第一手资料不足，本书中的一些论述仅符合当时的具体情况，也仅是陕西省的一些问题，粗疏和偏颇之处肯定很多，敬请不吝赐教。登高凭望远，阡陌物华时。今后，我将继续关注、关心、关爱并积极思考我所钟爱的“三农”工作，为全面实施乡村振兴和实现农业农村现代化贡献微薄力量。

（本文是作者为《三农印记》作的自序，该书2022年10月由中国金融出版社出版）

对《三农印记》一书的寄语

王卫华

晓民同志从事财政“三农”政策研究和“三农”改革实际工作20余年，曾在省扶贫办挂职工作一年。我对他有一定的了解，他爱思考、善总结、有思路、人勤奋。他的新作《三农印记》一书，收录了自2001年至2023年所形成的调查研究报告、理论问题探讨、工作感想感悟等文章21篇，内容涵盖农村税费改革、农村综合改革、美丽乡村建设、扶贫开发、乡村振兴等诸多方面，视野宏阔，内容丰富，观点独到，融理论性、实践性、操作性于一体，将21世纪以来我国“三农”改革和发展的历程，从财政角度，以饱满扎实的笔触详加描绘，为我们打开了一幅波澜壮阔的时代画卷。充分显示了作者作为财政人的古道热肠，作为“三农”工作实践者的宅心仁厚，是作者在实践理论化中研精覃思、在理论实践化中笃行不怠所结出的丰硕成果。习近平总书记在党的二十大报告中指出，“全面建设社会主义现代化国家，最艰巨最繁重的任务仍然在农村”。希望晓民同志今后在“三农”改革研究上持续发力，建功新时代，奋进新征程，以更加丰硕的成果为实现中国式农业农村现代化做出更大贡献。

2023年初春

（王卫华　十二届陕西省政协副主席，陕西省政府原党组成员，陕西省扶贫开发办公室原党组书记、主任）

贺《三农印记》出版发行

印记“三农”大雅声，
几番捧读向新晴。
有缘税改同谋事，
难得研题共和鸣。
翠竹不随冬雪老，
芳兰长伴晓风生。
著章凝聚君心血，
字里行间满是情。

点评：《三农印记》是我的老朋友樊晓民的新作，近日由中国金融出版社正式出版。该书紧紧围绕农业农村农民“三农”这一主题，反映了作者20多年来参与我省农村改革工作，深入调查、研究、探索和实践农村税费改革、农村综合改革所形成的丰硕成果。内容丰富、观点深刻、探讨严谨，方向把握准确，对策建议指导性强，是一部可读、耐读的好作品。

（唐锡富　陕西省石泉县原副县长，写于2022年11月9日）

立足国情民情　助力中国式农村现代化建设

——评樊晓民《三农印记》一书

赛云秀

习近平总书记在党的二十大报告中指出：“从现在起，中国共产党的中心任务就是团结带领全国各族人民全面建成社会主义现代化强国、实现第二个百年奋斗目标，以中国式现代化全面推进中华民族伟大复兴。”农业农村现代化是中国式现代化的重要组成部分，是解决人民日益增长的美好生活需要和不平衡不充分的发展之间的矛盾的关键举措，其进程直接关系到中国式现代化的目标进度和质量成色。农业、农村、农民（简称“三农”）问题关系国计民生的根本，始终是全党工作的重中之重。

近期，我读了樊晓民的《三农印记》一书，不禁眼前一亮。该书精选了他自2001年从事“三农”工作以来，所形成的调查研究报告、理论问题探讨、工作感想等文章21篇，内容涉及农村税费改革、农村综合改革、美丽乡村建设、脱贫攻坚、乡村振兴等方面。晓民同志是我的同事，他曾在陕西省农村税费改革领导小组办公室工作十多年，既是“三农”政策制定的参与者，也是“三农”政策的实践者，经年累月下县乡、走田间、访农户、算细账、伏案头、寻方法，与“三农”工作结下了不解之缘，为陕西省相关“三农”财政政策的制定作出了积极贡献。2019年3月调任高校工作后，樊晓民在繁忙的工作之余，始终胸蕴“三农”情怀，不断拓展和深化对“三农”问题的研究，常有研究报告、咨政建言发表，功不唐捐，成果丰硕。我与他有学术研究的共同志趣，工作之余一起探讨学术问题，不时有思想的碰撞和共鸣。《三农印记》的出版为系统了解我国“三农”改革发展脉络提供了重要文献资料，对新时代奋力推进中国式农业农村现代化具有重要的理论价值和实践意义。我读完全部文稿后有以下三点感想，以供探讨。

一、“三农”政策具有较强的理论性

政策制定需要正确理论的指导，政策落地落实才能发挥理论指导作用。“三农”问题的政策导向由来已久，2004—2022年中央连续19年下发了以“三农”为主题的中央一号文件，都强调了“三农”问题在社会主义现代化建设中的“重中之重”地位。近20年来，我国通过一系列促进农民增收、农业稳定发展、社会主义新农村建设等措施，加速了城乡协调发展的历史进程，取得了脱贫攻坚的全面胜利，实现了农村全面小康，顺利实施乡村振兴战略。党的“三农”政策制定和实施，是在科学理论的指导下完成的，是实现“理论实践化”的过程。樊晓民《三农印记》中的调查研究报告，以其深厚的理论功底、敏锐的专业眼光和严谨的治学态度，对实践问题提出了具体可行、操作性强的对策路径，实现了“理论实践化”。

从农村税费改革到社会主义新农村建设再到脱贫攻坚和乡村振兴，这一系列国家重大战略和政策的实施，是我国科学把握“三农”问题发展基本规律，坚持一切从实际出发，立足资源禀赋和生产力发展状况，所作出的实践探索和制度创新。

从财政角度来看，21世纪我国农村改革发展政策经历了以下脉络：以减轻农民负担为出发点，以取消农业税为标志的农村税费改革，理顺农村分配关系，加快公共财政向农村延伸的进程；以促进农村上层建筑变革为核心，全面推进农村综合改革，建立农村基层工作新机制，加快形成城乡经济社会发展一体化新格局；以村级公益事业建设一事一议财政奖补为平台，以改善农村人居环境为主要内容的美丽乡村建设，促进建立了农村公益事业建设的新机制；以实现“两不愁三保障”为底线的精准扶贫和脱贫攻坚，确保2020年现行标准下农村贫困人口实现脱贫、贫困县全部摘帽、解决区域性整体贫困问题；以从根本上解决“三农”问题为核心的乡村振兴战略，坚持农业农村优先发展，到2035年基本实现农业农村现代化。

这些国家重大战略和政策的演进变迁、落实推进、效能显现等都基于深厚的理论基础，都值得进行系统的学术研究。只有理解政策背后的理论基础才能深刻认识这些政策的核心要义，全面理解其丰富内涵，深刻把握中国式农业农村现代化的内在逻辑，精准锚定中国式农业农村现代化的靶向方位，为推进中国式农业农村现代化提供强大动力支撑。

二、“三农”政策要力求符合国情民情

要用历史的眼光看待我国“三农”政策的变迁。随着我国“三农”政策的落地落实，在加快中国式农业农村现代化过程中，实践经验的总结与归纳十分重要，要注重实现“实践理论化”，以科学的理论结合具体的国情省情来指导实践。《三农印记》中提出的一些支农惠农政策，来源于实践，符合实际，通过调查研究和深度思考形成文字报告的过程，其实质就是“实践理论化”的过程，是政策在实践和落地生根过程中进行的理论总结，反过来又促进了政策的调整和优化。

当前，世界百年未有之大变局正在加速演进，新机遇、新挑战层出不穷，国际体系和国际秩序正在加速调整，我国发展面临各种风险和挑战。战争冲突、资源短缺、气候变化、粮食不足、能源紧张、环境污染、人口膨胀、疫情流行等全球性难题，对整个人类的生存和发展都构成了严重的威胁。世界经济全球化也在曲折中发展，科技和产业革命突飞猛进，国际格局和治理体系深刻变化，和平赤字、保护主义、气候和公共卫生也成为世界发展和安全稳定的严峻挑战。

中国作为世界上最大的发展中国家，仍然处于社会主义初级阶段，这是我国最大的国情，最大的实际。当前，我国已经全面建成小康社会，实现了第一个百年奋斗目标，又乘势而上开启了全面建设社会主义现代化国家的新征程，向第二个百年奋斗目标进军。站在中国特色社会主义进入新时代的历史起点上，我们应当清醒地认识到，我国发展还存在诸多矛盾和问题。“三农”领域的城乡二元结构、产业结构调整、分配结构调整、区域发展平衡等矛盾亟须破解，我国社会主要矛盾已转化为人民日益增长的美好生活需要和不平衡不充分的发展之间的矛盾。

面对复杂的、迅猛变化的国际国内形势，在制定政策的过程中，我们要深刻把握和科学运用马克思主义的立场、观点和方法，尤其是要把握好习近平新时代中国特色社会主义思想的世界观和方法论，坚持好、运用好贯穿其中的立场观点方法，解放思想、实事求是，具体问题具体分析，以自我革命推动社会革命，在解放思想中统一思想认识，提高辩证思维、战略思维能力，既要看到优势和机遇，更要看到困难和挑战，审时度势，在保持政策连续性的同时又要对政策进行动态的调整和优化，如此才能够劈浪前行、扬帆远航，才能实现中华民族的伟大复兴。

进入21世纪以来，党中央在客观分析、科学判断当时的国情民情基础上，作出了

我国在“三农”领域一系列政策的变化与调整，都体现了我们党治国理政的卓越能力和党全心全意为人民服务的根本宗旨。从现实来看，我国的农业基础仍不稳固，城乡发展不平衡，农民收入总体水平较低，18亿亩耕地红线的压力较大，农民的种粮积极性不高，农业综合生产能力不强，农村经济结构亟待优化，农业科技创新能力和应用水平需要提升，农村基层组织建设和民主发展建设急需提升，农村义务教育、医疗卫生、社会保障等社会事业发展滞后，等等。这些现实的国情民情都要求我国进一步推动“三农”领域的创新改革，推动农业结构战略性调整，提高农业综合效益和竞争力；加快农业剩余劳动力转移，加快农村人口城市化进程；建立城乡统筹发展机制，统筹城乡发展；调整国民收入分配结构和财政支出结构，加大财政对农村农业的支持力度；加大对农村义务教育的支持力度，改进农村公共卫生服务，缩小城乡社会保障差距；推进农村的组织创新和制度创新；巩固脱贫攻坚成果，实现乡村振兴。

三、“三农”政策的制定者要具有深厚的知识底蕴

政策制定的过程是一个从感性认识到理性认识，从经验知识到理论认知的过程。樊晓民参与农业农村改革发展20年，历经我国从农村税费改革到乡村振兴，历经从统筹城乡经济社会发展到全面深化农业农村改革，是这一段波澜壮阔的历史的亲历者和见证者，也是政策制定的参与者和执行者，更是理论的总结者和宣传者。《三农印记》一书内容丰富，观点深刻，论证周密，方向把握准确，结构严整合理，是一部可读性强的作品。书中的研究成果是基于对21世纪我国“三农”改革实践的清醒认识和实践探索，是对相关问题进行的系统理论总结，体现了“理论实践化”和“实践理论化”的要求。难能可贵的是，樊晓民在研究过程中，以村、县这个场域作为对象，小中见大，见微知著，窥一斑而知全豹，对我国“三农”领域的政策进行了系统解读。

例如，农村税费改革是保护农民利益，增加农民收入，减轻农民负担的有效举措。樊晓民概括了农村税费改革试点工作的进程，分析了农村税费改革试点中遇到的困难和障碍，并提出了具体的切实可行的政策建议。樊晓民捕捉到了农村税费改革试点过程中出现的难点问题，鞭辟入里地提出了解决难点问题的对策建议，为陕西省农村税费改革工作作出重要贡献。

又如，村级组织是党和国家在农村各项方针、政策最直接的贯彻者和执行者，直接关系到农村经济发展和社会稳定，关系到党执政地位的巩固。如何保障村级组织的

正常运转，是农村综合改革和社会主义新农村建设必须重视和解决的问题。樊晓民从中华人民共和国成立后我国村级组织的演变过程、职责定位、运转经费来源等着手，探讨了村级组织运转中存在的主要问题，提出了确保村级组织正常运转的对策建议。为了坚决制止发生新的债务，逐步化解老债务，营造农村经济健康发展的良好环境，通过对陕西省部分县乡乡村债务的实地调查，摸清了乡村债务的现状，分析了成因，并提出了防范和化解乡村债务的政策措施。

再如，加快城镇化和新农村建设是我国推进农业农村建设的一项战略任务，“美丽乡村”建设是其重要内容。樊晓民选择商洛市丹凤县、渭南市大荔县、宝鸡市太白县的部分乡村和农户，就陕西省美丽乡村建设的进展情况和下一步路径进行调研，提出了加快陕西省美丽乡村建设的政策建议。脱贫攻坚目标完成后，“三农”工作重点转向全面推进乡村振兴。他将研究立足于陕西省，在厘清脱贫攻坚与乡村振兴内在机理的基础上，总结梳理了陕西省有效治理贫困的主要成绩与主要做法，探讨了脱贫攻坚与乡村振兴衔接面临的困境与问题，并从产业、生态、文化、人才、组织等维度，提出了二者有效衔接、协同推进的路径和对策建议。

《三农印记》一书平实的语言里蕴含着大智慧，是作者勤于思考、勇于实践、善于总结的集中体现。山有巅峰，学无止境。我相信樊晓民在未来的研究进程中，一定能再接再厉、再攀高峰，为加快推进中国式农业农村现代化贡献力量。

（赛云秀　工学博士，二级教授，西安石油大学党委书记，第十二届陕西省政协常委，本文原载于《西安石油大学学报》2023年第2期）

那人那文那事

——读樊晓民《三农印记》有感

王和平

凝结了樊晓民从事农业、农村、农民等“三农”工作20余年心血和情感的《三农印记》一书，近日由中国金融出版社出版发行。这对于从事农村改革的财政工作者来说是一件幸事，更是其职业生涯中的一件大事，可嘉可贺！该书全面反映了从农村税费改革到农村综合改革再到脱贫攻坚的演变发展历程，认真总结了推进农村改革的基本经验和取得的伟大成就，对于当前观察“三农”问题、思考“三农”工作尤其对于我们“三农”工作者具有启发价值。作为交往多年的老朋友，欣喜之余，我先睹为快，感触颇深、感慨良多，唤醒好多尘封的记忆，勾起发自心底的崇敬。

樊晓民1986年大学毕业留校教书育人，后调入省财政厅，2019年再次回归高校负责财务管理。我认识樊晓民是从省财政厅开始的，当时他在省财政厅办公室从事综合文字工作，2000年机构改革调到政策法规处任副处长，后被抽调到陕西省农村税费改革办公室主持工作，直到2005年任陕西省农村综合改革办公室主任。几乎同一时段，我从旬邑县上调咸阳市财政局，先后在局办公室、税政法规科、政法科、农税处、综合改革办、农业综合开发办公室等科室工作，基本上和他业务对口工作二十多年，可以说是同一战壕的战友，从此结下了不解之缘。多年来，凡是涉及“三农”改革的工作，我几乎都参与其中，对他的为人做事非常了解。他对手头的所有工作，都深思熟虑、精心安排、认真对待，从不走过场。做每一件事情都讲求精准细，绝不马虎。他思维敏捷，工作方法贴近实战、讲究实效，尤其善于做创造性谋划推进工作，使我至今记忆犹新，并且仍受益于此。

《三农印记》一书涉及农村税费改革、农村综合改革、美丽乡村建设、乡镇财政管理、脱贫攻坚等方面，虽然内容涵盖面较广，但逻辑线条却相当清晰。整书的写作是一个比较长的实践和研究过程，在这个过程中，樊晓民以党和国家大政方针为统领，以全省“三农”工作的现状为出发点，坚持问题导向，突出工作重点，选准突破口，博览群书、汲取众智，运用正确的世界观和方法论，不断发现研究“三农”工作的重点和难点，不断开辟改革的新天地，制定和完善了一系列改革的路径和政策，使全省农村改革工作一步一个脚印地稳步向前推进。

樊晓民的每一篇文章，都是用心书写用情浇铸的，充满着对“三农”工作的浓厚深意和家国情怀。许多调研报告，就是他深入基层通过察访问调，反复思考，精心琢磨，数十次修改完成的。这些研究成果不仅展现了广大农村农民期盼改革的心声，也显示了“三农”改革工作取得的卓越成效。特别是取消了“三提五统”和农业税后，农民的喜悦心情和农村繁荣景象的显现，更值得我们珍惜与尊重。

这里还想就《三农印记》中所写的涉及我自己曾参与过的几件工作予以回忆分享。

农村税费改革是中华人民共和国成立以来，我国农村继实行土地改革，家庭承包经营制度之后的又一项重大改革。按照中央提出的“减轻、规范、稳定”的目标要求，陕西省在试点的基础上，全面推出了“三个取消、一个逐步取消、一项改革”的政策措施，使农民负担明显减轻，遏制了农村三乱，农村工作得到了长足发展。为巩固税费改革成果，樊晓民带领税改办同志，深入县区和农村进行调查研究。通过调研，评估成绩，总结经验，也发现了改革中存在的八大问题，有针对性地提出了八条政策建议。这次调研报告，被中国农村财政研究会呈报中央领导以及中央政策研究室、财政部等10多个部委，受到了中央部委和省委省政府的高度重视。

倾听农民的心声，始终把人民的利益放在第一位。取消农业税和农林特产税，农民的生产积极性极大地被释放出来。为了掌握改革的新动态，樊晓民组织对全省21个县59个乡镇129个行政村216名村干部310名村民就村级组织运转、民主决策、减负减员等相关情况进行了问卷调查。通过察村情、听民声，对农民关心的问题，总结归纳出10条意见和建议，为深化农村综合改革奠定基础提供了决策依据。特别是对涉及乡村债务、村级组织运转经费等方面，他通过调研后，主动出击，向省委、省政府提出政策建议，多次向国家税改办汇报，争取了大量资金，化解了乡村债务，提高了村干部的待遇，保障了村级组织经费的正常运转。撤乡并村，裁撤冗员减轻了财政和群众负担。

为了管好用好每一笔财政资金，好钢用到刀刃上，为农村综合改革和振兴乡村经济发挥应有效益，樊晓民组织我们市县同志前往河北、云南等地考察学习先进地区的管理经验，结合陕西省情、县情，制定了陕西省财政奖补资金管理办法。这次考察学习后，参照外省成功经验，咸阳市也在全省各市中率先出台了奖补资金管理制度和财务核算办法。在推进村级“一事一议”工作中，立足美丽乡村建设，把着眼点放在改善人居环境，解决群众急盼的困难等重点项目上，组织在咸阳、西安、渭南等地召开现场会，相互学习和促进。时至今日，上述思路和做法，依然在乡村振兴、脱贫致富等方面放光发热。

在财政管理体制中，乡镇财政在基层财政管理工作中发挥着不可替代的作用。面对农村综合改革的深入发展，一事一议等项工作的推进，乡村财务管理显得尤为重要。针对如何加强乡镇财政管理的问题，樊晓民亲自率领调研团队，深入商洛商南县、宝鸡太白县、渭南合阳县、榆林府谷县等地乡镇深入调研乡镇财政管理目前存在的困难和问题。通过调研，掌握了大量数据和翔实资料，分析总结出乡镇财政管理的五大问题，有针对性地提出了三大政策建议和四大管理的保障措施，明晰了乡镇财政管理的职能，机构设置、队伍建设、职责范围。提出了村财村用乡监管，民主决策，账务公开，群众明白的管理模式。杜绝了村级财务管理混乱的现象，受到了群众的广泛赞誉。

巴西著名作家若热·亚马多：“我写作，是为了满足内心的需要和一种不可战胜的欲望，既然是我的一种爱好，是我生活中唯一的，高于一切的需求，那我就不得不永远坚持写下去，因为我从事的工作是我永远的追求和梦想；也是我不可推卸的责任和义务。”我的老领导樊晓民就是如此，他把对“三农”工作的热爱作为自己的追求和梦想。他虽然离开了“三农”工作岗位，在任上做了大量艰苦而卓绝的工作，但他一直在新的岗位上仍心系着他曾经热爱的事业，《三农印记》这本书的出版也充分证明了这一点。樊晓民那种谋事、干事、成事，为“三农”工作呕心沥血的精神永远激励着我们，他无愧于自己，更无愧于三秦父老，是我终生的良师益友，历史会记住他的。希望此书的出版发行更加激励我们这些从事“三农”工作的财政工作者，继往开来，继续创造性的工作。更希望樊晓民写出更加精彩的文章，亮相三秦大地。

（王和平　原咸阳市农税处处长兼农村综合改革办公室主任，本文原载于《咸阳财会》2002年第4期）

参与农村税费改革的另一份收获

——我心目中的樊晓民同志

黄英瑞

我有幸参与了具有划时代意义的农村税费改革，心中增添了无比的骄傲，而与樊晓民同志在这场改革中建立起来的情谊，又是一份让人意料之外的收获。

自2001年起，我和樊晓民同志就因这场改革而相识、相知。追溯过去的这段岁月，拉开我的记忆之网，使我怅然想起瞬时涌动的改革大潮，来自中央高端的改革决策，源于省委、省政府的改革部署，投身于改革的百万干部，汇成改革的洪流，震撼了三秦大地，遍布乡村角落，引发了农村经济基础和上层建筑领域的一系列重大变革，推动了农村分配关系、管理体制、运行机制的深刻变化。在这一变化过程中，我与樊晓民同志有了更深入的交流和了解，成为忘年之交，我从他身上学到了很多，他堪称我的良师益友。

我比樊晓民年长十几岁，称其为良师并非谦虚。第一次认识，他身上的一股为人师表的教师风范就给我留下了深刻的印象。他1986年毕业于原陕西财经学院统计系，在大学学习期间以勤奋好学、品学兼优得到院领导的赞许、认可，最终毕业后留校任职。此间他更加发奋读书，教书育人。

他的博学和才华让我这个“老财政”心生敬佩。1990年，省级机关招录公务员时，他以优异的成绩被省财政厅录用，先后在厅办公室、政策法规处、税改办、综合改革办公室工作。他在读书中独得其乐，专心致志，博览财经理论、财税法规政策，潜心研究依法理财之道，从理论和实践的结合上解决规范理财行为、加强财政法治建设问题。这期间他以厚重的理论功底和实践经验撰写了一些专业论文和调研文章，大多在国家的、省级刊物上发表。我拜读过樊晓明同志许多学术论文和调研报告（包括他的讲课提纲和工作随笔）；其内容涵盖广，涉及的层面和问题深入且普遍，既可增加见闻，更能拓宽思维领域。他的文章风格屡经磨砺而自成，阳刚与温和并重，感性与理性并济，文言与白话交融，实践性的调研论理，前瞻性的宏观微视，具有很强的时代感，令人回味悠长。

樊晓民同志是大学教师出身，厅里安排他承担全省市、县财政局局长培训班、财政法制骨干培训班等授课任务，每次授课，他都精心备课，研究精致的理性思维，注重语言的精致和授课的艺术表达力，他把授课变为理性与实践的融合过程。2004年4月，他在全省第五期市、县财政局局长培训班上作了题为《贯彻中央1号文件，深化农村税费改革》专题授课，以大量的历史史料分析论述了“三农”的重要性，以及1982年以来中央对“三农”问题所采取的一系列改革措施，系统总结了农村税费改革取得的主要成效，论证分析了改革面临的难点与对策措施，许多市、县财政局局长反映，樊晓民同志讲出了对“三农”的深厚情感，讲课“条理清晰，环环相扣，深入浅出，自然流畅，有很强的工作实用性”。一些学员说，“听樊处长讲课是一种艺术享受”。2007年9月，樊晓民同志在全国基层财经干部培训班上作了题为《巩固农村税费改革成果，稳步推进农村综合改革》的主题讲座，赢得了学员一致的好评，受到了中国农村财政研究会负责同志的高度评价和赞扬。几年来，他多次被聘请到西安交通大学城市学院、西安财经学院、陕西财经职业技术学院等进行专业授课。在农村税费改革期间，他巡回于各市、县农村税费改革专业培训班授课，培训工作骨干数千人。

作为下级，他是我工作上的领导，但是他到基层并不指指点点，大发议论，而是沉下去到最基层、到老百姓中间去，听基层工作人员说什么，问老百姓在想什么。他以聚焦“三农”、关切“三农”、服务“三农”的情怀，置身于改革之中，以敏锐的政治洞察力和丰富的实践指导才能，把握改革的脉络，全身心地推进农村税费改革和农村综合改革。樊晓民同志的思想情怀、工作风范、创新意境、开拓风格，深深打动着基层的同志，也激励着广大农村税费改革工作者积极投身改革，贯彻好、落实好中、省的惠农政策。

是他的人品和人格魅力让我们的交往密切起来，工作关系逐渐转化为知心朋友。尽管我现已退居二线，樊晓民同志平和的心态、敏锐的思路、顽强拼搏的精神、严谨踏实的工作作风都给我留下了深刻印象。他平易近人，待人热情，基层的同志特别喜欢与他谈改革，谈工作，无拘无束。他把同志们当成朋友，以情感人，以诚待人，竭诚共事，共谋改革。他善于发挥传帮带的作用，以自己所长启发引导年轻同志增长知识，增长才干。

樊晓民同志有一个工作习惯，凡是去省税改办的基层同志，他都要抽时间谈一谈乡村的农村税费改革情况，最爱听来自老百姓的大实话，听他平时听不到的话。为了实现他的工作法则，樊晓民同志坚持经常深入基层调查研究，听取一线的改革呼声，广泛收集来自基层的改革经验，寻求基层群众的一句“火花”和启示，为农村税费改革增添思路。2005年2月，他随省财政厅领导深入宝鸡市陈仓区新街镇官村宣讲中央一号文件，他在当地党员干部群众大会上，以《与农民朋友拉家常》为题，把中央一号文件同农民的“小日子”结合起来，逐条剖析讲解，情真意切，朴实而生动。当地群众说：“这位领导的讲话和咱老百姓心连心，说出了咱们的心底话。”

樊晓民是一个勤奋的人，把勤奋工作作为快乐。他把“工作着就是快乐着，在工作中寻找快乐”作为他的人生格言，把繁忙变为享受，在繁忙的工作中付出艰辛的劳动，收获的不仅是精神上的快乐，还有工作上的突破。在改革中，他也有过无限的惆怅和烦恼，遇到过无数次的疑难与困惑，于是他坚定地选择到基层实践中去探索，到农村群众中去寻找答案，带着问题下基层，不达目的不罢休，形成了调研—获得启迪—指导改革的工作思路，用他的勤奋促进全省农村税费改革的顺利进行。在农村税费改革的7个春秋里，樊晓民同志去过全省80%的县（区）和1/4的乡镇，他围绕改革的热点和难点问题，进行了20多项重点课题的调研，每年都抓2~3个重点热点难点课题进行专题调研，下功夫搞深搞透，抓出成效，使其转化为政策建议。

他有一种勇往直前的进取劲头，对事业表现出的热忱，源源不断地给基层工作人员增添动力。樊晓民同志常对我们说：“改革之路就是不断探索之路，也是从实践中不断探索真理，寻求理性之光，求索符合省情实际的改革之道，完善体制机制的过程。”2002年到2003年3月正值我省农村税费改革发展的重要转折阶段，全省的改革面临着诸多矛盾和问题。他以改革者的敏锐目光，摸索改革的战略思维，下决心搞清干部群众在改革中的所思所想、所喜所忧、关注改革的人心向背，精辟地分析了改革中的个性矛盾，找出改革的共性结合点，揭示出影响改革的热点、难点问题，准确全面地论证深化改革的对策和建议，为农村税费改革提供了有分量、有分寸、有前瞻的调研报告——《农村税费改革试点工作中的难点及对策研究》，提高了改革决策的科学性，增强了改革的协调性，至今读来，有悠扬不尽之致。

是农村税费改革把樊晓民同志推向改革的前沿，他牢记党的宗旨，把个人的事业追求与农村改革、人民群众命运紧紧地联系在一起，把维护好、发展好广大人民群众的根本利益作为工作的出发点和落脚点，忠实践行“三个代表”重要思想，肩负改革的历史重任，奋战在改革第一线，为关注“三农”奔走，为关爱“三农”呐喊，真正为农民兄弟办实事、办好事。几年来，他以执着的改革情怀、锐意创新的改革思路，亲自主持参与了农村税费改革一系列重要文件、实施方案、配套政策、调研报告的起草和撰写工作，给基层带来了操作性极强的工作思路和工作指南，让基层同志工作起来得心应手。省政府某位领导说：“樊晓民同志能掌握全省农村税费改革变化情况，他是我省农村税费改革的‘活字典’。”在基层同志眼里，他被公认为我省农村税费改革的高参内助和“操盘手”。

他是一个理论者，更是一个实践者，带着思考展开调研，用调研成果指导工作实践，从而使各项工作有条不紊地顺利进行。他常讲“有为才有位”，每个单位，每一名工作人员必须先干出成绩，才能得到上级的支持。他是这样说的，也是这样做的。在市县财政部门的领导中形成了一个共识，农村综合改革要干在前头，干出成绩。我曾与樊晓民同志探讨过他的工作思路和工作方法，他风趣地说：“其实我也没有什么神奇之处，一切源于实践、积累与领导支持。”他的工作法则：一是要善于积累资料，特别是来自基层一线的改革动向；二是下功夫吃透两头的情况，一头是来自中央的决策情况，要反复精读细研，吃透基本精神；一头是以勤为本吃透下情。了解乡情民意，正确把握改革的发展动向，在上级精神与结合本省省情贯彻落实上寻求结合点。三是善抓典型，取得经验实行典型带动，推进整体改革运行。

樊晓民同志在负重前行，没有埋怨，没有后悔，充满着对工作的追求和对改革的执着。当农村税费改革转入农村综合改革之后，他的劲头更足了。2005年3月，他带领税改办的同志赴白水县尧禾镇、印台区红土镇，重点围绕农村税费改革后乡村组织的运转问题进行实地调研，通过解剖这两个乡镇的机构设置、人员构成、收支状况、债务负担和运转情况，研究分析我省乡村组织运转的困难所在，科学地回答了在新时期“乡镇干什么，事该如何干，人往哪里走，钱从何处来”的问题，建议一方面要通过精简乡镇机构和人员，消肿减支；另一方面要多管齐下，广开财路，为基层组织正常运转提供必要的财力保障，积极推进“小政府、大服务”的目标实现。2005年5

月，在全省21个县129个行政村中，对261名村干部和310名村民就村级组织有关情况进行问卷调查，樊晓民撰写的《倾听村干部和农民群众的心声》颇有新意，富有较强的时代感，为深化改革提供了理论和政策依据。

樊晓民同志一手重理论，一手重调研，不断寻求完善改革的工作措施，除和其他同志一道撰写了数百份农村税费改革工作简报外，还完成了一批论文。例如，《关于缓解县乡财政困难的对策研究》《在统筹城乡发展中解决“三农”问题的政策选择》《乡村债务的成因与对策研究——对陕西省部分区县区乡村债务的调查》《关于我省“乡财乡用县接管”试点情况的调查报告》，丰富了改革的内涵，扩大了改革的外延，总结推广了改革的经验，农村综合改革工作得以积极稳妥的推进。2006年5月撰写的《关于我省村级组织运转情况的调查与思考》，引起了国务院农村综合改革工作小组办公室的高度重视，并采纳了对策与建议，省政府已将村级运转经费标准由2005年底的1.2万元逐步提高到2007年的2万元，为村级组织正常运转提供保障。

他运笔于乡野田园之上，耕耘于喧嚣的闹市之中，工作在充满了诸多未知的改革进程中，艰苦努力，不断探索着农村综合改革办公室“政策性、综合性、实践性、典型性、协调性、服务性”的工作职能，以执着的事业追求精神影响和带动同志们一道工作，被同志们称为“工作狂”，其实那就是他的快乐和享受。

不久，我就要离开工作岗位，我将珍藏起这份收获，发展这份友谊。农村综合改革的艰巨性、长期性，还需要樊晓民同志付出更多的辛勤汗水和智慧，祝愿他收获更多的成果，收获更多的快乐。

（黄瑞英　原柞水县农业税收管理局局长兼农村税费改革办公室副主任。本文写于2007年10月，被收入《我所亲历的农村税费改革》一书）

我眼中的“三农”学者樊晓民

王　霆

2022年11月以来，因受疫情严重影响不能到单位正常上班，我在居家办公的这段时间里，仔细阅读了西安石油大学总会计师樊晓民老师的新作《三农印记》一书。整本书通篇28万字，字里行间体现出老师对“三农”事业的深厚情怀，文章叙述的事件有条理、细节暖人心。看到这些，我仿佛回到了他为“三农”事业不懈奋斗和默默耕耘的场景，感慨于他奋战“三农”一线的坚守与执着。时至今日，樊晓民老师始终以“三农”问题为一生志业，全力做好新时代“三农”工作，开创“三农”新局面，切实做到了“懂理论、有信念、讲情怀、善工作”。

我出生在陕北榆林，这里是像歌词所形容的狂风骤起、飞沙走石般——“大风从坡上刮过，不管是西北风还是东南风”——的黄土高坡。很久以来，在这片贫瘠的土地上农民只能靠天吃饭，农民迫切地呼吁和期盼进行农村改革，以改变农村的生活条件和贫穷落后的面貌。《三农印记》这本书中描述了中华人民共和国成立后的中国农村第三次改革——农村税费改革。樊晓民老师投身于这一伟大历史变革长达20余年，为陕西农民的心声上下奔走呼吁，争取中央政策和资金支持，亲历并见证了陕西农村税费改革、农村综合改革、美丽乡村建设、脱贫攻坚、乡村振兴的全过程。他深入农间村野调研，体察民情民生，转化成调研报告；依托高校或科研机构开展“三农”课题研究，其成果得到广泛的社会关注或被中、省政府采纳；向党政领导建言资政，凝聚社会各界对“三农”改革的关注和工作合力；终使农村改革硕果累累，让农村成为安居乐业的美丽家园。他的工作实绩令人称赞，使人油然升起敬佩之情。

作为一名陕北儿女，因长年在外求学工作，对家乡仍保持着我幼年时的黄沙漫天、沟壑纵横的固有印象。近年回家乡看到乡村面貌已展新颜，涌现出路遥小镇、人生影视基地、黄河太极湾等文化和红色旅游基地，那正是“山清水秀生态美，安居乐业人民富”；地方政府实施了诸多助力乡村振兴的新举措，如“现代农业示范园”、陕西首个“盒马县”、“消费扶贫助农”、“助农秋收志愿服务”等助农惠民政策。这都是“三农”改革带来的可喜变化，充分诠释了乡村振兴的实践成果，是像我老师这样的“三农”人在长期共同努力奋斗下取得的丰硕成果。

我的老师在20多年“三农”工作实践里，无论是在政府部门从事实践工作还是在高校进行学术研究，始终心系“三农”，笔耕不辍，注重经济学理论和方法在“三农”中的运用和实践，主持研究与“三农”相关的课题10多项，出版与“三农”相关的专著2本，发表“三农”相关的文章30多篇。我有幸帮老师整理了些书稿，处理一些文字类琐碎事务，在此过程中，感他所想所思，有感于老师“知之深，爱之切”的“三农”情怀，折服于老师心系基层，服务于“三农”的躬耕毅力。

这里略举一例。樊晓民对陕西省村级组织的运转和村干部补助问题调研和思考很深，书中收录的几篇调研报告就是例证。它既有典型调查，又有全省普遍的数据。我从中了解到乡镇是我国组织体系中最基层的组织，也是农村税费改革的主要利益相关方，特别是取消农业税后引发了乡镇运转经费短缺和农村基层干部补贴经费来源单一的问题。书中针对此问题，立足乡镇职责的定位，摸清了乡镇的“家底”——陕西省现有行政村的个数、村干部的人数、保证每个村正常运转需要多少钱等实际问题。并据实确定村级组织运转经费补助标准，提出保障乡村组织运转经费切实措施及完善村干部补贴机制的政策建议。以此为契机，陕西各地乡镇机构建设、乡财乡用县监管、村财村用乡代管、惠农补贴发放等改革深入推进，农村税费改革取得了重大成效，迈出了陕西省农村改革的一大步，使陕西农村迎来了更加美好的春天。

目前，樊晓民虽然由于工作变动转入高校从事财务方面的管理和研究工作，但他对“三农”的研究从未间断。老师对“三农”研究与新时代中国特色的“三农”研究理论体系一脉相承。农村改革无止境，他的理论研究亦无止境。进入新时期，“三农”从扶贫攻坚衔接到乡村振兴的道路上，老师以乡村振兴的视角观察农村脱贫攻坚的路径和农村税费改革成效等问题，提出了一些具有现实意义的政策建议，书中有相关的研究报告的例证供参阅。

樊晓民的“三农”研究之路实现了从理论研究到实践，再从实践到理论的飞跃。他勇于理论思考和实践探索。在改革的过程中，他解放思想，实事求是，勇于担当，始终坚持创新思维，为高效开展改革工作奠定了思想和理论基础。在实践的基础上，不断积累经验、总结提炼，作进一步推广。这样的实践规律在管理、学习中都具有适用性。我从中启迪出智慧，汲取了力量，在以后的工作中，要边干边思考，时常回顾，总结经验和方法，才能创造新思路和指导新工作；要像老师一样以热诚之心对待工作和生活，激发出创造力和主动力，不断学习，自我更新，找准工作、生活的目标，不畏困难和艰苦，坚定地走下去，胜利就在不远处。

前路漫漫，克己独慎，守心明性。我希望自己在西安石油大学的工作岗位上，努力奋斗，将来也能像老师一样，干出成绩，无愧于心。生命不息，奋斗不止，在前行的路上我会时刻记得有这样一位老师曾经对我工作的启迪和指引。致敬“三农”学者樊晓民——一位在“三农”领域的指引者、探索者、坚守者。

（王霆　西安石油大学审计处干部，写于2022年12月中旬）

作者获奖或被采用文章目录

（1）《界河那边一日游》荣获中国财经报社“殷都杯”征文优秀奖 （1993年中国财经报社）

（2）《“耙耙”“匣匣”与理财》荣获中国财经报社“秦泉杯”有奖征文三等奖（1993年中国财经报社）

（3）《搞好政务信息工作　为领导决策服务》荣获全省政府系统信息研讨征文优秀奖 （1994年陕西省人民政府办公厅）

（4）《建国四十五年来的陕西财政收支和财税体制改革》荣获陕西省委党史研究室、陕西日报社“建国45周年史论文”三等奖 （1994年陕西省委党史研究室）

（5）《富县富民之路》荣获全省财政系统优秀调研论文一等奖 （1996年陕西省财政厅）

（6）《“战略西移”话延安——关于延安地区财源建设情况的调查》被评为1996年度全省财政系统优秀调研成果二等奖 （1997年陕西省财政厅）

（7）《关于振兴陕西财政几个问题的思考》被评为1996年度全省财政系统优秀调研成果一等奖 （1997年陕西省财政厅）

（8）《关于改进和加强支出管理的研究报告》荣获1997年度全省财政系统优秀调研成果二等奖 （1998年陕西省财政厅）

（9）《富县富民的伟大工程——陕西省县乡财源建设的实践与启示》荣获1998年度全省财政系统优秀调研成果三等奖，并被收入《大转折的历史脚步》一书。（1999年陕西省财政厅）

（10）《关于陕西省财政支出改革思路的探索》被评为1998年度全省财政系统优秀调研成果一等奖 （1999年陕西省财政厅）

（11）《关于西部大开发有关财税政策的研究报告》被评为1999年度全省财政系统优秀调研成果一等奖（2000年陕西省财政厅）

（12）《举改革大旗 绘发展蓝图——建国50年陕西财政回眸》被收入《陕西五十年》一书，1999年三秦出版社出版

（13）《充分运用财政政策 加快西部开发步伐》荣获2001年度全省财政系统优秀调研成果一等奖（陕西省财政厅 陕西财政学会）

（14）《农村税费改革试点中的难点及对策研究》被中国农村财政研究会2003年6月25日以《研究摘报》形式报中央领导和中央10多个部委，并荣获全国农村财政第4次优秀论文三等奖（2004年中国农村财政研究会　国务院发展研究中心农村经济研究部）

（15）《关于乡村组织运转经费保障情况的调查与思考》被陕西省财政厅2005年5月20日以《送阅件》形式报送省委、省政府、省人大、省政协领导（2005年陕西省财政厅）

（16）《关于乡财县管依法化解债务风险问题的调查与思考》在全省财政法制宣传与建设法治财政征文中被评为二等奖（2006年陕西省财政厅）

（17）《关于我省村级组织运转情况的调查与思考》荣获2005—2006年度全省财政系统优秀调研成果三等奖 （2007年陕西省财政厅　陕西财政学会）

（18）《关于安康市和岐山县、洛川县农村综合改革试点情况的调研报告》被陕西省农村综合改革领导小组办公室以《送阅件》形式报送省委、省政府、省人大、省政协 （2007年陕西省农村综合改革领导小组办公室）

（19）《村级组织的演变过程与运转问题研究》荣获陕西农村财政研究会2007—2008年度优秀论文二等奖 （2008年陕西农村财政研究会）

（20）《为“三农”鼓与呼》荣获全国“农村改革30周年——我所了解的农村综合改革”征文一等奖（2009年国务院农村综合改革工作小组办公室）

（21）《关于新形势下乡镇财政有关问题的调研报告》荣获2010年度陕西省党政领导干部优秀调研成果二等奖（2011年中共陕西省委 、陕西省人民政府）

（22）《免征农业税：新世纪农村改革的重要里程碑》荣获陕西省农村综合改革领导小组办公室举办的纪念陕西农村税费改革10周年征文一等奖（2012年陕西省农村综合改革领导小组办公室）

（23）《实处用力，做对党和人民忠诚的老实人》荣获全省“践行三严三实”有奖征文中获三等奖（2015年中共陕西省直属机关工委 陕西省机关党建研究会）

（24）《财政支持省级群团改革发展的问题研究》得到陕西省政协副主席冯月菊的肯定批示，被刊登在《调研与决策》2017年第11期

（25）《陕西省脱贫攻坚与乡村振兴有效衔接路径研究》被陕西省社会科学联合会收录在《陕西社科动态》2021年第5期——党的十九届五中全会精神重点研究课题成果选编

（26）《中国城市一体化过程中农村公共品供给研究》在第七次全国优秀财政理论研究成果评选中获三等奖（2021年中国财政学会）

（27）《坚持以人民为中心 加快推进中国式农业农村现代化》被陕西省社会科学联合会列入学习贯彻党的二十大精神《陕西省哲学社会科学研究专项》（2023年陕西省社会科学研究会）